한동훈과 10권의 **책** 그리고 **길**
(한책길)

한동훈과 10권의 책 그리고 길
(한책길)

초판1쇄 발행 2024년 10월 15일

엮은이 | 박영만

펴낸 곳 | 프리윌출판사

기　획 | 박혜선
관　리 | 임인엽
디자인·편집 | 김경진
홍보·마케팅 | 박혜린
전자책 | 김응환

인쇄·제작 | (주)더노피아

주소 | 경기도 고양시 일산서구 대수길 3 파크뷰 102동 403호
전화 | 031-813-8303　팩스 | 031-922-8303
E-mail | yangpa6@hanmail.net　freewillpym@naver.com

값 22,000원
ⓒ 프리윌출판사 2024
ISBN 979-11-6455-017-3　03340

· 이 책의 저작권은 저자와의 독점계약으로 프리윌출판사가 소유합니다.
　무단전재와 무단복제를 금합니다.
· 잘못 만들어진 책은 구입처에서 교환해 드립니다.

한동훈이 애독한 책 10권을 통해 짚어보는
그의 정치 잠재력과 한국 정치의 나아갈 길

① 알렉산더 해밀턴 전기 - 론 처노
여기 진실은 고독히,
뜨거운 노래는 땅에 묻는다.

② 종의 기원 - 찰스 다윈
국민의 선택 그리고 역사의 진화

③ 모비딕 - 허먼 멜빌
진흙과 늪지대와 사막을
건너야만 비로소…

④ 두 도시 이야기 - 찰스 디킨스
모든 길에서 이륙하라!

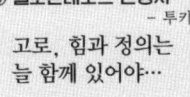

⑤ 아Q정전 - 루쉰
거대 서사의 붕괴, 흔들리는 한국호

⑥ 펠로폰네소스 전쟁사
        - 투키디데스
고로, 힘과 정의는
늘 함께 있어야…

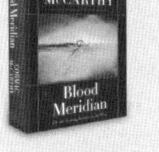

⑦ 핏빛 자오선 - 코맥 매카시
우리는 선, 너희는 악

⑧ 코스믹 커넥션 - 칼 세이건
다른 시간으로 가는 경로…
국민적 관점이 변했다.

⑨ 종의 기원담 - 김보영
국민의 리더가 될 것인가,
진영의 보스가 될 것인가.

⑩ 주대환의 시민을 위한
한국현대사 - 주대환
The way of K-democracy

차례

머리말 : "정치와 인문학의 아름다운 만남"   8

01 알렉산더 해밀턴 전기   17

사상가이자 행동가 그리고 집행자   18
네비스섬에서 허드슨강변까지   20
방대한 자료를 바탕으로   30
민주가 민주주의를 망친다   31
고장 난 정치를 향해   42
탄핵이 우북하게 수의를 해 입힌 민주주의 길   45
다이달로스와 이카루스   47
중도층(中道層)과 중용(中庸)   54
모두가 영혼을 팔아 예복을 입고   56

02 종의 기원   61

다윈의 선택   62
「종의 기원」의 기원   64
맹랑하고도 불손한 이론   67
창조주에 의해 처음으로 생명체에 생명이 깃들고   69
생명현상의 장엄함에 대하여   71
다윈의 생애   75
국민의 선택 그리고 역사의 진화   84
능력주의와 실용주의   88
한국 정치 시장의 매력적 신상   90
Together, it will become just way   97

03 모비딕

진정한 용기란…	102
광기 어린 사명 의식은 정치적 죄가 된다	111
악을 제거하는 과정에서는 선도 함께 파괴된다	114
소설에나 나올 법한 험한 생활 그리고 지독한 불행의 연속	117
한동훈의 모비딕	122
「제인에어」, 「모비딕」, 「장하리」	124
진흙과 늪지대와 사막을 건너야만 비로소…	127
정치를 법으로 하는 것은 바둑에 비유하면 초급 수준도 안 된다	130
그때가 비로소	133

04 두 도시 이야기

지금 내가 가려는 길은…	138
진영을 따지는 사람은 아마추어이고, 우리는 그냥 일하러 간다	143
강렬한 한방은 오히려 자신의 폐쇄성을 공고히 할 뿐이다	147
주변에 강력한 지지 세력이 '눈과 귀' 노릇을 해주었기 때문에	150
모든 길에서 이륙하라	154

05 아Q정전

정신승리법(精神勝利法)	160
환등사건과 구경꾼 의식	163
길이 없는 곳에서 길을 내고, 쉼 없는 집요함으로…	167
세상 모든 길은 처음에는 다 길이 아니었다	171
거대 서사의 붕괴, 흔들리는 한국호	175
먹으로 쓰인 거짓말은 피로 쓰인 사실을 덮을 수 없다	181
고개를 넘어서 마을로	183

06 펠로폰네소스 전쟁사 187

한동훈과 빨간책 1 188
한동훈과 빨간책 2 192
영원한 지식의 보고로 남기 위한 사실의 집적 197
전쟁의 발단과 종말 200
오랜 추방이 가져온 불멸의 책 202
오직 사실만을 기록한다 205
상선벌악(賞善罰惡) 206
고로, 힘과 정의는 늘 함께 있어야… 211
힘과 정의 215
비로소 나는 217

07 핏빛 자오선 221

인간 내면에 숨겨진 선과 악 222
죽은 그리스도는 갈가리 찢겨 설교대에 뻗어 있었다 229
코맥 매카시 231
우리가 최대한 할 수 있는 일은… 232
선악 구도와 피맛, 그리고 그 후과 236
우리는 선, 너희는 악 240
모순상극의 양극단을 버리고… 245
상징투쟁과 진영전쟁 그리고 악마화 248
선과 악이 미친 격자무늬처럼 얽혀 있어 252

08 코스믹 커넥션   257

우주적 관점에서 우리를 돌아보면   258
우주의 광대함을 견디는 방법은 오직 사랑뿐…   262
어슬렁어슬렁 나타난 돌팔이에게   267
다른 시간으로 가는 경로… 국민적 관점이 변했다   272
양재도서관 그리고 출판계의 지푸라기   277
최고의 인물들은 신념(信念)을 잃어가고,
최악의 인간들은 격렬한 열정(狂氣)으로 가득하네   279
또한 축복을!   289

09 종의 기원담   291

한동훈 목격담   292
사물에 깃든 생명에 바치는 경애   294
김보영 작가의 기원   298
현란한 말장난에 바치는 경멸   303
국민의 리더가 될 것인가, 진영의 보스가 될 것인가   307
서로 그윽이 바라보다 문득 그치면   309

10 주대환의 시민을 위한 한국현대사   313

농지개혁을 알아야 현대사가 보인다   314
평등은 대한민국의 유전자   316
새로운 진보적 사유의 개척, 그 고찰의 출발점   320
대한민국을 긍정하는 새로운 관점이 필요한 때   323
농지개혁에 대한 한동훈의 시각   329
주대환 그는 누구인가?   342
The way of K-democracy   344
우리 앞에 다가서리니   360

인용 칼럼 및 기사 목록   362

머리말

"한동훈이 애독한 책 10권을 통해 짚어보는
그의 정치 잠재력과 한국 정치의 나아갈 길"

　2024년, 대한민국 정치는 요동치고 있다. 이 격랑의 파도는 2025년을 넘어 2027년 대선까지 이어질 것이며, 그 중심에는 윤석열 대통령과 이재명 더불어민주당 대표와 한동훈 국민의힘 당대표가 있다.
　이 책에서는 한동훈을 다룬다. 한동훈은 최근 1~2년 사이에 우리나라 정치의 '새로운 변이'이자 '변화의 아이콘'으로 떠오른 인물이다. 국민의힘 비대위원장직을 맡아 총선에서 참패했지만 당대표 선거에서는 62.84%라는 압도적 지지율로 여당 대표가 되었다. 그리고 짧은 기간에 유력 정치인으로 발돋움하는 과정에서, 그가 애독한 책 또한 언론을 통해 많은 사람들로부터 뜨거운 관심을 받았다. 정치인으로서의 경력과 서사가 많지 않은 젊은 전직 법무부장관이 일약 촉망받는 국가 지도자로 떠올랐으니, 그가 애독한 책을 통해서라도 그의 철학과 관심사를 알아보자는 호기심이 발동했을 것이다.

　그렇다면 한동훈이 애독했다고 알려진 책들은 과연 어떤 책이며, 정치와는 무슨 상관이 있으며, 통찰력 있는 오피니스트들은 이를 통해 어떤 안목과 지혜로 '우리나라 정치의 새로운 길'을 제시하는지, 「한동훈과 10권의 책 그리고 길(줄여서 한책길)」이 그 의미 있는 탐색을 시도해보았다. 이는 비단 한동훈이란 정치인 한 사람에 국한된 탐색이 아니라, 그와 그가 읽은 책 10권을 통한 우리나라 정치 전반에 관한 탐색이다. 그리고 거론된 책들은 소설, 전기, 역사서, 인문서 등 다양하지만 전체를 하나로 묶을 수 있는 관용구는 '정치와 인문학의 아름다운 만남-한동훈이 애독한 책 10권을 통해 짚어보는 그의 정치 잠재력과 한국 정치의 나아갈 길'이다.

구성은 한동훈이 애독한 책 10권을 선정하여 그 책들의 주요 내용과 핵심 주제, 그리고 저자들의 면면, 그리고 뛰어난 혜안을 가진 우리나라 오피니언들의 정치적 논평과 고견, 그리고 이 세 가지를 하나로 붙잡아 '인문학적 메시지로 길을 제시하는 유명 시인들의 詩'를 각 장 말미에 인용하는 것으로 마무리하였다.

2024년 4월 10일 치러진 총선은 우리나라에서 22번째 치러진 국회의원 선거였고, 어느 총선보다 뜨거운 열기의 선거였다. 이 선거에서 이재명 대표가 이끄는 더불어민주당이 한동훈이 이끄는 국민의힘을 누르고 압승했다.

이 선거의 특징은 300명의 국회의원을 뽑는 선거이기도 했지만, 다른 한편으론 양당 대표의 정치 대결을 복선으로 깔고 있기도 했다. 어쨌든 결과에서 국민의힘 비대위원장 한동훈은 더불어민주당 이재명에게 참패했다. 그러나 총선에는 졌지만 이 과정에서 법무부장관 출신인 한동훈은 우리나라 차기 정치지도자, 나아가 대권 주자로서의 입지를 더욱 확고히 했다는 견해가 지배적이다.

지금까지 우리나라 정치사에서 총선에 패배한 정당 지도자는 책임론과 여론에 떠밀려 자의반 타의반으로 한동안 정치 무대에서 물러나거나 아예 동력을 잃고 대중의 관심에서 멀어진 경우가 많았다. 그러나 한동훈은 총선에서 진 당대표(비대위원장)였음에도 불구하고 새로운 현상이 발생했다. 국민의 관심에서 멀어지기는커녕 곧이어 실시될 당대표 선거에 부름을 받았고, 본인도 그것을 마다하지 않았다. 그가 총선패배 책임론의 뭇매 속에서 다시 당권에 도전하려 할 때, 내로라하는 정치 고수들은 '섣부른 재등판은 경솔한 짓이다. 조급함은 큰 정치인이 되는 데 독이 될 수 있다'라고 충고했다. 한결같은 이유가 정치 경험의 부족과 정치인으로서의 서사(敍事)가 부족하다는 것이었다. 그러나 본인의 상황 판단은 달랐고, 그에 부응하여 지지층의 콜링과 응원은 더욱 뜨거웠다.

그렇다면 과연 '한국 정치판의 새로운 변이' 한동훈이 앞으로 가야 할 길, 그리고 써야 할 서사는 무엇일까? 그가 애독한 책 10권을 매개로 그 의미있는 탐험을 시작해보자.

이탈리아의 정치가이자 철학자였던 조제프 드 메스트르(Joseph de Maistre)는 이렇게 말했다.
"모든 국민은 그 수준에 맞는 정부를 가진다(Toute nation a le gouvernement qu'elle merite)"

수많은 언론이나 정치 논객들이 이 말을 이렇게 바꾸어 인용하기도 한다.

"모든 국민은 자신의 수준에 맞는 지도자를 선택한다."

무슨 뜻일까? 바꾸어 말하면 '잘난 지도자를 선택하면 그 국민은 잘난 국민이고, 못난 지도자를 선택하면 그 국민은 못난 국민이다'라는 뜻이기도 하다. 그런데 이 말에서 '잘난'이나 '못난'에 주목하지 말고 '수준'에 방점을 두어 생각해볼 필요가 있다.

'수준'은 아주 포괄적이고 추상적인 단어이다. 수준의 평가 기준이 다분히 주관적이기 때문에 코에 걸면 코걸이요 귀에 걸면 귀걸이다. 따라서 오늘날 민주주의를 자처하는 세계 각 나라에서는 유권자들이 자기 '수준'에 맞는 지도자를 선택해 놓고도 느닷없이(사실은 정적들이 선동하여) '무능력' 또는 '수준 미달'이라고 몰아붙여 탄핵하거나 축출하기까지 한다. 국가 전체로 보면 자기들이 뽑아놓고 자기들이 내쫓는 꼴이다. 모순이다. 물론 비리나 범죄, 독재를 일삼았을 때는 당연히 축출해야 하지만.

프랑스의 사상가이자 철학자인 파스칼은 이렇게 말했다.

"힘이 없는 정의는 무력하고, 정의 없는 힘은 폭력적이다. 따라서 힘이 있는 자는 정의로워야 하며, 정의로운 자는 힘이 있어야 한다."

맞는 말이다.

"정치는 법이 아니라 책략으로 하는 것이다. 정치를 법으로 하는 것은 바둑에 비유하면 초급 수준도 안 된다."

이 말은 이 책 본문에 인용한 권우상 칼럼니스트의 일갈인데, 백번 맞는 말이다.

그런데 부언하자면, 긴 호흡의 정치는 책략만으로는 안 된다. 책략이 뛰어나면 일단 승리는 할 수 있어도 승리 이후에는 또다시 대립과 분열이 온다. 역사가 그것을 실증한다. 책략과 덕을 겸비할 때만 비로소 승리가 완성된다. 그러므로 이 책에서는 파스칼의 정의론과 권우상 칼럼니스트의 책략론을 인용하여 이렇게 주장한다.

"책략이 없는 정치는 무력하고, 인문학적 덕목이 결여된 책략은 위험하다. 고로 책략 있는 정치는 인문의 덕목을 갖춰야 하며, 인문 있는 정치는 책략의 전술을 갖춰야 한다."

우리나라에서, 아니 세계 역사에서 책략과 함께 인문학적 덕목을 가장 잘 갖추고 실행한 정치인은 바로 세종대왕님이시다. 우리나라의 모든 위정자들과 국회의원들은 '세종대왕님의 정치 책략과 인문 덕목'을 롤모델로 삼으면 누구나 좋은 정치인이 될 수 있다.

이처럼 훌륭한 정치가는 책략과 함께 인문학적 덕목도 갖춰야 하겠기에, 이 책은 정치인 한동훈이 애독한 책 10권을 매개로 '정치와 인문학의 아름다운 만남'을 시도해보는 것이다.

오늘날 대부분의 사람들이 자연스럽게 또는 당연하게 민주주의를 최상의 정치 제도 또는 공산주의보다 더 우수한 사회제도로 받아들이고 있다. 그리고 선거에서든 회의에서든 다수(대중)의 엇갈린 의견을 최종확정하는 방식으로는 '다수결'을 원칙으로 받아들이고 있다. 그러나 다수결 방식이 곧 정결(正決)이나 최상의 결정 방법은 아니다. 다만 우리는 다수결 방식보다 더 좋은 대안이 없기 때문에 그 제도를 선용하고 있는 것이다. 그런데 여기서 다수결 방식의 불완전성보다도 더 큰 문제는 정치권에서 다수결을 호도하여 그것이 전권이나 집단지성인 양 아전인수 하는 행태이다.

다수결에 의해 뽑혔거나 결정됐다고 해서 그것이 곧 전권이요 집단지성의 결과는 아니다.

집단지성(集團知性, wisdom of crowds/collective intelligence)은 '다수의 개인이 협력과 경쟁을 통해 우수한 지적 결과물을 만들어 낼 수 있는 능력'을 말한다. 이러한 집단지성이 발휘되기 위해서는 각 구성원이 다양해야 하고, 권한이 분산돼야 하며, 구성원 간 상호 독립적이어야 하고, 최종적으로 여러 의견이 정리된 형태로 통합되어 결과물을 만들어 낼 수 있는 방법론을 가지고 있어야 한다.

반면, '다수결'은 기본적으로 다수의 의견 대립에서 독선이나 힘에 의한 결정을 배제하고 결말을 지우는 방식이다. 이는 미국의 역사가 칼 베커(Carl Becker)가 말한 것처럼 "머릿수를 헤아리는 편이 머리를 쪼개는 것보다 낫다"라는 개념에서 출발한 방식이다. 다수결이 비록 '개개인이 자유롭게 어떤 사안에 참여하여 보다 균형감 있고 안정적인 결정을 내리는 우수한 통합 방식'이긴 하지만, 참여자가 다수(대중)의 나쁜 속성인 편향성이나 무책임성, 공격성 등에 휩쓸리지 않을 때만 우수한 결정 방식이고 선한 통합 방식이다.

이처럼 '다수결 방식'과 '집단지성'을 비교해볼 때, 다수, 무리, 집단, 대중, 그리고 민심은 민주주의 주체이면서 함정일 수도 있다. 대중의 판단과 의사결정은 매우 감성적이고 선동에 약하며, 옳고 그름보다 좋고 싫음에 기대기 쉬울 뿐만 아니라 쉽게 흥분하여 공격성을 띠기 쉽다. 그리고 다수의 파도에 자신의 책임을 희석시키며 개개인의 사명감은 약화된다. 또한 대중은 툭하면 정의라는 미명하에 희생양을 만들기도 하고, 럭비공처럼 어디로 튈지 모르는 속성을 지닌다. 따라서 개개인은 똑똑하지만 똑똑한 개인 수천, 수만 명이 모이면 오히려 중우(衆愚)가 될 수도 있다. 오늘날 유행하는 팬덤정치도 중우의 속성에서 자유로울 수 없다. 팬덤정치 역시 감성과 편향, 흥분과 공격성의 함정에 빠지기 쉽고, 브레이크가 잘 말을 듣지 않는 맹점을 지니고 있다.

이와같이 다수(민심)의 의견을 잘 통합해서 전체가 조화롭게 나아가야 하는 민주주의는 리더와 팔로워 모두가 정치력에 더해 인문학적 덕목도 함께 갖춰야 하겠기에, 이 책은 그 선의지(善意志)의 실천으로 '정치와 인문학의 아름다운 만남'을 추구하는 것이다.

이 책에 다룬 정치 상황이나 인용한 고견들이 시기적으로 한 템포 늦은 이슈 또는 담론일 수도 있다. 그러나 전체 맥락은 전후 10년을 아우르는 우리나라 정치의 흐름이다. 그런 취지로 이 책은 '오늘날 한국 정치의 문제점과 신드롬처럼 떠오른 한동훈 현상'을 통찰력 뛰어난 오피니스트들의 안목을 빌어 인문적으로 통섭(統攝)해 보고,

'우리나라 정치의 새로운 길'을 제시하는 데 그 초점을 맞추었다.

 책을 엮으면서, 각 칼럼니스트들의 고견이나 기자들의 보도가 그냥 한 번 감식(甘食)하고 지나가는 글솜씨가 아니라, 진심에서 우러나는 절절한 나라 걱정과 애국심임을 깊이 느꼈다.

 이 책에 거론된 10권의 책들이 담고 있는 진실 추구와 정의의 외침, 그리고 저자들의 의미심장한 삶의 궤적, 그리고 그것을 포괄하여 우리 현실에 대해 내리는 오피니스트들의 예리한 정치 진단, 그리고 그것을 하나로 묶는 인문학적 詩 메시지, 이 4가지를 독자 여러분들이 '영양가 있는 철학과 덕목'으로 보탬 할 수 있었으면 좋겠다.

※ 이 책에 인용한 칼럼이나 기사는 주로 인터넷을 통해 발췌하고 인용했습니다. 사전에 각 저작권자의 허락을 득하지 못한 것들도 있습니다. 공공의 선과 우리나라 정치 발전에 이바지하는 고견이라 판단하고 인용했으니, 무례함을 용서하시고 각 저작권자님들의 넓은 아량과 수용을 당부드립니다. 본문에 온라인상에서의 출처를 명확히 밝히고, 책 후미에는 인용 목록도 첨부합니다.

01

알렉산더 해밀턴 전기

― 론 처노

사상가이자 행동가 그리고 집행자
네비스섬에서 허드슨강변까지
방대한 자료를 바탕으로
민주가 민주주의를 망친다
고장난 정치를 향해
탄핵이 우북하게 수의를 해 입힌 민주주의 길
다이달로스와 이카루스
중도층(中道層)과 중용(中庸)
모두가 영혼을 팔아 예복을 입고

"사상가이자 행동가 그리고 집행자"

    한동훈 국민의힘 당대표는 2004년부터 2006년까지 컬럼비아대학교 로스쿨 LL.M. 과정을 이수하고 뉴욕주 변호사 자격을 취득했다. 그가 다닌 컬럼비아대학교의 인문관 이름은 '해밀턴홀'이며, 그 홀 앞에는 오늘날 미국 10달러 지폐의 주인공인 알렉산더 해밀턴 동상이 세워져 있다.

    한동훈은 법무부 장관이던 시절, 집무실에 1,500쪽 분량의 두툼한 책 「알렉산더 해밀턴 전기」를 놓아두고 틈틈이 읽었다고 한다. 그렇다면 한동훈이 감명 깊게 읽은 책 「알렉산더 해밀턴 전기」는 어떤 책인가?

    이 책은 알렉산더 해밀턴을 중심으로 미국 건국에 이바지한 인물들의 여러 면모와 활약상을 생생하게 보여주는 책이다. 미국의 시사평론가이자 비즈니스 전기 작가인 론 처노(Ron Chernow)가 쓴 이 전기는 방대한 분량의 편지와 일기, 법적·사업적 문서, 그리고 해밀턴이 쓴 50여 편의 신문 사설 등을 바탕으로 구성한 인물 전기이자 역사 기록이다.

    JP 모건과 록펠러의 전기를 쓴 바 있는 론 처노는 엄청난 분량의 고증자료를 동원하여 해밀턴의 삶과 업적을 체계 있게 복원했다. 저자는 알렉산더 해밀턴이 대통령은 아니었지만, 미국 역사에서 어느 역대 대통령보다도 더욱 크고 위대한 업적을 남겼으며, 오늘날까지도 지대한 영향력을 미치는 인물이라고 기록하고 있다. 그는 '해밀턴은 거센 반대에도 불구하고 각국 이민자들이 몰려드는 무질서한 뉴욕을 세계 금융의 중심지로 만들었으며, 나아가 미국이 세계적인 경제 선도국으로 발전할 수 있도록 그 기초를 닦은 인물'이라고 평했다.

다음은 「알렉산더 해밀턴 전기」 서문에 기록된 내용이다.

"분명한 것은 알렉산더 해밀턴은 미국 역사상 대통령에 오르지 않은 정치 인물들 중 가장 중요한 존재일 뿐만 아니라, 심지어 수많은 역대 대통령들보다 더욱 크고 지속적인 영향력을 행사했다는 점이다. 해밀턴은 건국의 아버지들 중에서도 손꼽힐 만큼 여러 역할을 해냈다. 그는 사상가임과 동시에 행동가였고, 재기 넘치는 이론가임과 동시에 수완 좋은 집행자였다. (중략) 제퍼슨이 미국 정치 담론의 정수가 될 만한 시를 썼다면, 해밀턴은 미국이라는 국가의 경영에 대한 산문을 쓴 인물이다. 다른 그 어떤 건국의 아버지들도 장래 미국의 정치적, 군사적, 경제적 국력에 대해 그토록 명확하고 선지적인 전망을 내놓지 못했으며, 국가를 하나로 묶을 수 있는 그토록 기발한 메커니즘 역시 제시하지 못했다. (중략) 오늘날 우리가 해밀턴의 미국을 이어받은 상속자라는 데는 반박의 여지가 없고, 그의 유산을 거부한다는 것은 곧 현대 세계를 거부한다는 것이나 다름이 없다."

미국의 제30대 대통령을 지낸 존 캘빈 쿨리지는 알렉산더 해밀턴에 대해 이렇게 말했다.

"미국이 그의 위대함을 망각하는 때에, 미국은 더 이상 위대한 국가로 남지 못할 것이다."

"네비스섬에서 허드슨강변까지"

알렉산더 해밀턴은 구체적으로 어떤 삶을 살았는지, 그의 전기에 기초하여 파란 많은 인생행로를 따라가 보자.

알렉산더 해밀턴(Alexander Hamilton)은 미국 본토 출신이 아니다. 그는 카리브해에 위치한 영국 식민지 네비스섬(오늘날의 세인트키츠네비스 영연방왕국)의 찰스타운에서 태어났다. 아버지는 스코틀랜드 출신 상인인 제임스 A. 해밀턴이고, 어머니는 프랑스와 영국인 혼혈인 레이첼 포셋이다.

레이첼 포셋은 원래 덴마크 상인 요한 라비엔의 아내였다. 라비엔과의 사이에서 아들 하나를 두었지만, 남편이 자신을 학대하자 제임스 해밀턴을 만나 네비스 섬으로 도망쳤다. 그래서 사생아로 태어난 해밀턴은 이런 출생 신분 때문에 어린 시절부터 여러 불이익을 받으며 자랐다. 게다가 아버지 제임스 해밀턴마저 가족을 남겨두고 집을 나가자 어머니 레이첼은 두 아들을 데리고 세인트크로이섬으로 이사해 작은 가게를 운영하며 생계를 이어갔다. 비록 아버지가 가족 곁을 떠났지만, 해밀턴은 아버지와의 관계를 끊지 않고 꾸준히 편지를 주고받았는데, 어머니 레이첼도 이것은 어느 정도 용인한 것으로 보인다.

　사생아였기 때문에 교회 부속 학교에 다닐 수 없었던 해밀턴은 어머니의 가게 일을 도우며 간간이 개인 교습을 받거나 유대인 학교에서 공부했다. 그러나 불행은 이어져 해밀턴이 11살이 되던 해에 어머니 레이첼마저 황열병으로 세상을 떠나고, 고아가 된 해밀턴 형제는 어머니의 사촌 집에 의탁하게 되었다. 하지만 얼마 뒤 사촌마저 자살로 생을 마감하자 두 형제는 더욱 힘난한 성장기를 보내야 했다.
　형 제임스 해밀턴 2세는 목수 일을 배우러 타지로 떠나고, 해밀턴은 그 지역 무역상의 점원으로 들어갔다. 이때부터 해밀턴은 독학으로 경제, 무역, 금융, 신용에 대한 실무 지식을 쌓아나갔다.

　1772년 8월, 해밀턴이 17세 되던 해에 강력한 허리케인이 세인트크로이섬을 강타했다. 해밀턴은 이때의 처참한 광경을 아버지에게 알리기 위해 편지를 썼는데, 마침 무역상 사장인 니컬러스 크루거가 이 편지를 읽어보고 신문에 기고해보는 게 어떻겠냐고 조언했다. 사장의 권유에 따라 해밀턴은 편지를 '로열 대니시-아메리캇 가젯'이라는 지역 신문에 보냈고, 신문에 실린 편지는 해밀턴의 운명을 바꿔놓았다.
　해밀턴의 글솜씨와 통찰력을 눈여겨본 신문 편집장 휴 녹스와 그 지역 주민들이 돈을 모아 해밀턴을 미국으로 유학 보내기로 한 것이다. 그리하여 해밀턴은 18세 되던 해에 당시 영국 식민지였던 미국의 뉴욕으로 건너가 킹스칼리지(오늘날의 컬럼비아대학교)에 입학했다.

해밀턴은 고향 후원자들의 고마움에 보답하기 위해 열심히 공부했다. 그리고 차츰 정치에 눈뜨면서 1774년에는 영국 식민지를 옹호하는 왕당파에 대항하여 첫 번째 정치 논문을 썼다. 그리고 1775년 미국 독립전쟁이 시작되었을 때는 영국이 식민지에 부과하는 부당한 세금과 불평등한 상업 규정에 강력히 항의하는 한편, 애국자들과 함께 영국과 싸우기 위해 학업을 중단하고 뉴욕 포병대에 입대했다.

해밀턴은 곧 롱아일랜드, 트렌턴 등의 전투에 참여했다. 전쟁에 참여하는 동안 빠르게 진급하여, 나중에는 미국 독립전쟁을 이끄는 조지 워싱턴 장군의 부관이 되었다. 그리고 독립군 내부의 알력 다툼 속에서도 꾸준히 전공을 세우며 입지를 굳혀나갔다. 그러다 전쟁이 끝난 뒤에는 변호사 자격증을 취득했고, 몇몇 신문의 논객으로 활동하는 한편 정계에 진출했다.

1783년, 마침내 미국과 영국은 '파리 강화 조약'을 체결하고 전쟁을 끝냄과 동시에 미국의 완전한 독립을 협약했다. 하지만 미국은 아직 제대로 된 정부 조직을 갖추고 있지 못한 나라였다. 당시 미국 국민들은 외세로부터 나라를 보호하기 위한 제도적 장치를 원했으나, 유일한 연방조직이던 '의회'는 아직 충분한 국가 통합력과 재무력을 갖추고 있지 못했다. 그래서 미국 내에서는 독립국을 어떤 나라로 만들 것인지가 가장 큰 과제로 떠올랐다. 계속되는 아메리카 원주민들과의 전쟁이나, 차후 영국이나 다른 유럽 국가들과 싸워야 할 강력한 정부의 필요성을 주장하는 이들이 있는 반면, 중앙정부의 권한은 최소화하고 각 주의 자율권을 최대화해야 한다는 등의 다양한 의견이 대두되었다.

그러다 1787년 어떤 정부를 구성할 것인가를 논의하는 이른바 '제헌협의회'가 열렸는데, 해밀턴은 이 회의에서 강력한 중앙집권 정부안을 제안했다. 그가 강력한 중앙정부안을 제안한 배경에는 자신이 처음 뉴욕 땅을 밟았을 때 목격한, 거의 무정부 상태와 가까운 혼란과 무질서가 크게 작용한 것으로 보는 견해도 있다.

해밀턴은 몇 가지 타당한 이유를 들어, 독립전쟁으로 인해 생긴 채무는 각 주가 균등하게 짊어져야 한다고 강력히 주장했고, 토마스 제퍼슨은 채무는 각 주가 쓴 만큼 알아서 자율적으로 감당해야 한다고 주장함으로써 둘 간의 주장은 첨예하게 대립했다. 이런 가운데 구체적인 헌법 초안이 완성되고, 각 주의 비준만을 남겨두고 있었으나 또다시 '헌법이 규정한 강력한 중앙정부는 자칫 각 주의 자유를 침해할 수 있다'라는 반발 목소리가 터져 나왔다. 그러자 해밀턴과 제임스 매디슨, 존 제이는 그 유명한 「연방주의자 논고(The Federalist Papers)」라 불리는 장문의 칼럼을 신문에 기고하는 등 연방헌법 비준의 필요성을 강력히 역설했고, 우여곡절 끝에 결국 중앙연방정부제도와 이를 통솔하는 대통령제를 골자로 하는 연방헌법이 비준되었다.

사실, 제헌의회는 처음에는 영국의 제도를 모방하여 의원내각제와 입헌군주제를 채택하자는 의견이 많았다. 그러나 만약 입헌군주제를

<사진 출처 : 위키디피아>

도입할 경우 영국의 잔재에서 벗어나기 어렵고, 군주의 지위도 모호하다는 이유로 그것을 대신할 '대통령'이라는 새로운 직함을 만들기로 의견을 모았다. 그래서 이른바 '대통령제'라는 제도가 처음으로 생겨난 것이다. '대통령(The President)'이라는 호칭과 직책을 처음으로 제안한 사람도 다름 아닌 알렉산더 해밀턴이다. 당초에는 로마의 직책명을 인용하여 국가 최고 통수권자의 호칭을 '집정관(Consul)'으로 하려고 했지만, 해밀턴의 강력한 제의로 'The President(대통령)'이라는 명칭이 최종적으로 채택되었다. 그리고 1789년 그 초대 대통령에 조지 워싱턴이 취임하면서 이 새로운 직책명과 제도는 오늘날 세계 여러 나라가 채택하는 정치제도로 확산되었다.

이렇게 새로운 국가 제도가 채택된 이후, 알렉산더 해밀턴은 대통령 조지 워싱턴의 요청으로 초대 재무장관이 되어 미국의 재정문제 해결과 정부 체계를 세우는 데 크게 기여했다.

그가 초대 재무장관이 된 뒤, 첫 번째 가장 큰 정치적 갈등은 수도 이전을 둘러싼 이견이었다. 해밀턴은 뉴욕이 미국의 수도가 되기를 원했으나, 제퍼슨과 워싱턴은 포토맥을 미국의 수도로 해야 한다고 주장했다. 결국, 해밀턴은 연방정부의 주 채무 인수와 뉴욕의 수도 선정이라는 두 정책 중 채무 문제를 더 소중히 여겼다. 그래서 뉴욕을 수도로 하는 안을 포기하는 대신 남부의 지지를 얻는 방법을 선택했다.

1790년 6월 20일, 미국 역사에서 가장 유명한 만찬에 토마스 제퍼슨과 제임스 매디슨, 알렉산더 해밀턴 이렇게 세 사람이 마주 앉았다. 해밀턴은 포토맥을 수도로, 필라델피아를 10년간 임시 수도로 하는 타협안을 받아들였고, 이로 인해 미국 연방정부는 강력한 힘을 얻게 되었다. 독립전쟁의 혼란 속에서도 금융의 역사를 독학으로 공부한 해밀턴은 곧이어 중앙은행 설립을 요구하는 보고서를 제출했다. 모든 주에서 통용되는 단일 통화가 없어 외환이 무질서하게 통용되는 상황에서는 아무리 강력한 정치제도라 하더라도 미국이란 신생 독립국을 제대로 안착시킬 수 없다고 판단했던 것이다.

해밀턴은 '국가적으로는 통화 공급을 확장시키고 정부와 기업의 신용을 늘리며, 세금을 제대로 징수하고 과다한 부채는 갚도록 독려하며, 안전한 정부기금의 보관소가 되어줄 강력한 기관'이 필요함을 역설했다. 그러자 제퍼슨은 그러한 강력한 은행은 가난한 자들에게 바가지를 씌우고 농부를 억압하는 장치가 될 것이라고 강력히 반대했다. 하지만 결국 해밀턴의 주장대로 1791년 1월 20일 '미합중국은행 설립헌장'은 상원을 통과했고, 2월 20일 하원도 통과했다. 미국이 노예로 밭을 가는 농업국의 나라에서 통상을 중요시하는 상업국의 나라로 변신하게 된 기념비적 사건이었다.

1791년 7월 4일, 미국 중앙은행의 주식 청약이 이뤄졌다. 그러자 기대감에 부푼 국민들은 너나없이 청약에 뛰어들었고, 1시간 만에 주식은 동이 났다. 해밀턴조차도 이렇게 엄청난 관심이 이뤄질 거라고는 예상하지 못했다.

이렇듯 알렉산더 해밀턴은 미국 초대 재무장관직을 수행하면서 단순히 재무장관에 그친 것이 아니라, 강력한 실천력으로 국가 예산제도와 조세제도 정비, 중앙은행 설립, 연안 경비대 창설 등 명실공히 미국 국가 전반의 기초를 다진 탁월한 인물이다. 그뿐만 아니라 미국 헌법 해설문인 '연방주의자(The Federalist)' 상당 부분도 그가 집필했다.

굳이 우리나라와 비교하자면, 정도전이 '조선'이란 나라의 설계자였다면, 알렉산더 해밀턴은 '미국'이란 나라의 설계자였던 것이다.

그러나 이러한 훌륭한 업적에도 불구하고 알렉산더 해밀턴은 재임 중에 그만 불륜 스캔들에 휘말리고 말았다. 그는 마리아 레이놀즈라는 여성과 바람을 피우다 본남편인 제임스 레이놀즈에게 들켰는데,

제임스는 이를 건수 삼아 해밀턴에게 돈뿐만 아니라 재무장관으로서 줄 수 있는 합당한 이권을 달라고 협박했다. 궁지에 몰린 해밀턴은 사재를 털어 그에게 돈을 주고 관계를 정리했다. 그러나 해밀턴의 정적들은 그를 가만두지 않았다. 그의 스캔들을 집요하게 물고 늘어졌고, 결국 해밀턴은 '미국 역사상 최초의 성스캔들 주인공'이란 불명예를 안고 재무장관직에서 물러났다.

하지만 이게 끝이 아니었다. 성스캔들 뿐만 아니라 해밀턴은 정책과 이념 문제로 정적들로부터 많은 공격을 받았는데, 그중에서도 반연방주의 정치가 에런 버와의 관계는 그야말로 최악이었다. 그러잖아도 둘과의 관계는 아주 나빴는데, 에런 버가 해밀턴의 장인 지역구에 출마해 이기면서 둘의 관계는 최악으로 치달았다.

1800년 대통령 선거에서 토머스 제퍼슨과 에런 버가 맞붙었을 때 투표 결과 공동 1위를 하게 되었지만, 결국 하원에서 제퍼슨이 대통령으로 선출되었다. 그리고 에런 버는 당시의 관례대로 부통령에 올랐다. 그런데 에런 버는 자신이 대통령으로 선출되지 못한 것은 모두 해밀턴이 제퍼슨을 지지하며 하원의원들을 충동질하여 본인의 당선을 방해했기 때문이라 여기고 더욱 앙심을 품기 시작했다.

알렉산더 해밀턴은 성스캔들로 곤욕을 치르고 대선 이후에는 정계를 은퇴한 뒤 '뉴욕 이브닝 포스트'라는 신문을 창간하여 야인으로 활동하고 있었다. 반면 에런 버는 다시 1804년 뉴욕 주지사 선거에 출마했다. 그런데 이 과정에서 해밀턴은 정작 연방파 후보인 에런 버를 반대하고 공화파 후보를 지지했다. 마침내 근소한 차이로 에런 버가 뉴욕 주지사 선거에서 낙선하자 에런 버는 사사건건 자신의 앞길을 가로막는 해밀턴에 대해 극도로 분노하며 급기야 결투를 신청하게 되었다.

해밀턴은 이미 3년 전에 사랑하는 아들이 자신을 비난하는 정적과의 결투로 목숨을 잃었기 때문에 결투를 원치 않았다. 하지만 가문과 자신의 명예를 위해 어쩔 수 없이 결투를 받아들여야만 했다. 그리고 마침내 미국 역사에 길이 남을 결투 사건으로 이어지고 만다.

당시 뉴욕주는 결투를 법으로 금하고 있었고, 위반 시에는 사형에 처해졌다. 그래서 1804년 7월 11일, 애런 버와 알렉산더 해밀턴은 결투를 합법적으로 인정하는 뉴저지주 외곽의 허드슨강변 바위 절벽 인근에서 만나 결투를 벌였다. 두 사람은 서로 총을 겨누고 동시에 방아쇠를 당겼다. 그 결과 해밀턴이 쏜 총알은 빗나갔고, 애런 버가 쏜 총알은 해밀턴의 간과 척추를 관통했다. 해밀턴은 치명적인 총상을 입고 다음 날 49세의 나이로 세상을 떠났다.

그 후 애런 버는 뉴욕과 뉴저지에서 이와 관련한 혐의로 기소되었지만, 어느 주에서도 그에 대한 재판은 열리지 않았고, 버는 딸이 살고 있는 사우스캐롤라이나주로 도망쳤다.

파란 많은 성장기를 거쳐 정치가가 되어서는 정적과의 끊임없는 갈등 속에서도 굴하지 않는 실천가의 면모를 보였고, 수많은 업적을 남긴 알렉산더 해밀턴. 그가 던진 다음과 같은 명언은 오늘날 우리에게 또 다른 큰 울림을 남긴다.

"사람들은 나를 천재라 부른다. 모든 천재에 대한 내 생각은 다음과 같다. 어떠한 사안을 다루어야 할 때면 이를 깊이 공부한다. 낮이고 밤이고 쉴새 없이 머릿속이 그 주제로 가득 차는 것이다. 그다음에야 사람들이 천재성의 결과물이라며 감탄하는 결과물을 내놓는다. 이는 내 노력과 사고의 결실이다."

(좌) 사진 출처 : 구글 이미지

(우) 사진 출처 : 영어 위키, Billy Hathorn

"방대한 자료를 바탕으로"

「알렉산더 해밀턴 전기(Biography of Alexander Hamilton)」를 쓴 작가 론 처노(Ron Chernow)는 현재 미국에서 가장 두드러진 활약을 보이고 있는 시사평론가이자 최고의 금융 전문 저술가이다.

예일대학과 케임브리지대학을 우등으로 졸업한 그는 1980년대 중반 뉴욕의 명문 싱크탱크인 '20세기 펀드'에서 금융정책 수석 연구원으로 일하면서 경제사와 금융사 전문 저술가로서의 기반을 다졌다.

론 처노의 첫 번째 저서 「금융제국 J. P. 모건」은 4대에 걸친 J.P 모건 제국의 놀라운 역사를 추적한 책으로, 미국문화연구 앰배서더상과 그해 전미도서상을 수상했고, 모던 라이브러리 선정 논픽션 베스트 100에 선정되기도 했다. 그리고 두 번째 저서 「바르부르크가(家) 사람들」은 '1993년 최고의 경제서'로 에클스상을 수상하고 미국도서관협회 선정 올해의 논픽션 베스트에 올랐다. 1997년에 발간한 에세이집 「금융 권력의 이동」은 뉴욕타임스에서 '가장 주목받는 책 중 하나'로 선정되었고, 뉴욕타임스는 론 처노에 대해 '수십 년 만에 탄생한 최고의 역사 건축가'라고 평했다

이러한 그가 방대한 자료를 동원하고 분석하여 쓴 책「알렉산더 해밀턴 전기」는 2만 2천 페이지에 달하는 편지, 일기, 법적·사업적 문서 등의 고증자료와 50여 편의 사설을 바탕으로 해밀턴의 일대기를

세밀하게 써 내려간 책이다.

론 처노는 전기를 저술하는 일 외에 뉴욕타임스와 월스트리트저널 등에 서평과 칼럼을 기고하고 있으며, CNN, NBC, CBS 등 전국적인 방송의 뉴스 프로그램에 고정 패널로 출연하기도 한다.

"민주가 민주주의를 망친다"

칼럼니스트이자 경제사회연구원 전문위원인 노정태는 2023년 11월 19일 월간 신동아에 "민주당 막무가내 탄핵, 라틴아메리카로 가는 길"이라는 제목으로 다음과 같은 심쿵한 칼럼을 실었다.

"검찰이 마음에 들지 않는다고 검사를 탄핵한다면, 앞으로 마음에 들지 않는 판결을 선고한 판사들을 탄핵하려고 할지도 모릅니다. 그래도 검찰을 탄핵하겠다고 한다면 검사들을 탄핵하지 말고 이재명 민주당 대표에 대한 수사와 기소를 책임진 저를, 검찰총장을 탄핵하십시오."

11월 9일 이원석 검찰총장이 기자들 앞에서 말문을 열었다. 더불어민주당이 손준성 대구고검 차장과 이정섭 수원지검 2차장에 대한 탄핵소추안을 발의하자 그에 대한 반대의 뜻을 밝힌 것이다. 손준성은 이른바 '고발 사주' 의혹을 받고 있으며, 이정섭은 이재명 민주당 대표의 불법 대북송금 의혹을 수사하고 있다. 탄핵당한 공직자는 탄핵 심판 중 직무집행이 자동 정지된다. 이재명에 대한 수사를 방해하겠다는 의도를 읽을 수밖에 없는 대목이다.

민주당의 시도는 벽에 부딪혔다. 국민의힘이 '노란봉투법'과 '방송3법'에 대한 필리버스터를 포기하면서 일정상 이번 회기 내에 탄핵안을 본회의에 올릴 수 없게 됐다. 민주당의 의지는 꺾이지 않았다. 11월 15일 나온 한 언론 보도에 따르면, 민주당 검사범죄대응태스크포스(TF) 소속 민형배 의원은 "당초 TF에서 검사 4명을 탄핵하기로 결론 냈고 의원총회 동의도 얻었는데 의총에서 '2명만 먼저 올리자'는 절충 의견이 나와 이를 따랐던 것"이라고 설명했다. 그 네 명에는 김영철 대검 반부패1과장과 이정화 수원지검 형사5부장이 포함돼 있다.

민주당은 거기서 멈추지 않는다. 검찰총장 이원석을 직접 탄핵해야 한다는 의견까지 물밑으로 오가는 중이다. 그런데 그 탄핵의 내막을 검토해보면 당혹스러움은 더욱 커진다. 민주당은 윤석열 대통령의 부인인 김건희 코바나컨텐츠 대표에 대한 검찰 수사가 사실상 멈춰 있다고 판단한다. 따라서 검찰을 지휘 감독하는 검찰총장의 직무유기 등으로 간주해 탄핵할 수 있다는 주장을 펴고 있는 것이다.

이것은 민주당의 기존 입장과 상반되는 이야기다. 지난 정권 당시, 2020년 법무검찰개혁위원회는 검찰총장의 구체적 수사지휘권을 폐지하고 각 고등검사장에게 분산하며, 고등검사장의 수사 지휘는 서면으로 하고 수사 검사의 의견을 서면으로 듣는 것 등을 골자로 하는 권고안을 내놓은 바 있다. 검찰총장의 구체적 사건 지휘권을 빼앗아야 한다고 주장하던 정당이, 이제는 검찰총장이 자신들의 요구대로 사건 지휘를 하지 않는다고 탄핵하겠다고 나선다. 역설적이라는 말로도 부족한 기이한 현상이다.

대체 민주당은 왜 이러는 걸까. 검사범죄대응TF 위원장인 김용민 의원은 원내대책회의에서 "민주당은 검사도 잘못하면 처벌받고 징계받을 수 있다는 당연한 상식을 실현시키고자 한다"고 주장했다. 민주당과 그 지지자들이 즐겨 인용하는, 이른바 '선출되지 않은 권력'에 대한 견제론이다. 국민의 대표인 국회가 검찰을 통제하려 드는 게 뭐가 문제냐는 것이다.

하지만 현실은 그리 간단하지 않다. 민주당의 막무가내 탄핵 정국은 단지 검찰에만 위협이 아니다. 대한민국의 민주주의 자체를 뒤흔들고 있다. 국회라고 해서 모든 것을 마음대로 처리할 수 있을 리가 없고, 그래서도 안 된다.

소추는 파당들과 연계될 것이다

우리에게 흔히 '연방주의자 논설'로 알려진 책 「페더럴리스트(The Federalist)」를 펼쳐보자. 알렉산더 해밀턴, 제임스 매디슨, 존 제이로 이루어진 3인방이 로마 공화국 창건자 중 한 사람인 '푸블리우스(Publius)'라는 이름으로, 당시 뉴욕에서 발행되던 다섯 종의 신문 중 네 곳에 연재한 칼럼을 묶어 펴낸 민주주의의 고전이다.

역사적 맥락을 간략히 되짚어볼 필요가 있다. 1776년 북아메리카 식민지는 영국으로부터의 독립을 선언하고 7년 후 전쟁에서 승리했다. 하지만 미국의 건국은 끝나지 않았다. 아니, 막 시작됐다고 해도 과언이 아니었다. 이른바 '연합주의자'와 '연방주의자'들이 첨예한 의견 대립을 보이고 있던 것이다.

사진 출처 : Amazon.com: Books

'연합주의자'들은 독자적인 체계와 큰 예산, 막강한 권한을 지니는 연방정부를 원치 않았다. 미국의 미래는 '국가연합'이 돼야 한다는 것이었다. 반면 '연방주의자'들은 13개의 주가 명실상부한 하나의 국가를 이루어야 한다는 입장이었다.

「페더럴리스트」는 그러한 문제의식 하에 대중과 제헌회의 내의 반대파를 설득하기 위해 등장한 책이다. 해밀턴의 주도로 제임스 매디슨이 철학적 깊이를 더하고 존 제이가 힘을 보태어 총 85편의 논설이 작성됐고, 두 권의 단행본으로 묶여 출간됐다. 1788년의 일이다. 같은 해 뉴욕주의 헌법이 비준됐고, 이듬해 3월 4일 미국 헌법이 공식 발효됐으며, 다음 달인 4월 30일 조지 워싱턴이 대통령으로 취임하면서 미국이라는 나라가 탄생한 것이다.

이처럼 「페더럴리스트」는 비준을 앞둔 미국 헌법을 옹호하기 위해 쓰인 책이다. 오늘날까지도 존속하는 미연방의 조직과 제도의 취지에 대한 설명이 담겨 있다. 그런데 탄핵이라는 제도를 다루는 푸블리우스, 구체적으로 해밀턴의 어조는 퍽 냉담하고 비판적이다. (「페더럴리스트」는 익명으로 작성됐고 세 필자 모두 어떤 글을 본인이 썼는지 굳이 밝히지 않았다. 하지만 후세의 문헌학자들은 연구를 통해 각 논설의 필자를 모두 규명한 상태다)

미국 건국의 아버지 중 한 사람, 10달러 속 초상화의 주인공인 알렉산더 해밀턴은, 「페더럴리스트」를 통해 탄핵의 남용이 민주주의에 끼치는 해악에 대한 우려를 가감 없이 드러냈다. 탄핵의 대상이 되는 범죄는 "특별하게 '정치적'이라고 부를 만한 성격의 것이다." 탄핵의 속성을 놓고 보면 당연한 일이다.

바로 여기 탄핵 심판이 갖는 특유의 속성이 나온다. "이런 이유로, 그(공직자)에 대한 소추는 전체 공동체의 정념을 불러일으키며, 또한 공동체를 피고에 다소 우호적인 파당과 적대적인 파당으로 분열시킬 것이 분명하다."(65번 논설) 탄핵 심판은 정치 재판이 될 수밖에 없다는 뜻이다.

해밀턴의 우려에 좀 더 귀를 기울여 보자. "많은 경우에, 소추는 기존의 파당들과 연계될 것이며, 이쪽 또는 저쪽에서 그들의 모든 적대감과 편견, 영향력과 이해관계가 동원될 것이다. 그럴 경우에는 항상, 유무죄의 진정한 입증에 따라서가 아니라 파당들의 상대적 힘에 따라 판결이 좌우될 심각한 위험이 존재할 것이다."(65번 논설)

"유무죄의 진정한 입증에 따라서가 아니라 파당들의 상대적 힘에 따라 판결이 좌우될 심각한 위험." 탄핵이라는 제도에 대한 근심을 이보다 잘 묘사하기도 어려울 듯하다. 물론 탄핵은 민주주의의 존속을 위해 반드시 있어야 하는 제도다. 하지만 탄핵의 남용은 민주주의의 건강한 유지에 전혀 도움이 되지 않는다. 정치인을 대상으로 정치인이 제기하는 정치적인 재판이 바로 탄핵 심판이기 때문이다. 탄핵이 남용되는 국가는 반드시 정치적으로 타락할 수밖에 없다.

탄핵을 정치 도구로 쓰는 풍토

해밀턴의 우려는 약 200여 년이 흐른 후 라틴아메리카에서 본격화하기 시작했다. 제2차 세계대전 이후 군부독재를 지나 민주화의 시대가 오자, 라틴아메리카 각국에서는 탄핵 소추와 탄핵 심판을 정치의 도구로 삼는 극단적인 풍토가 말하자면 '뉴 노멀'로 자리 잡은 것이다.

1964년 군사 쿠데타로 독재 정권이 들어선 후 1985년 민주정부를 되찾은 브라질. 그런데 브라질의 정치는 그 첫 번째 민선 대통령을 탄핵으로 쫓아내 버렸다. 그 후 지금까지 브라질 정치는 끝없는 이전투구를 벌인다. 옆 나라이며 라틴아메리카 제2의 강국인 아르헨티나의 사정도 크게 다르지 않다. 1980년대 민주화 이후 83번이나 탄핵 소추가 있었다. 한 해에 두 번 이상 탄핵 소추를 했다는 뜻이다.

라틴아메리카 전체로 눈을 돌려봐도 사정은 크게 다르지 않다. 김유정 전북대 스페인·중남미연구소 연구원의 2022년 논문 '페루 대통령 탄핵의 양가성'('세계지역연구논총' 제40집 1호)에 따르면, "민주화 이후 1990년대부터 2000년까지의 기간 동안 총 여섯 번의 대통령 탄핵 절차가 진행되었으며 이 중 콜롬비아의 삼페르(Ernesto Samper) 대통령을 제외하고 다섯 명의 대통령이 탄핵으로 해임되거나 탄핵 가결 직전 사임했다."

라틴아메리카는 왜 탄핵 천국이 됐을까. 김유정에 따르면 비례대표제와 대통령제의 결합이 취약점으로 작동하고 있다. 정치에 관심이 많은 진보층은 흔히 비례대표제를 '좋은 제도'로, 지역구의 직접 선출을 '나쁜 제도' 내지 '불완전한 제도'로 여기곤 하지만, 현실은 그보다 좀 더 복잡하다. 논문의 한 대목을 읽어보자.

"대부분의 라틴아메리카 국가들은 대통령제와 의회 선거에서의 비례대표제를 채택하고 있다. 이 때문에 대다수의 경우, 대통령이 속한 여당은 과반수를 넘기 어렵고 적대적인 야당의 공세로부터 대통령을 방어할 수 있는 다수당의 지원이 부재하다. 소수파 대통령과 완강한 의회 사이의 갈등을 해결하기 위한 불신임 투표나 조기 선거 요구와 같은 평화적 메커니즘이 부재한 경우, 필연적으로 의회와 대통령 간의 교착상태와 극심한 갈등이 나타나게 된다는 것이다."

페루는 그중에서도 특히 주목할 만한 사례다. 2017년부터 2022년 현재까지 여섯 번의 탄핵 시도가 있었고, 그중 두 번은 실제 탄핵으로 이어졌다. 이렇듯 탄핵이 일상화되면 평화로운 정권 교체가 이뤄질까. 그렇지 않다. 지금도 페루는 탄핵의 후폭풍으로 인한 시위로 온 나라가 계속 들끓고 있다. 사망자도 빈번하게 나오는 중이다.

 탄핵을 정치적 도구로 사용하는데 거리낌이 없는 라틴아메리카의 풍토 속에서 페루의 헌법은 불에 기름을 끼얹고 있다. 일단 의회가 단원제인데, 탄핵소추권과 심판권을 모두 의회가 가지고 있다. 대통령이건 국무위원이건 의회 다수당이 탄핵하겠다면 제어할 방법이 없다. 게다가 헌법에 명시돼있는 대통령 탄핵 사유도 문제적이다. '영구적인 신체적 또는 도덕적 무능력(permanent physical or moral incapacity)'을 탄핵 가능 사유로 적시하고 있는 것이다.

 대체 '도덕적 무능력'이 무엇인가. 그 내용은 사실 무엇이든 될 수 있다. 중요한 건 구체적인 형법상의 범죄 행위가 없더라도 대통령을 탄핵할 수 있다고 형법에 명시돼있다는 사실 그 자체다. 일단 국회에서 충분한 의석을 확보하고 대통령을 몰아붙일 수만 있다면 '도덕적 무능력'의 내용이 무엇인지는 천천히 생각해도 된다는 이야기다. "유무죄의 진정한 입증에 따라서가 아니라 파당들의 상대적 힘에 따라 판결이 좌우될 심각한 위험이 존재"하는 정도가 아니라, 유무죄의 진정한 입증조차 필요 없는 셈이다. 이런 나라의 정치가 제대로 돌아가면 그게 더 놀라울 일이다.

「페더럴리스트」의 한 대목

미국 제헌의회에 모였던 건국의 아버지들이 근심한 점도 바로 이런 대목이었다. 하지만 탄핵이라는 제도 자체를 없앨 수도 없다. 제헌의회의 해법은 양원제 도입이었다. 하원에 비해 적은 숫자에 긴 임기를 지니는 상원을 설치해 대중의 지나친 열기를 이성적으로 제어할 수 있다고 본 것이다.

오늘날 우리는 미국이 상하원 양원제로 이뤄진 국가라는 사실을 자연스럽게 받아들인다. 미국 건국 당시만 해도 그렇지 않았다. 당시 아메리카 식민지의 구성원 중 대다수는 영국에서 탄압받은 청교도였다. 영국 왕의 군대와 맞서 전쟁을 벌인 사람들이다. 게다가 제헌의회가 제안한 상원은 각 주 의회에서 선출하는 간선제였고, 2년 임기의 하원과 달리 6년의 긴 임기를 지녔다. 마치 귀족으로 이뤄진 영국의 상원을 연상케 했다. 그런 상원을 자유의 나라 미국이 가져야 할 이유가 대체 무엇이란 말인가.

「페더럴리스트」에 철학적 깊이를 더해준 제임스 매디슨의 입장은 단호했다. '권력의 남용'만큼이나 '자유의 남용' 역시 자유를 침해할 수 있다. 국민은 위대한 주권자지만 늘 옳지만은 않다. 그들이 잘못된 열정에 휩쓸려 스스로에게 해를 끼치고자 한다면, 그것을 막기 위한 권위 있는 집단이 필요하다. 「페더럴리스트」의 63번 논설의 한 대목을 인용해 보자.

"공적 사안에서 어떤 비정상적 정념이나 불법적 이해관계에 따라 고무되거나 불순한 자들의 교묘한 거짓말에 오도당한 인민들이, 나중에 그들 스스로 크게 후회하고 자책할 그런 조치를 요구할 수도 있는 특수한 경우들이 존재한다. 이런 위험한 시기에, 이성과 정의 및 진리가 공중의 마음을 다시 장악할 수 있을 때까지 오도된 사태의 진행을 저지하기 위해, 또한 인민들이 스스로에 대해 꾀하는 타격을 일시 정지시키기 위해, 어떤 절제되고 존경받는 시민 집단이 있어서 개입한다면 얼마나 유익하겠는가."

민주주의는 국민이 주인이 되는 통치 체제다. 하지만 '국민의 뜻', '민중의 의지'에 따라 모든 사안이 일관성 없이 좌우되는 것은 민주주의에 해롭다. 매디슨은 아테네 민주주의의 가장 부끄러운 장면인 소크라테스 재판을 환기시킨다. 다수결에 의한 민주적 투표로 소크라테스에게 독미나리즙을 마셔 죽게 했던 아테네 시민들은, 다음 날 역시 민주적 절차를 통해 소크라테스의 조각상을 세웠다. 조변석개하고 죽 끓듯 변하는 민중의 뜻을 따르는 것이 민주주의의 전부일 수는 없는 것이다.

차라리 군부 쿠데타 바라는 국민

미국의 제도라고 해서 완벽하지만은 않다. 상원을 간선제로 뽑는 기존의 제도는 곧 한계에 부딪혔다. 각 주의 주의회가 상원 의원을 선출하자, 상원 의원들은 각 주의 주민들을 대표하지도 않았고, 연방 의회에서 연방의 이익을 위해 고심하지도 않았다. 오직 각 주, 그것도 자신을 뽑아준 주의회의 이익만을 대변했다. 결국 1913년 발효된 제17조 수정헌법 조항에 의해 상원의원 역시 직접투표를 통한 선출 대상이 됐다.

중요한 건 미국 건국의 아버지들이 보여준 통찰력이다. 그들은 영국에 맞서 독립을 쟁취한 신생국의 헌법을 만들고 있었다. 몹시도 흥분되고 떨리는 순간이었다. 하지만 인간과 정치의 본성에 대한 냉철한 시각을 잃지 않았다. 민주주의는 한 나라가 대중의 뜻에 의해서만 움직인다는 말로 오해돼서는 안 된다. 특정한 이해관계로 뭉친 사람들, 소수의 선동꾼들이 대중을 부추겨 그릇된 방향으로 몰아갈 우려가 있기에 경각심을 늦출 수 없다.

그들의 우려는 두 세기가 지난 후 라틴아메리카에서 현실화했다. 증거와 법리에 따라 유무죄를 따질 필요조차 없는 '도덕적 무능력'을 이유로 대통령을 탄핵할 수 있다고 헌법에 명시한 나라 페루는 연이은 탄핵 후폭풍 탓에 내전에 준하는 갈등에 빠졌다. 정도의 차이가 있지만 다른 나라들의 사정도 마찬가지다. 대통령은 당장 탄핵을 피하기 위해 부패한 수단을 동원해 상대편 정파를 설득하거나, 국민에게 돈을 뿌리는 포퓰리즘의 유혹을 떨쳐내기 어려워진다.

이렇게 민주주의가 민주주의를 망치는 상황이 반복되다 보면 불안정한 정국에 지친 국민 중 일부는 차라리 군부 쿠데타가 벌어지기를 바라게 된다. 피 흘리며 얻어낸 민주주의를 다시 독재에 헌납하는 꼴이다. 하루가 멀다 하고 탄핵을 들먹이는 민주당이 무슨 행동을 하고 있는지 국민들은 똑똑히 인식해야 한다. 그들은 우리를 '민주주의의 자살'로 이끄는 중이다. 양식 있는 지지자들부터 앞장서서 말려야 한다.

이상 출처 : https://shindonga.donga.com/politics/article/all/13/4560166/1

"고장난 정치를 향해"

박정훈 조선일보 논설실장은 2022년 10월 28일 "거짓·선동·비상식의 민주당월드"라는 제목의 칼럼으로 한국 정치의 처연한 현실을 다음과 같이 지적했다.

민주당 구(舊)권력 쪽에서 유독 비리 스캔들이 꼬리 무는 것도 요상하지만 그보다 더 희한한 것이 있다. 그쪽 사람들은 하나같이 범죄를 정치로 뒤집는 재주를 지녔다는 것이다. 한명숙 전 총리가 대표적이다. 불법 자금을 받은 혐의로 대법원 유죄가 확정됐는데도 끝까지 결백하다며 "정치 보복"을 주장했다. 빼도 박도 못 할 수표 물증까지 나왔지만 추징금도 안 내고 버티더니 급기야 문재인 정권이 10년도 더 지난 검찰의 수사 과정을 조사하겠다며 난리를 폈다. 입학 서류 위조가 확인된 조국도, 선거 댓글 조작의 중범죄를 저지른 김경수도, 위안부 할머니 돈을 횡령한 혐의의 윤미향도 마찬가지였다. 잘못을 인정하는 대신 정치 공방으로 몰아가 물타기 하는 것이 공통된 수법이었다.

이재명 대표도 같은 길을 걸으려 마음먹은 듯하다. 대장동에 연루된 주변 인물들을 "모르는 사람"이라며 잡아떼더니 최측근이 체포되자 "야당 탄압"이라고 반격했다. 돈을 준 쪽의 구체적 진술이 나왔는데도 "조작"이라 주장하면서 '특검 물타기'로 맞섰다. 민주당은 이 대표 방탄에 총력전을 폈다. 대통령 시정 연설을 보이콧하고 압수수색을 막겠다며 7시간 대치극을 벌였다. 법원이 발부한 영장 집행을 방해하면서 사법 절차 자체를 거부하는 방식으로 대응했다. 법치 국가의 공당이 레드라인을 넘어선 것이나 다름없다. 특정인의 방패막이를 자처하는 당을 민주적 정당이라 할 수 있을까.

정권을 견제하고 날 세워 비판하는 것이 야당의 일이다. 그러나 거기에도 지켜야 할 선이 있다. 불행히도 민주당의 행태는 합리성과 상식의 경계선을 넘어 일탈의 영역으로 치닫는 경우가 잦다. 정권 초기 허니문 기간을 주는 불문율을 깨고 시작부터 시비 걸며 국정을 발목잡았다. 행정부가 정책을 주도하고 국회는 견제하는 것이 대통령제 시스템이지만 민주당은 거대 의석의 힘으로 입법권을 휘두르며 정부를 길들이려 한다. 출범 6개월도 안 된 윤석열 정권을 향해 "중도 퇴진" "탄핵"으로 위협할 지경이 됐다.

정당이 지지층의 진영논리를 대변하는 것은 당연하다. 그러나 그

것이 지나쳐 국가 이익을 훼손할 수준에 이르면 정상이라 할 수 없다. 북핵 위협에 대응해 한·미·일이 합동 훈련을 하자 민주당은 뜬금없이 "친일 국방" 프레임을 들고 나왔다. 안보와 친일이 무슨 관계가 있나. 적어도 정권 잡을 때마다 대북 퍼주기로 핵·미사일 개발 자금을 대주었던 장본인들이 할 말은 아니었다. 북핵의 '숨은 조력자' 소리를 듣는 민주당이 이젠 나라 지키는 일까지 어깃장을 놓고 있다.

국익 해치는 민주당의 자해극은 끊임없이 반복되고 있다. 서민 생활을 궁핍하게 한 소득 주도 성장, '미친 집값'을 만든 막무가내 부동산 규제, 전월세 대란을 일으킨 반시장적 임대차 3법, 택시 대란을 초래한 '타다 금지법' 등이 그 예다. "곳간에 곡식을 쌓아두면 썩는다"는 얼토당토않은 논리로 재정을 고갈시키고, 탈원전 역주행으로 에너지 체계를 엉망으로 만들었다. 그리고 야당이 되어선 남아도는 쌀에 세금을 더 퍼붓는 양곡관리법이며 노동 현장의 불법·폭력을 조장할 '노란봉투법'을 밀어붙이고 있다. 이런 국가적 자해를 반복하는 정당이 또 있을까.

꼬리 무는 비상식에 어지간히 단련됐을 사람들도 민주당 대변인이 제기한 '심야 술 파티' 폭로엔 두 손 들었다는 반응이 많았다. 조금만 따져봐도 허구임이 분명한 지라시 괴담을 들고 와 국감장을 개그 콘서트로 만들었다. 이 정도면 제명 수준의 중징계감일 것이나 민주당은 도리어 그가 옳다며 싸고돌았다. 민주당식 세계관에선 적을 공격할 수만 있다면 사실이냐 아니냐가 중요하지 않기 때문일 것이다.

멀게는 김대업의 병풍 조작, 윤지오의 허언 소동에서 가깝게는 전기·수도 민영화 괴담까지, 민주당의 아니면 말고 식 선동은 헤아릴 수조차 없다. 황당한 광우병 괴담에 편승하고 천안함 폭침 때는 미 잠수함 충돌설로 세상을 흔들었다. 세월호 참사가 터지자 '청와대 굿판'에다 '고의 침몰설'까지 들고 나왔다. 페라가모·생태탕이며 '접대부 줄리'며 B급 잡지도 쓰지 않을 저질 의혹을 부풀려 민심을 현혹하곤 했다. 어느 하나만으로도 당이 해산되어야 마땅한 중대 사안이었지만 이 모든 것들이 허위임이 밝혀진 뒤에도 민주당은 단 한 번 제대로 된 사과조차 한 일이 없다.

고장 난 정치를 향해 "문제 해결자 아닌 문제 그 자체"라고 일갈한 경제 사상가가 있었다. 마치 지금의 민주당을 지목해 한 말처럼 들린다. 엉터리·저질·거짓·선동이 아무렇지도 않게 통용되는 '민주당 월드'의 정신세계는 어떤 구조일까. 의회 권력을 장악한 거대 야당이 '문제 그 자체'로 전락한 한국 정치의 현실이 처연하다.

이상 출처: https://v.daum.net/v/20221028000038611

"탄핵이 우북하게 수의를 해 입힌 민주주의 길"

세계 곳곳에서 민주주의가 자살의 길로 가고 있다.
많은 사람들로부터 사랑받는 시인 안도현은 다음과 같은 파르스름한

시를 남겼다.

조문(弔文)

―안도현―

뒷집 조성오 할아버지가 겨울에 돌아가셨다.
감나무 두 그루 딸린 빈집만 남겨두고 돌아가셨다

살아서 눈 어두운 동네 노인들 편지 읽어주고 먼저 떠난 이들 묏자리도 더러 봐주고 추석 가까워지면 동네 초입의 풀 환하게 베고 물꼬싸움 나면 양쪽 불러다 누가 잘했는지 잘못했는지 심판 봐주던

이 동네 길이었다, 할아버지는
슬프도록 야문 길이었다.

돌아가셨을 때 문상도 못 한 나는 마루 끝에 앉아, 할아버지네 고추밭으로 올라가는 비탈, 오래 보고 있다.

지게 지고 하루에도 몇 번씩 할아버지가 오르내릴 때 풀들은 옆으로 슬쩍 비켜 앉아 지그재그로 길을 터주곤 했다

비탈에 납작하게 달라붙어 있던 그 길은 여름 내내 바지 걷어붙인 할아버지 정강이에 볼록하게 돋던 핏줄같이 파르스름했다.

그런데 할아버지가 돌아가시고
그 비탈길을 힘겹게 밟고 올라가던
느린 발소리와 끙, 하던 안간힘까지 돌아가시고 나자 그만

길도 돌아가시고 말았다.

풀들이 우북하게 수의를 해 입힌 길,
지금은 길이라고 할 수 없는 길 위로
조의를 표하듯 산그늘이 엎드려 절하는 저녁이다.

 2024년, 바야흐로 대한민국 정치는 탄핵이 우북하게 수의를 해 입히는 길로 가고 있다. 민주가 눈물로 엎드려 절하는 시대이다.

"다이달로스와 이카루스"

 '이카루스의 날개'는 그리스신화에 나오는 이야기다.
 크레타섬에 미궁(迷宮)을 만든 건축가 다이달로스는 미노스왕의 노여움을 사서 아들 이카루스와 함께 자신이 만든 미궁에 갇히고 만다.
 "아, 내가 만든 미궁에 내가 갇혀 죽게 되다니!…"
 그러나 절망으로 탄식하던 다이달로스는 어느 날부터 미궁의 작은

창으로 날아 들어오는 새의 깃털을 매일 조금씩 모았다. 그리고 그렇게 모은 깃털로 거대한 날개를 만들었다. 그런 다음 자신과 아들의 몸에 밀랍으로 날개를 이어 붙였다.

"이카루스야, 이제 날개가 완성됐으니 우리 함께 날아 보자!"

아버지 다이달로스와 아들 이카루스는 아주 가볍게 미궁 안을 날 수 있었다.

"아들아, 이젠 탈출이다. 지금부터 명심할 것은 탈출 후엔 반드시 바다와 태양의 중간 지대를 날아야 한다."

"왜요?"

"바다와 너무 가까이 날면 습기로 날개가 무거워져 떨어지게 되고, 반대로 태양과 너무 가까이 날면 밀랍이 녹아 날개가 떨어지기 때문이야."

"알겠어요, 명심할게요!"

이렇게 해서 탈출에 성공한 아버지 다이달로스와 아들 이카루스는 자유롭게 드넓은 하늘을 날아올랐다. 그런데 이카루스는 너무 기쁘고 기분이 좋은 나머지 더 높이, 더 멀리 날고 싶었다. 그래서 아버지의 경고를 잊어버린 채 지나치게 태양 가까이 날고 말았다.

결국 이카루스의 날개는 밀랍이 녹아 몸에서 떨어지게 되었고, 아버지 다이달로스는 바다로 추락하는 아들을 붙잡으려 급하게 날아갔지만 안타깝게도 이카루스는 바다에 빠져 죽고 말았다.

뉴스중심 언론매체인 시사오늘(시사ON) 윤명철 논설위원은 2022

년 12월 4일 "6공 이카루스 박철언과 한동훈 대망론(역사로 보는 정치)"이라는 제목으로 다음과 같은 통찰력 뛰어난 칼럼을 남겼다.

권력자 황태자가 아닌 국민의 황태자가 돼야

비운의 황태자는 이카루스(Icarus)다. 이카루스는 그리스신화에 나오는 인물로 밀랍 날개를 달고 태양에 다가가려다 밀랍이 녹아서 추락사했다. 후세 사람들은 이 신화에 빗대 '이카루스'를 실패한 비운의 인물로 칭한다.

우리 현대사에도 비운의 황태자들이 즐비하다. 이기붕, 차지철, 장세동 등이다. 87체제에서도 박철언은 6공의 황태자로 자타가 인정했다. 이회창, 정동영 등 대권후보로 선출됐다. 이들은 모두 이카루스의 날개를 달고 태양 근처에 다가서려다 다 추락해 정치 생명을 마감했다는 공통점이 있다.

6공 이카루스 박철언

6공 황태자 박철언은 '이카루스의 날개'를 상징하는 인물이 아닐까 싶다. TK이라는 '지(地)', 노태우 대통령의 사촌 처남이라는 인(人)을 갖췄지만 민주화라는 시(時)에게 선택받지 못해 비운의 정치인이 됐다.

박철언은 타고난 수재다. 대한민국 권력 초핵심 학맥인 경북고에 서울대 법대 수석 졸업자다. 경기고는 공부로서는 자타가 공인하는 최고 명문이지만, 대권과는 거리가 멀다. 최규하 전 대통령이 있지만

10·26사태가 낳은 징검다리 대통령이다.

반면 경북고는 박정희 정권 18년, 5~6공 12년을 지배한 최고의 권력 학맥이다. 특히 5~6공은 경북고 공화국이라고 해도 부족함이 없다. 5공 육법당(육사와 서울대 법대)의 대다수가 경북고 출신이었다. 박철언은 그 중심에 우뚝 섰던 권력 초 실세였다.

집안도 화려하다. 노태우 대통령의 고종사촌 처남, 하나회 실세 김복동의 고종사촌 동생이자, 영부인 사촌누나 김옥숙의 총애를 받아 승승장구했다. 노태우가 5공 2인자 시절 장세동의 갖은 견제에도 불구하고 후계자 자리를 꿰찬 것은 책사 박철언의 도움이 컸다. 박철언이 없었다면 노태우도 비운의 황태자가 됐을 공산이 크다.

박철언은 정통 TK 코스를 밟았다. 사시 패스 후 검사로 근무하다가 5공 신군부가 권력을 잡자 1980년 국보위 법사위원으로 5공 헌법 기초 작업에 적극 참여했다. 권력자 전두환도 박철언의 능력을 인정해 대통령 비서실 정무비서관으로 데려갔다. 이는 권력 핵심부의 일거수일투족을 노태우에게 직보할 수 있는 하늘이 부여한 요직이었다.

박철언 덕분에 노태우는 청와대 속사정을 손바닥 보듯 훤히 들여다볼 수 있었다. 그 결과 정권 초기 허화평과 허삼수 숙청을 조정할 수 있었지 않았을까 싶다. 아이러니하게도 5공 황태자 안기부장 장세동은 박철언을 자신의 특별보좌관으로 데려갔다. 이때 박철언은 대북특사 장세동을 보좌하며 남북대화를 맡았고, 후일 6공시절 자신도 대북특사가 되는 밑거름이 됐다.

노태우에게 박철언은 특등공신이었다. 1987년 13대 대선이 개막되자 사조직 '월계수회'를 조직해 대선 승리에 혁혁한 공을 세워 명실상부한 6공 황태자가 됐다. 노태우의 시대가 아닌 박철언의 시대가 열린 셈이다. 6공은 박철언에게 날개를 달아줬다. 이제는 시(時)마저 박철언의 편이 된 듯 보였다. 이미 13대 총선에서 민정당 전국구 국회의원으로 정계에 본격 진출해 정치인으로 변신했다.

노태우 6공의 최대 치적인 북방정책도 황태자 박철언의 손을 거쳤다. 대통령 특사로서 동구권 최초로 헝가리와의 수교를 성사시켰다. 내친김에 공산주의 메카 모스크바로 날아가 소련과의 수교를 성공시켰다. 세계가 경악했다. 소련의 배신에 수세에 몰린 북한도 비밀리에 방문해 남북한 유엔 동시 가입과 남북기본합의서를 이끌어내 남북 관계의 새역사를 썼다. 세상은 박철언을 노태우의 후계자로 인정했다.

호사다마랄까? 뜻밖의 시련이 왔다. 여소야대 정국을 극복하고자 3당 합당을 성사시켰지만 난적 김영삼을 만났다. 신군부 황태자와 민주투사와의 권력투쟁이 시작됐다. 박철언에게 월계수회가 있다면, 김영삼에게는 민주산악회와 국민이 있었다.

민자당 다수는 민정계였지만 황태자 박철언의 독주를 못마땅하게 생각했다. 킹메이커 김윤환도 박철언이 아닌 김영삼을 선택했다. 김윤환이 누구던가? TK 대부로서 전두환과 노태우의 친구였고, 특히 노태우와는 경북고 동기이자 박철언의 고교 선배였지만 끝내 김영삼을 선택했다.

민심도 6공 황태자 대신 민주투사 김영삼을 원했다. 김영삼이 실질적인 군정 종식을 이끌어 낼 인물로 지지했다. 반면 박철언은 신군부 시즌3라는 인상이 고착됐다. 민주정부가 시대 정신이 됐고, 김영삼이 대통령 후보가 됐다.

결국 박철언은 이카루스의 날개를 달고 대권 태양에서 스스로 타버려 추락했다. 얼마 안 있어 대권주자 박철언은 슬롯머신 사건으로 감옥에 간다. 검사 출신 황태자가 검찰에 의해 덜미가 잡힌 꼴이 됐다.

누구를 위한 한동훈 대망론?

자중지란에 빠져 인물난에 허덕이는 국민의힘에 한동훈 대망론이 급부상 중이다. 윤석열 황태자 한동훈은 여권의 유력 대권주자로 인정받고 있다. 강남 8학군을 거쳐 서울대 법대 출신 검사, 윤석열 대통령과 가장 호흡이 잘 맞는 검사 후배다. 문재인 정권에서 윤석열 인맥 검사로서 온갖 탄압을 받다가 정권교체 후 법무부장관으로 화려하게 부활한 신데렐라다.

검사 한동훈이 법무부장관이 되자 기성 정치인들은 꼼짝마라가 됐다. 야당 국회의원들이 갖은 의혹과 공세를 펼쳐도 현란한 사이다 답변으로 되받아쳐 각종 명품 '짤'들이 온라인을 지배했다. 일부 야당 국회의원들을 자질론에 휩싸이게 만든 이가 한동훈이다.

보수 지지층도 구태 이미지에 갇힌 기성 국민의힘 정치인보다는 한동훈에 거는 기대가 높다. 온갖 권모술수에 기득권 사수에 고착된 여야 기성 정치인 대신 똑부러진 한동훈을 대권주자로 여기는 기현상이 발생하고 있다. 비슷한 현란한 말솜씨를 구사하는 신기루 같은 이준석과는 전혀 다른 기대감이다.

문제는 한동훈이 이카루스가 될 수 있다는 점이다. 최고 권력자의 총애만 받는 황태자는 이카루스가 된다. 국민의 황태자가 돼야 한다. 경제위기와 국론분열, 양극화, 기후변화 등 난제들이 수두룩하다. 북

사진 출처 : 경향신문

핵도 한반도 안전을 위협하고 있다.

검사 출신 법무부장관 한동훈과 대권주자 한동훈은 전혀 다르다. 검사 출신들은 통합과 조정보다는 시시비비를 가려 벌주는 데 익숙한 전문가다. 윤석열 대통령도 아직 정치인보다는 검사에 가까운 모습으로 비쳐진다. 한동훈 장관도 정치인이 되고자 한다면 국민과 시대가 원하는 역할을 감당할 비전과 능력을 보여줘야 한다.

사실 한동훈 대망론은 본인보다는 한동훈 마케팅에 한몫 챙기려는 기성 정치인들이 만든 왜곡된 현상일 가능성이 높다.

한동훈 대망론에 기대 총선 공천이나 얻으려는 저잣거리 셈법은 국민에게 더 이상 먹혀들지 않는다. 지금은 윤석열 대통령을 도와 복합 위기 극복에 나서야 할 때다. 민생은 집권 여당 대표가 누구냐보다 더 시급한 과제다. 한동훈 대망론이 잘못된 방향으로 나가면, 차기 총선은 정권심판 무대가 될 가능성이 높다.

이상 출처 : https://www.sisaon.co.kr/news/articleView.html?idxno=145401

"중도층(中道層)과 중용(中庸)"

2024년 4월 10일 치러진 대한민국 총선은 역대급 진흙탕이었고, 역대급 미궁(迷宮)이었다. 양극단으로 치달은 국민의힘과 더불어민주당은 입에 담기 힘든 험악한 말들로 피아 구분 없이 공격하고 조롱하고 '핏빛 자오선'을 연출했다. 특히 더불어민주당이 공천 과정에서 보여준 행태는 그야말로 '서부의 묵시록' 그 자체였다.

이런 무차별 활극 속에서 일부 국민들은 그들의 선전 선동에 휩쓸리기도 했고, 반면 많은 국민들은 혐오의 난장판 속에서도 균형감을 잃지 않고 중도의 노선을 택했다.

이렇게 어느 때보다도 중도층 민심이 두드러지게 확대되자, 각 정당들은 부랴부랴 중도층 민심을 잡으려 온갖 전략을 구사하며 난리 블루스를 췄다. 아예 중도층 민심을 기치로 내걸고 몇 개의 제3지대 정당이 탄생하기도 했다. 그러나 중도의 민심은 동네북도 아니고, 싸구려로 먹을 수 있는 인스턴트 햄버거도 아니었다.

무조건 이기고만 보겠다는 일념에 함몰되어 극단적인 공격과 투쟁으로 상대를 자상(刺傷)하고, 등에 칼을 꽂고, 쓰러진 상대의 선혈 위에 자신의 무덤을 만들면 승리가 무슨 소용이 있겠는가? 다 같은 민족, 다 같은 국민인 것을!…

확대된 중도층 민심을 잡기 위한 명확한 전략은 급조된 포퓰리즘으로 민심에 아부하거나, 품격 없는 구호성 신조어로 젊은 세대를 현혹하거나, 진영논리에 갇혀 자신밖에는 볼 줄 모르는 유튜브 방송을 충동질하여 스크럼을 짜는 식의 저질 전략이 아니다. 확실한 전략은 각 당 스스로 정도(正道)에 기반한 품위 있는 실용주의 정책을 개발해서 신뢰를 확보하고, 동시에 비전을 제시하는 동행의 길이다.

진영논리나 팬덤에 갇히면 중우(衆愚)의 미궁에 빠질 수도 있다는 것을 경계해야 하며, 검증되지 않은 지라시 제보를 특종인 양 민심을 교란하면 자신이 지라시가 된다는 것을 경계해야 하며, 저잣거리 불량배 막말로 상대를 공격하면 스스로 양아치가 된다는 것을 경계해야 한다.

상대를 악으로 규정하고 혐오하면 할수록, 어떻게든 꼬투리를 잡아 악인의 올가미를 씌우면 씌울수록, 오히려 그릇된 자기 확신의 미궁에 갇히게 되고, 결국은 사필귀정의 바다에 빠져 익사하고 말 것이다. 우리 모두가 함께 사는 길은 다이달로스의 말대로 바다와 태양의 중간지대, 극우와 극좌의 중간지대, 타협과 실용의 창공을 비행하는 것이다.

중용(中庸)은 극단 혹은 충돌하는 모든 결정(決定)에서 중간의 도(道)를 택하는 동양의 유교 지혜 중 하나이며, 서양의 아름다운 덕목

중 하나이다.

서양철학의 대부 플라톤은 절제와 중용의 가치에 대해 이렇게 말했다.

"어디에서 그치는지를 알아 거기서 머무는 것이 최고의 지혜이다."

그리고 아리스토텔레스는 '중용'에 대해 이렇게 말했다.

"정도를 초과하거나 미달하는 것은 악덕이며, 그 중간을 찾는 것은 참다운 덕이다.

이렇듯 중(中)은 양극(兩極)의 합일점이고, 용(庸)은 영원한 상용성(常用性), 즉 지나치거나 모자람이 없는 실용이라고 할 수 있다. 중용은 고전 속 잠자는 철학이 아니라, 현실 속 솔루션이자 내비게이션, 통합과 화합의 사회를 만드는 책략이다.

2020년대 중반을 지나가는 한국의 역사, 중용을 이탈하여 극단으로 급발진하고 있는 한국 정치의 여야 대결, 성능 좋은 브레이크 '중용(中庸)'이 필요한 시점이다.

"모두가 영혼을 팔아 예복을 입고"

뜨거운 노래는 땅에 묻는다

―유치환―

고독은 욕되지 않으다

견디는 이의 값진 영광

겨울의 숲으로 오니
그렇게 요조(窈窕)턴 빛깔도
설레이던 몸짓들도
깡그리 거두어 간 기술사(奇術師)의 모자(帽子)
앙상한 공허만이
먼 한천(寒天) 끝까지 잇닿아 있어
차라리
마음 고독한 자의 거닐기에 좋아라

진실로 참되고 옳음이
죽어지고 숨어야 하는 이 계절엔
나의 뜨거운 노래는
여기 언 땅에 깊이 묻으리

아아, 나의 이름은 나의 노래
목숨보다 키하고 높은 것

마침내 비굴한 목숨은
눈을 에이고, 땅바닥 옥엔
무쇠 연자를 돌릴지라도
나의 노래는

비도(非道)를 치레하기에 앗기지는 않으리

들어 보라
이 거짓의 거리에서 숨결쳐 오는
뭇 구호와 빈 찬양의 헛한 울림을
모두가 영혼을 팔아 예복을 입고
소리 맞춰 목청 뽑을지라도

여기 진실은 고독히
뜨거운 노래는 땅에 묻는다.

02

종의 기원

― 찰스 다윈

다윈의 선택
「종의 기원」의 기원
맹랑하고도 불손한 이론
창조주에 의해 처음으로 생명체에 생명이 깃들고
생명현상의 장엄함에 대하여
다윈의 생애
국민의 선택 그리고 역사의 진화
능력주의와 실용주의
한국 정치 시장의 매력적 신상
Together, it will become just way

"다윈의 선택"

하나님이 우주와 모든 생명체를 창조했다는 창조론이 인류의 의식을 확고하게 지배하던 시대에, 진화론의 불씨를 댕긴 책 「종의 기원」은 1859년 11월 24일 영국 '존 머레이 출판사'에 의해 처음으로 출간되었다. 판매용으로 찍은 초판 1,200권은 발행 당일 모두 팔려나갔고, 당시 영국 사회에 엄청난 파장을 몰고 왔다.

우주의 생성과 생명의 탄생이 창조주의 은총과 계획에 의해서가 아니라 자연의 법칙에 따라 저절로 그리고 우연히 나타난 결과라는 주장은 그야말로 혁명 그 자체였다.

찰스 다윈이 출판사 대표 존 머레이 3세를 처음 만난 것은 1845년이고, 그때 그는 무명이었다. 1836년 비글호 항해를 마치고 영국으로 돌아온 뒤 다윈은 항해 기간 중 열심히 써놓은 메모를 3년에 걸쳐 정리해서 '헨리 콜번 출판사'와 계약을 맺고 세 권의 책을 낼 예정이었다. 하지만 출판사와의 계약 조건이 맘에 들지 않아 다른 출판사를 찾고 있는 중이었다.

다윈은 친구인 찰스 라이엘에게 자신의 책 출판 계획을 설명하고 조언을 구했다. 라이엘은 「지질학 원리(Principles of Geology)」를 쓴 저자로, 그는 지구는 기독교가 주장하는 천지창조와 같은 초자연적인 사건이 아닌, 끊임없이 발생하는 작은 변화들, 이를테면 부식이나 지진 등에 의해 형성된다고 주장한 인물이다. 비글호 항해 중에 라이엘의 「지질학 원리」를 읽은 다윈은 영국에 도착하자마자 그를 찾아가 자신의 생각을 공유하고 친한 친구가 된 사이였다.

라이엘은 합당한 출판사를 찾는 다윈에게 '존 머레이 출판사'를 추천했다. 이 출판사는 1768년에 세워진 가족 경영 출판사로, 머레이 2세 때인 1806년 영국 부유층 여성들에게 인기 있는 요리책 「가정 요리의 신제도」로 대중적 성공을 거둔 출판사였다. 이후 '존 머레이 출판사'는 조지 바이런의 글과 제인 오스틴의 작품 「에마」 등을 출판하여 머레이 3세 때는 영국 출판계의 거목이 된 출판사였다.

존 머레이 3세는 그야말로 잘 나가는 사업가였다. 1830년경부터 본격적으로 출판사 경영에 나선 그는 여행 책자를 기획하여, 「여행자를 위한 핸드북」 시리즈로 큰 성공을 거두는 한편, 학술지와 대중 잡지로도 사업 범위를 넓혀 영국 본토는 물론 대영제국의 각 식민지로도 사업 영역을 넓혀 나갔다.

사진 출처 : 위키디피아

찰스 다윈과 만난 머레이 3세는 기꺼이 다윈의 책을 내기로 하고, 항해 중의 메모를 단행본으로 재구성해서 「홈 앤드 콜로니얼 라이브

02 종의 기원 63

러리(Home and colonial library)」 시리즈 일부로 출판하기로 했다. 이것이 이후 약 40년간 이어질 두 사람 간의 인연의 시작이자 다윈의 선택이었다.

훗날, 둘의 관계는 무려 35년간 교환된 편지 꾸러미 속에서 밝혀졌는데, 존 머레이 4세는 "이 편지 꾸러미 속에서 두 분의 악의적인 말을 찾는다면, 그건 상당한 돈이 될 것이다"라고 말했을 정도이다.

"「종의 기원」의 기원"

첫 인연이 시작되고 14년이 지난 1859년, 다윈은 「종의 기원」 원고를 머레이 3세에게 보냈다. 그동안 그의 책은 출판사에 상업적 성공을 가져다주지 못했기 때문에 다윈은 마음의 부담이 컸다. 게다가 다윈은 이번 책이 엄청난 사회적 저항을 부를 것임을 잘 알고 있었다. 그래서 그는 친구 라이엘에게 머레이 3세가 종교적 이유로 출판을 거부할지도 모른다며 다음과 같은 우려의 편지를 보내기도 했다.

"내 책이 주제가 그래서 그렇지, 그렇게까지 정통에서 벗어난 것은 아니라고 머레이에게 말해야 할까? '난 인간의 기원에 대해 논한 것이 아니고, 천지창조 논의는 건드리지 않았고, 단지 사실만을 제시할 뿐이다. 사실로부터 나온 결론이라 내게는 타당해 보인다.' 그렇게 말해야 할까? 아니면 아무 말도 하지 않는 게 나을까?"

그러나 라이엘을 통해 다윈의 입장을 전해 들은 출판업자 존 머레이 3세는 다윈의 학자다운 순수성을 신뢰하며 '저는 다윈 선생의 책 출판에 어떤 망설임도 없습니다.'라고 답했다. 그러자 머레이 3세의 확고한 지지에 다윈은 한층 더 솔직해진다.

"아닙니다. 출판 결정을 취소해도 됩니다. 가볍게 읽을 수 있는 원고가 아니거든요. 원고의 일부는 대단히 건조하기도 하고 일부는 매우 난해합니다."라고 전했다.

실제로 출판사 내에서는 「종의 기원」 출판에 대해 반대하는 직원이 많았다. 사회적 논란의 소지가 너무 크다는 게 이유였고, 출판사 대표인 머레이 3세 역시 진화론 자체에는 적극적으로 동의하지 않는 입장이었다고 한다. 하지만 머레이 3세는 자신의 입장 보다는 다윈의 탐구 정신과 이론을 존중하여, 경제적 손실과 회사가 어떻게 될지도 모른다는 위험을 무릅쓰고라도 출판을 하기로 결정했다.

이후 다윈은 다시 머레이 3세에게 이런 편지를 써 보낸다.

"많이 수정할 것이 없을 것이라 말했던 것으로 기억합니다. 제가 생각한 것을 솔직하게 썼습니다만 오류가 꽤 있습니다. 글 스타일이 믿을 수 없을 정도로 나쁘고, 논조가 분명하지도 않고 부드럽지도 않습니다. 수정 과정이 많을 것 같습니다. 저로 인한 비용과 시간 낭비에 대해 대단히 죄송합니다. 원고가 이 정도로 나쁜 것은 저도 믿기 어렵습니다."

그러나 머레이 3세는 원고 교정에 드는 모든 비용을 출판사가 부담하겠다며 다윈의 예상을 상회하는 1,200부를 초판으로 찍겠다고 전했다. 그리고 판매에도 노력을 기울여 '책 판매를 위한 세일즈 디너'라는 이벤트도 기획했다. 유명 서적상들을 초대해 '존 머레이 출판사'에서 나온 신간을 소개하는 한편 좋은 조건으로 주문할 기회도 제공하는 행사였다.

이렇게 해서 마침내 인류의 맹종과 패러다임을 바꾼 책 「종의 기원」은 출판되었고, 이 책은 사회적으로 엄청난 파장을 몰고 왔다.

「종의 기원」 출판 이후 대학자의 반열에 오른 다윈은 이후에도 자신의 모든 저서 원고를 머레이 3세에게 맡겼다. 그리고 1881년 72살의 노학자가 된 다윈은 머레이 3세를 찾아간다. 죽기 1년 전이다.

"내가 또 출판 원고를 하나 가져왔어요. 몇 년간 열심히 공들인 원고입니다. 내게는 아주 흥미로운 원고이지만, 내용이 썩 매력적인 게 아니어서 대중이 관심을 보일지 모르겠어요. 지렁이에 대한 원고거든요."

이미 세상을 뒤흔든 대학자지만 새로운 연구를 세상에 내놓는 건 여전히 떨렸던 모양이다. 이 원고는 다름 아닌 다윈의 마지막 저서 「지렁이의 활동과 분변토의 형성」이다.

머레이 3세는 이 원고뿐만 아니라 다윈의 사후에도 그의 기록물을 모은 「찰스 다윈의 인생과 서신들」까지 출판함으로써, 일각에선 '존 머레이 출판사는 다윈의 출판사다'라는 비아냥까지도 나왔다. 이처럼 다윈에게 있어 존 머레이 3세는 강력한 후원자를 넘어 「종의 기원」이란 책의 산파였던 것이다.

"맹랑하고도 불손한 이론"

찰스 다윈은 그가 불과 22세 때인 1831년, 영국 해군 측량선 비글호에 박물학자의 신분으로 승선한다. 그리고 5년 동안 남태평양의 갈라파고스제도 등지를 두루 항해한 뒤 1836년 귀국한다. 그런 다음 그 과정에서 수집하고 관찰한 방대한 자료들을 바탕으로 다시 20여 년에 걸친 연구와 숙고 끝에 탄생시킨 저서가 바로 「종의 기원」이다.

이 책 한 권으로, 평범한 박물학자(지질학자)였던 찰스 다윈은 졸지에 인류 역사상 가장 큰 영향을 미친 대과학자로 떠올랐다. 그의 이론은 철학과 종교, 과학, 문화, 예술에 이르기까지 인류의 사고 체계 전반을 뒤흔들어 놓았다.

다윈은 이 책에서 '지구상의 모든 생명체는 궁극적으로 하나의 공통 조상으로부터 비롯되었다'라고 주장했다. 또 여러 생물 종들이 왜 환경에 잘 적응하며 새로운 종들이 어떻게 탄생하는지에 대해 '자연선택설'이라는 이론을 도입하여 조목조목 설명했다.

'자연선택설'이란 생물의 어떤 종의 개체 간에 변이가 생겼을 경우,

그 생물이 생활하고 있는 환경에 가장 잘 적응하는 개체만이 살아남고, 부적응한 개체는 사라진다는 이론이다. 즉 개체 간에는 항상 경쟁이 일어나고, 자연의 힘으로 선택이 반복되어 진화가 일어난다는 이론이다.

인류 역사에서 「종의 기원」이 출간되기 전까지는 모든 생물 종들이 신에 의해 일일이 설계되고 창조되었다는 창조론이 일반적이었다. 또 생물 종 간에는 열등한 미생물부터 고등한 인간까지 위계질서가 있고, 종은 변하지 않으며 유일하게 영혼을 가진 인간이 최상위 피조물로서 신의 뜻에 따라 그 형상과 지위를 부여받았다고 믿었다.

그런데 인간이 원숭이로부터 진화되었다는 다윈의 이 맹랑하고도 불손한 이론은 지금까지의 모든 가치관과 세계관을 발칵 뒤집어 놓은 것이다. 2천여 년 동안이나 인류의 버팀목이 되었던 세계관의 근본이 송두리째 뒤흔들린 대사건이었다. 게다가 향후 다윈의 진화론은 단순히 인간 출현의 호기심에만 그치지 않고 인류학, 종교학, 철학, 경제학, 사회학, 심리학, 법학 등 인문사회과학 분야와 심지어는 문학, 음악, 미술 등 예술 분야에까지 광범위하게 그 영향력을 미치게 된다.

---

* 변이 (變異 variant) : 같은 종에서도 모양과 성질이 다른 개체가 존재하는 현상. 변이는 외부 요인에 의한 환경 변이와 유전자 변화에 따른 돌연변이가 있다.

> *"창조주에 의해 처음으로 생명체에
> 생명이 깃들고"*

    오늘날, 창조론과 지적설계론에 대해 가장 단호한 비판 입장을 취하는 리처드 도킨스 박사는 저서 「이기적 유전자」로 베스트셀러 작가 반열에 올랐으며, 연이어 진화론의 증거를 흥미롭게 제시한 책 「지상 최대의 쇼」로 '신에 의한 인간 창조론'을 비판했다. 그러자 영국의 종교단체에서는 즉각 대응광고를 런던 시내버스에 부착했는데, 그 광고 문구는 구약성서 시편 53편 첫 구절로 다음과 같다.
    "어리석은 자는 그의 마음에 이르기를 하나님이 없다 하도다!"

    인간의 정신세계를 연구한 프로이트는 이렇게 말했다.
    "인류는 지금까지 두 차례에 걸쳐 과학의 손에 의해 벌어진 '순진한 자기 사랑에의 거대한 모욕'을 참아내야 했다. 첫 번째는 우리 지구가 우주의 중심이 아니라 거의 상상하기조차 힘든 규모의 대우주 안에 있는 작은 점에 지나지 않는다는 것을 깨달았을 때였고, 두 번째는 생물학 연구로 인해 인간이 신의 특별한 피조물이라는 특권을 강탈당한 채 동물계의 일원으로 추방당했을 때였다."

    프로이트의 말 중에서 두 번째 주장은 바로 찰스 다윈의 「종의 기원」을 근거로 한 내용이다.
    이처럼 찰스 다윈의 저서 「종의 기원」은 말 그대로 당대의 지식인은 물론 후대의 지식인, 나아가 전 세계인들의 세계관을 바꾼 혁명과도 같은 이론이었다. 오늘날에는 '진화론'이 너무나 당연한 학설이지만, 다윈이 「종의 기원」을 발표할 당시만 해도 인간은 신의 피조물로서 동물과 신의 중간적인 존재라는 것이 부동의 정설이었던 시대였다. 이러한 시대적 배경 때문이었을까? 다윈 자신은 "진화론은 신의 존재를 부정하려는 이론이 아니라 자연의 섭리의 위대함을 다시 한번 일깨우는 이론이다"라고 말했다.

이와 관련된 유명한 뒷이야기 중 하나로는, 제2판부터는 '생명체에 처음으로 생명이 깃들고'라는 부분에 '창조주에 의해(by the Creator)'라는 문구가 추가되어, '창조주에 의해 처음으로 생명체에 생명이 깃들고'라고 바뀌었다고 한다.

참고로, 「종의 기원」에서 다윈이 처음부터 예시로 드는 동물은 비둘기인데, 당시 영국에서는 오늘날의 애완견과 같이 육종을 통해 특이한 모습의 비둘기 품종을 만들어내는 것이 엄청난 인기를 끌고 있었다. 사람들은 「종의 기원」이 비둘기의 특이한 종을 예로 들고 있어서 더욱 흥미롭게 관심을 가지면서도 아주 파격적인 과학서로 인식했다고 한다. 그러다 보니 출판사에서는 다윈에게 비둘기에 관한 이야기만 따로 떼어 출판하면 초대박을 칠 거라고 그렇게 하자고 제안하기도 했다고 한다.

> "생명현상의 장엄함에 대하여"

『종의 기원』은 세기의 명저인 만큼 그 탄생 과정과 내용에 대해서도 더 많은 에피소드들이 있다.

다윈이 명명한 이 책의 원래 제목은 『자연선택의 방법에 의한 종의 기원, 혹은 생존 경쟁에서 유리한 종족의 보존에 대하여(On the Origin of Species by Means of Natural Selection, or the Preservation of Favoured Races in the Struggle for Life)』라는 아주 긴 제목이었다.

사실 찰스 다윈이 처음부터 '진화(evolution)'라는 용어를 쓴 것도 아니라고 한다. 오히려 다윈은 초기에는 '진화'라는 용어를 별로 탐탁지 않게 여겼다고 한다. 대신 그는 '변이를 수반한 유전(descent with modification)'이라는 말을 더 많이 사용했다. 왜냐하면 유전적 변화가 좋은 방향으로만 일어난다고 생각하지 않았기 때문이다. 그러다 그가 자신의 저서에서 처음으로 '진화(evolution)'라는 용어를 쓰기 시작한 것은 『종의 기원』이 발간된 지 12년 후인 1871년 출간된 『인간의 유래와 성선택(The Descent of Man, and Selection in Relation to Sex)』에서부터 이다.

『종의 기원』은 1859년 처음 출간된 이후 1872년까지 총 여섯 번 수정판이 나왔는데, '진화(evolution)'라는 용어가 처음 사용된 것은 1872년 출간된 제6판부터이다. 그리고 그때부터 제목을 『종의 기원(The Origin of Species)』으로 바꾸었다. 말 그대로 진화론의 책 『종의 기원』이 여러 번에 걸쳐 진화한 셈인 것이다.

이런 진화의 과정을 거친 책 「종의 기원」의 상세한 내용은 다음과 같다.

제1장은 가축과 작물의 변이를 다루면서, 사육과 재배 하의 많은 종들이 선택적 교배를 통해 공통 조상으로부터 분화한다고 주장한다.

제2장에서는 종(species)과 변종(variety) 간의 경계는 모호하여 전문가들도 의견의 일치를 보이지 않는다는 사실을 설명한다.

제3장에서는 변종이 종으로 변하는 과정을 설명하며, 자연선택의 개념을 소개한다. 그는 이렇게 언급했다.

"아무리 경미한 변이라도 유용한 점이 있으면 보존되는 이 원리를, 인간의 선택능력과 구별하기 위해 나는 '자연선택'이라는 용어로 부르기로 했다."

제4장에서는 '자연선택 또는 최적자의 생존'은 조금이라도 유리한 변이를 갖는 개체가 생존투쟁에서 살아남을 기회를 더 많이 갖는다고 설명하고, 이 생존, 즉 최적자의 생존을 '자연선택'이라 명했다고 서술하고 있다.

제5장에서는 변이의 발생 원인에 대해 라마르크의 '용불용설'과 비슷한 방식의 유전학(일부 획득 형질 유전)에 관한 자신의 생각을 설명하고 있다.

제6장에서는 '자연선택' 이론에 대한 반박들과 그에 대한 답변들을 제시하는데, 자연선택이 어떻게 복잡하고 특화된 기관들을 형성할 수 있는지를 설명한다.

제7장에서는 '본능의 진화'를 다루면서 이렇게 말한다.

"마지막으로 논리적인 추론은 아닐지 모르지만, 내가 상상하기로는 뻐꾸기 새끼가 배다른 형제를 둥지에서 밀어내는 것도, 개미가 노예를 만드는 것도, 맵시벌과의 유충이 살아 있는 모충의 체내에서 그 몸을 파먹는 것도, 모두 개별적으로 부여되거나 창조된 본능으로 보는 것이 아니라, 모든 생물을 증식시키고 변이시키거나, 강자는 살리고 약자는 도태하여 진보로 이끄는 일반적인 법칙의 작은 결과로 간주하는 편이 훨씬 만족을 안겨준다."

제8장에서는 잡종이 번식을 못 하게끔 하는 종의 특별한 성질을 다룬다.

제9장에서는 라이엘의 〈지질학의 원리〉를 인용하여, 지질학적 기록들은 점진적으로 변화해가는 화석이 아닌 갑자기 나타나는 형태의 화석들만을 보여주기 때문에 불완전할 수밖에 없다는 주장에 동조하면서, 생물들이 점진적으로 진화할 만큼의 시간이 실제로 존재했음을 증명하기 위해 퇴적층에 관한 자료들을 열거한다.

제10장에서는 화석 기록들이 '자연선택'과 '개별적 창조 이론' 중 어느 것에 의해 더 잘 설명되는지를 평가한다. 그는 리처드 오웬(Richard Owen)의 기록을 인용하여, 초기의 생물들은 단순하며 오늘날 생물들의 중간 형태를 띠는 것이 많은 반면, 시간이 지날수록 점점 다양해지고 특화된 형태들이 나타난다는 점을 지적한다. 또한 비슷한 종들이 공존하다가 멸종하여 다시 나타나지 않는 멸종의 패턴을 설명한다.

제11장에서는 생물지리학적 증거를 다룬다. 각 대륙이나 지역에 따른 동물 및 식물군의 차이가 단순히 환경적 차이만으로는 설명될 수 없다는 점을 지적하면서, 남아메리카, 아프리카, 호주는 같은 위

도상에서 비슷한 기후를 띠지만, 이들 지역의 동식물에는 아주 큰 차이가 있다고 설명한다. 그러면서 서로 다른 환경으로 건너간 생물 종들은 시간에 따라 변이되지만, 여전히 대륙의 생물 종들과 연관되어 있다고 주장한다.

제12장에서는 생물지리학적 논거를 이어간다.

제13장에서는 형질의 다양성에 따라 여러 레벨로 구성되어있는 종들의 분류를 다룬다. 그는 이렇게 말한다.

"물건을 쥐는 데 적합한 사람의 손, 땅을 파는 데 적합한 두더지의 앞발, 말의 다리, 돌고래의 물갈퀴, 박쥐의 날개가 모두 동일한 패턴에 따라서 구성되어 있으며, 똑같은 상대적 위치에 배치된 똑같은 뼈를 가지고 있다는 것만큼 흥미진진한 것이 또 있을까?"

마지막 제14장에서는 앞의 모든 장들을 요약하면서, 자신의 이론이 자연사학의 다양한 분야에 획기적인 변화를 줄 것을 기대한다.

그는 「종의 기원」에서 인간의 기원에 관한 내용은 거의 언급하지 않지만, 자신의 책이 인류의 기원과 역사에 밝은 빛을 비춰줄 것임을 기대하면서 다음과 같은 유명한 말로서 마무리 짓는다.

"온갖 종류의 식물이 자라고, 숲속에서는 새가 노래하고, 곤충은 여기저기 날아다니며, 축축한 땅속을 벌레들이 기어 다니는 번잡스러운 땅을 살펴보는 것은 재미있는 일이다.

(중략)

생명은 최초의 창조자에 의해 소수의 형태로, 또는 하나의 형태로 모든 능력과 함께 불어 넣어졌다고 보는 견해, 그리고 이 행성이 확고한 중력의 법칙에 의해 회전하는 동안 이렇게 단순한 발단에서 지극히 아름답고 지극히 경탄스러운 무한의 형태가 태어났고, 지금도 태어나고 있다는 이 견해에서는 장엄함을 느낄 수 있는 것이다."

"다윈의 생애"

찰스 로버트 다윈(Charles Robert Darwin)은 1809년 영국 잉글랜드 슈루즈베리에서 의사인 로버트 워링 다윈의 2남 4녀 중 둘째 아들로 태어났다. 그의 할아버지 이래즈머스 다윈도 유명한 의사였는데, 약물과 심리치료 실력을 크게 인정받아 당시 영국 국왕 조지 3세로부터 주치의가 되어줄 것을 요청받았지만 이를 거절했다. 그는 토리당을 매우 싫어했는데, 국왕의 주치의가 되면 그들과 한패로 엮일 것을 싫어해서 거절했다고 한다. 그뿐만 아니라 이래즈머스 다윈은 노예제도를 반대하는 진보적 지식인으로, 사람의 신분을 가르는 행위는 어리석은 생각이라면서 기독교 주류를 비난하다가 파문까지 당했다. 하지만 대중들로부터 존경받는 인물이라 종교 당국으로부터 별다른 제재는 받지 않았다.

그리고 이래즈머스 다윈은 1794년 「동물학(Zoonomia)」이라는 책을 출간했는데, 그 책에서 '모든 온혈 동물은 자신의 일부를 변형하는 힘을 가지고 있으며, 이렇게 개량된 형질은 자손에게 이어진다'라고 밝혔다. 바로 이러한 견해가 후일 손자인 찰스 다윈에게도 이어져 마침내 「종의 기원」으로 귀결되었다는 평가도 있다.

한편, 찰스 다윈의 아버지 로버트 워링 다윈은 이래즈머스 다윈보다 훨씬 더 탐구적이며 사회성이 좋은 인물로, 사회적으로뿐만 아니라 경제적으로도 크게 성공한 사람이다. 다윈 가족의 고향인 슈루즈베리는 잉글랜드 슈롭셔 주의 주도인데, 당시 로버트 다윈은 그 지역의 엄청난 지주로 부상했다. 그는 대부업이나 부동산업 등을 통해 재산을 크게 키웠고, 그의 집인 '더 마운틴'에 드나드는 사람들은 건강 상담을 받기 위해 드나드는 사람도 있었지만, 금전 거래나 경제 상담을 받기 위해 드나드는 사람들도 매우 많았다고 한다.

로버트 다윈은 자식들이 자신의 생각대로 움직여주기를 바랐지만, 강요하거나 억압하지는 않았다고 한다. 그는 저녁이면 아들 찰스와 함께 마차를 타고 산책하며 세상의 여러 이야기들을 들여주곤 했는데, 그러다 이야기가 끊기면 아들이 관찰한 새 이야기를 귀담아듣곤 했다고 한다.

찰스 다윈의 어머니인 수재나 다윈도 상당한 상류층 가문, 즉 도자기로 유명한 웨지우드 가문의 한 사람이었다. 그러나 찰스 다윈이 7살 때 돌아가셨기 때문에 찰스는 후에 어머니에 대해 기억이 별로 없다고 회고한 바 있다.

찰스 다윈의 아버지는 아내와 사별 후 다른 여자에 관심을 가지지 않았고, 대신 슈루즈베리의 한적한 곳에 '더 마운틴'이라 이름 붙인 집을 짓고 살았다. 집 뒤편에는 작은 개천이 흐르고, 조금만 더 벗어나면 아름다운 숲이 있었다. 찰스 다윈은 이 개천과 숲에서 여러 종류의 생물들을 관찰하거나 채집하며 어린 시절을 보냈다. 더 마운틴에는 작은 온실도 딸려 있었는데, 찰스의 아버지는 취미로 다양한 식물을 기르며 그것을 상세히 기록하는 습관을 지니고 있었다. 아들 찰스도 자연스럽게 아버지의 취미를 따라 했으며, 지금까지 전해지는 다윈의 노트에는 당시의 날씨나 식물의 길이, 모양 등을 기록한 내용들이 매우 자세하게 기록되어 있다. 다윈의 이러한 취미들은 그가 죽을 때까지 평생 이어졌으며, 훗날 「종의 기원」을 저술하는 데 매우 큰 역할을 하게 된다.

중학교 시절, 찰스는 개인의 재능과 개성을 살리지 못하는 암기 위주의 권위적인 교육 때문에 수업에 집중하지 못했다. 그래서 자연히 학교 공부에는 소질을 보이지 못했다. 특히 라틴어나 고전과 같은 입시 위주의 과목들을 잘하지 못했다고 한다. 그런 이유로 교사로부터 심한 꾸지람을 듣기도 했고, 학교는 그의 아버지에게 '주의' 통보를 보내기도 했다. 하지만 찰스의 아버지는 그런 아들을 야단치지 않고 집에서 자유로이 공부할 수 있도록 했다. 찰스 다윈이 어릴 적부터 사람들 앞에 나서길 부끄러워하고, 훗날 어른이 되어서도 논쟁에 임하면 무척 당황해했는데, 이런 성향은 성장 과정에서 고착화된 것이라고 보는 견해가 많다.

어쨌든 찰스의 아버지는 아들이 고향에서 학업을 계속하는 것은 장래를 위해 그다지 좋지 않다 판단하고, 큰아들과 함께 의학 공부를 시키고자 더 큰 도시인 에든버러로 유학을 보냈다.

1825년, 찰스 다윈은 더 자유로운 분위기 속에서 공부할 수 있는 에든버러대학교 의학과에 입학했다. 하지만 여기서도 그는 약 2년간 공부하다가 자퇴하고 말았다. 학교를 자퇴하기 전, 그는 로버트 그랜트와 함께 '플리니안 학회'에 소속되어 있었다. 이 학회는 에든버러대학에 다니는 학생들이 모여서 각자 연구한 것을 발표하고 토론하는 모임이었다. 로버트 그랜트는 찰스에 비해 아는 것이 많고, 연구 방법 등을 잘 알고 있을 뿐만 아니라 젊은 과학자로 명성을 쌓고 있어, 찰스는 이내 로버트 그랜트의 조수와 같은 역할을 하게 되었다. 그들 둘은 함께 해양의 무척추동물을 연구했는데, 찰스는 이때 현미경을 다루는 법 등의 기본적인 생물학 연구 방법을 익히게 된다. 이를 통해 그는 생물학 지식을 크게 키울 수 있었다. 그리고 이때 희미하게나마 진화론에 관한 생각이 싹트기 시작했다.

　에든버러대학교를 자퇴한 찰스 다윈은 1827년 케임브리지대학교 크라이스트 컬리지에 입학했다. 하지만 그는 에든버러대학에서 그랬던 것처럼 전공에 대해서는 그다지 관심이 없었다. 목사가 되는 길보다는 박물학에 더 관심이 많아서 친척 형인 폭스와 함께 곤충을 잡으러 다니거나 존 스티븐스 헨슬로 교수의 식물학 강의를 꼬박꼬박 챙겨 들었다. 헨슬로 교수는 찰스 다윈의 식물학에 대한 열정과 지적 능력 그리고 그의 가문에 호기심을 느껴 찰스와 많은 이야기를 나누었고, 그를 총애하기 시작했다. 헨슬로 교수는 찰스가 광물학과 지질학을 배우면 훌륭한 박물학자가 될 수 있을 거라 생각했고, 이를 감안해 같은 대학의 지질학 교수인 애덤 세지윅에게 찰스를 소개시켜

주었다. 지질학을 잘 모르는 자신보다는 세지윅이 더 많은 것들을 가르쳐 줄 거라 판단했기 때문이었다. 헨슬로 교수의 이런 세심한 배려는 향후 찰스 다윈의 생애를 획기적으로 바꾸어 놓게 된다.

찰스 다윈이 케임브리지대학교 크라이스트 칼리지를 졸업한 해인 1831년을 전후해서, 당시 영국 해군은 세계 각지에 여러 탐험선을 파견해 측량과 과학 연구를 하고 있었으며, 피츠로이 함장의 비글호도 그중 하나였다. 비글호는 한때 연구 목적으로 출항했다가 긴 항해 속 외로움으로 전임 함장이 자살했고, 새로 그 배의 함장이 된 피츠로이 제독은 전임 함장의 전철을 밟지 않고자 젊은 의사나 과학자들을 태워 교류하기를 원했다. 그래서 케임브리지대학교 헨슬로 교수에게 그런 사람을 찾는 편지를 보냈다. 헨슬로는 곧바로 찰스 다윈을 추천했고, 22살의 젊은 청년 찰스 다윈은 마침내 비글호에 승선하게 되었다. 다윈의 그 자리는 무보수였지만, 피츠로이 함장은 항해 과정에서 수집한 진귀한 물건들을 팔면 돈이 좀 될 거라고 다윈을 설득했다. 그러나 정작 다윈은 보수보다는 지질학에 대한 탐구 욕심 때문에 선뜻 비글호의 승선을 허락했다.

이렇게 해서 다윈이 승선하게 된 비글호의 탐험 항로는 영국 플리머스항을 출발해서 → 대서양을 건너 브라질 사우바도르항과 리우데자네이루 → 우루과이 몬테비데오 → 영국령 포클랜드섬 → 남아메리카 남단 → 칠레 발파라이소 → 에콰도르 갈라파고스제도 → 태평양 횡단 → 뉴질랜드 → 오스트레일리아 시드니 → 아프리카 남단 →

대서양의 영국령 어센션섬 → 다시 브라질 사우바도르항 → 영국 콘월의 팰머스항으로 돌아오는 무려 5년 간에 걸친 어마어마한 항해 일정이었다. 당시의 항해 기술로 이 정도의 항해를 하려면 살아 돌아올 확률이 50% 미만이었다. 승선 인원 중 절반은 죽는 것이다.

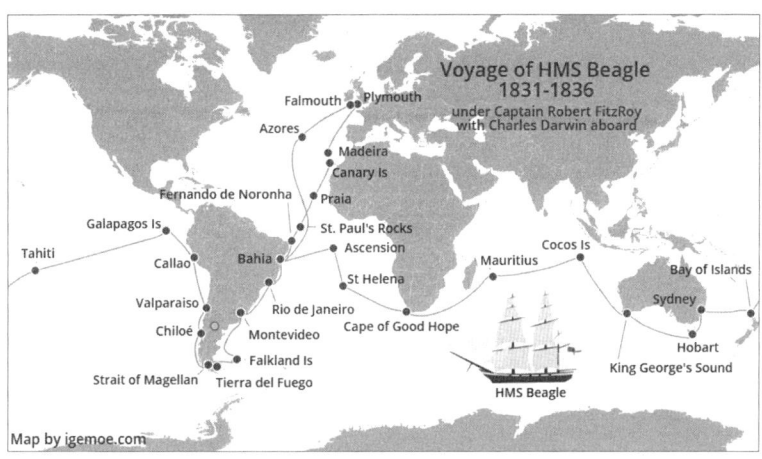

사진 출처: http://igemoe.com/content/darwin-beagle-map

그러나 마침내 비글호는 이 힘난한 임무를 완수했고, 5년간의 위험한 탐험에서 무사히 돌아왔을 때, 다윈은 엄청난 유명 인사가 되어 있었다. 그가 탐험하며 기록한 것들을 전보로 영국지질학회에 지속적으로 보냈는데, 지질학, 광물학, 생물학에 걸친 자세하고 다양한 새로운 지식에 사람들은 어느새 다윈이 보내오는 다음 전보를 기다릴 정도였다.

영국으로 돌아온 다윈은 세계일주 탐험에서 수집한 많은 자료들을 정리하면서, 결과 보고서 작성에 매진했다. 그리고 1837년 이른바 「적색 메모장(Red Notebook)」에 최초로 '종의 변화'에 관한 착상을 기록하였다.

1838년, 찰스 다윈은 영국 지질학회 서기에 선출되었다. 그리고 이듬해인 1839년 1월, 장차 훌륭한 조수가 될 외사촌 여동생 에마 웨지우드와 결혼한다.

결혼 후 다윈은 탐구 여행에 관한 보고서를 출판하는 등 활발한 학문 활동을 이어갔다. 아내 에마의 친정 집안과 다윈의 집안 모두 부유했기 때문에 다윈은 경제적 걱정 없이 오로지 학자로서의 연구 활동에만 집중할 수 있었다. 그리고 1842년, 생물계에 관한 최초의 연구서 「산호초의 구조와 분포」를 발표했으며, 1844년 「화산도의 지질학적 관찰」을 출판했고, 1846년 비글호의 탐험에서 얻은 자료를 바탕으로 「남미의 지질학적 관찰」을 발표했다.

다윈이 이렇게 여러 연구 업적을 국제적으로 발표할 수 있었던 것은 아내 에마의 덕분이었다. 영어 외에 독일어 등 5개 언어에 능통한 아내 에마는 남편의 연구 업적을 다양한 언어로 번역하여 그가 국제적 명성을 얻도록 큰 도움을 주었다.

1859년, 마침내 다윈의 「종의 기원」이 발표되자 그의 진화론에 대해 영국은 물론 전 유럽에서 뜨거운 찬반이 오고 갔다. 다윈에게 공개석상에 나와서 진화론에 관한 주장을 증명해 보이라는 요구가 많았지만, 사람들 앞에 나서는 것을 꺼린 다윈은 이러한 요구에 일절

응하지 않았다. 대신 진화론의 열광적인 지지자였던 영국왕립학회 회장 토머스 헉슬리(1825~1895)나 명망 있는 식물학자 조지프 후커(1817~1911) 등이 대신 나서서 이런 논쟁에 격렬하게 맞섰다.

그러자 프랑스에선 오랫동안 묻혀있던 라마르크의 '용불용설'을 다시 끄집어내 그의 딸에게 훈장을 수여하고, 용불용설을 대대적으로 알리는 등 자기네 나라에선 다윈보다 50년은 앞서 진화론을 주장한 사람이 있었다고 자랑하기도 했다.

1860년 6월 30일, 영국 옥스퍼드대학 자연사박물관에서는 영국과학진흥협회가 주최한 토론회에서 동물학자 토머스 헉슬리와 주교 윌버포스가 맞붙었다. 수백 명의 청중이 지켜보는 가운데 찰스 다윈의 저서 「종의 기원」을 둘러싼 찬반 논쟁이 불붙었다.

이 책을 비판하는 쪽에서는 유창한 언변으로 인해 '매끈거리는 샘'이라 불리는 옥스퍼드 주교 새뮤얼 윌버포스가 나섰다. 그리고 이 책을 옹호하는 측에서는 동물학자 토머스 헨리 헉슬리가 나섰다.

먼저 윌버포스 주교가 일어나서 다윈의 진화론을 비판했다. 논리보다는 감정에 호소한 연설이었지만, 워낙 유창한 언변인 까닭에 많은 사람들이 여기저기서 동감한다는 듯 고개를 끄덕였다. 연설 도중 윌버포스 주교는 진화론 옹호자들이 앉은 쪽을 바라보면서 이렇게 말했다.

"댁들의 주장에 따르면, 댁들의 조상 중에는 원숭이가 있다는 거로군요. 그렇다면 한 가지 물어봅시다. 그 원숭이는 댁들의 할아버지 쪽 조상입니까, 아니면 할머니 쪽 조상입니까?"

그러자 주교의 이 말을 들은 동물학자 헉슬리는 '허, 하나님께서 이제야 저 양반을 내 손에 넘겨주셨군!'이라고 중얼거리며 천천히 자리에서 일어나 이렇게 대답했다고 한다.

"나는 원숭이가 내 조상이라는 사실이 부끄러운 것이 아니라, 주교님처럼 뛰어난 재능을 가지고도 사실을 왜곡하는 사람과 원숭이가 혈연관계라는 점이 더욱 부끄럽습니다."

그러자 강연장 안은 순식간에 아수라장이 되었다. 곳곳에서 박수와 함성이 터져 나왔고, 너무 놀란 나머지 기절한 여성도 있었다고 한다.

한편, 비글호 선장이었던 피츠로이 제독은 다윈의 진화론에 동조하지 않는 입장을 취했는데, 그것은 그가 독실한 성공회 신도였기 때문이라고 한다. 그는 비글호 항해 이후 해군 중장으로 진급했으며, 영국 최초의 기상청장이 되어 일기예보 시스템을 구축하는 데 이바지하기도 했다. 그러나 정치적으로 그리고 가정 문제로 고난을 겪다가 1865년 면도칼로 자신의 목을 찔러 자살하고 말았다.

피츠로이 제독이 다윈의 진화론에 동조하지 않았던 것에 반해 다윈은 훗날 자서전에서 피츠로이 제독을 이렇게 평했다.

"그는 임무에 충실하고, 실패에 관대하고, 용감하고, 의지가 강하고, 불굴의 정신력을 지니고 있으며. 그의 지휘 아래에 있는 사람들은 전부 함장의 열성적인 친구였다. 다만 단점으로 욱하는 성질이 있었지만 그의 성격 일부는 내가 지금까지 알고 있는 사람 중 가장 훌륭했다."

다윈의 연구에 대한 집요함은 정말 대단했는데, 이를테면 따개비를 수년간 집요하게 연구해 그것이 조개의 일종이 아니라 게나 새우와 같은 갑각류의 일종이라는 것을 증명하기도 했고, 누구나 꺼리는 지렁이의 생태와 토양과의 관련성을 집요하게 연구하여 지렁이가 땅을 기름지게 하는 데 중요한 역할을 한다는 것을 밝혀내기도 했다. 다윈은 지렁이 연구 도중 사람들로부터 비웃음을 많이 받았다. 진화론 때문에 안 그래도 '미친 영감' 취급을 받던 다윈은 '드디어 완전히 미쳤다'라는 조롱과 함께 '아예 인류의 조상을 지렁이라고 하지 그러냐?'라는 비아냥을 받기도 했다.

하지만 다윈은 이에 괘념치 않고 나이가 든 노년까지도 생물학 연구를 계속 이어갔다. 그러다 그도 죽음은 어쩔 수 없어 1882년 4월 19일 73세를 일기로 세상을 떠났다.

생전에 다윈은 부모님과 할아버지와 형이 잠든 가족무덤에 묻히길 바랐으나 영국 언론들과 여론이 '영국이 낳은 위대한 위인을 웨스트민스터가 외면하면 국가적 망신이다'라고 주장하여, 결국 다윈은 웨스트민스터 사원에 묻힘으로써 국가적 인물로 영면하였다.

"국민의 선택 그리고 역사의 진화"

다윈이 주창한 진화론의 핵심은 '자연선택설'이다. 변이를 통해 자연에 선택된 종만이 살아남는다는 것이 핵심이다.

대의민주주의의 핵심은 '국민선택'이다. 국민으로부터 선택된 정당이나 대표자나 지도자만이 살아남아 위임된 통치권을 행사할 수 있다.

고대 그리스에서 태동한 민주주의는 오늘날 세계 대부분의 나라가 채택하는 국가 운영체제이며, 사람들이 가장 진화한 정치체제라고 믿는 제도이다. 그러나 과연 그럴까? 그동안 인류의 문명은 비약적인 발전을 이루었지만, 정치 방식이나 제도의 진보는 별반 진화된 것이 없다. 오히려 늘 그 모양 그 꼴인 데다 경우에 따라서는 더욱 퇴보되고 볼썽사나워진 부분도 많다.

국민의힘 당대표 한동훈의 여러 애독서 중에는 진화론을 다룬 책 「종의 기원」도 포함되어있다. 그렇다면 찰스 다윈의 저서 「종의 기원」과 새로운 정치변화(정치인의 변이)를 열망하는 한국 국민들, 그리고 한동훈의 정치판 등장은 과연 어떤 연관 관계가 있을까?

서울신문 진경호 논설실장은 2023년 12월 26일, 자사 지면에 "22대 총선 화두, 운동권 청산이다"라는 제목으로 다음과 같은 칼럼을 실었다.

근대과학은 생명의 진화를 '자연선택'으로 설명한다. 찰스 다윈의 가르침이다. 주위 환경에 보다 잘 적응한 형질이 살아남아 후대로 전해진 결과가 종(種)의 진화라는 것이다. '환경에 잘 적응하는 형질'은 무수한 유전자 변이 속에서 나온다. 네안데르탈인의 형질이 바뀌어 호모사피엔스로 진화한 게 아니라 환경에 적응 못해 멸종했고, 우연한 변이 덕에 환경에 잘 적응한 호모사피엔스가 살아남은 것이다.

사람 사는 세상, 정치판이라고 다를까. 민심이라는 환경 변화에 잘 적응하는 세력은 살아남고, 그러지 못하면 사라진다. 생사의 요체는 변이(變異)다. 흔히 '보수'라고 하면 변화를 거부 내지 주저하는 집단으로 치부된다. 말뜻부터가 그렇다. 보전할 보(保), 지킬 수(守) 아닌가. 이와 반대로 나아갈 진(進), 걸음 보(步) '진보'는 말뜻부터가 좋다. 변화를 두려워할 리 없다. 발전을 담보한다.

어쩌다 보수·진보 프레임이 우리 정치세력을 구분 짓는 틀이 되다 보니 국민의힘은 보수, 더불어민주당은 (상대적)진보로 불린다. 허나 정말 그러한가. 국민의힘부터 따져 보자. 87 민주화를 기점으로 민주자유당, 신한국당, 한나라당, 새누리당, 자유한국당, 미래통합당을 거쳐 국민의힘으로 이어지는 여정은 끊임없는 인적 변화로 채워졌다. 전두환 군부세력의 유전자 운운하지만 문민시대를 열고 그를 단죄한 건 민주자유당 대표 출신 14대 대통령 김영삼이다. 대선 주자만 놓고 봐도 대법원장, 기업인, 대통령의 딸, 검찰총장 출신에 이르기까지 죄다 외부에서 수혈한 인물들이다. 심지어 윤석열 대통령은 박근혜 전 대통령 특검 수사의 핵심이었다. 안에서 인물 하나 못 키워 내는 모자란 집단이라 할 수도 있으나 생존을 위해서라면 자기 당 대통령 탄핵의 공신이라도 모셔다 내세우는 집단이다. 2022년 대선을 앞두고는 36살 청년 이준석을 당대표로 뽑았고, 2024년 총선 앞에선 X세대 검사 출신 한동훈을 간판으로 세웠다. 변이를 마다하지 않는다.

민주당은 어떤가. 2003년 노무현 정부가 들어서면서 '좌희정 우광재'를 앞세운 386 운동권 세대가 486, 586을 거쳐 686이 된 지금까지도 당의 중심에서 내려올 줄을 모른다. 노무현 정부 몰락과 함께 '폐족' 신세가 돼 낙향한 전 청와대 비서실장 문재인을 한사코 끌어내 대통령으로 옹위하면서 86 운동권 세력은 정권의 '몸통'이 됐다. 송영길, 이인영, 임종석 등 80년대 전대협(전국대학생대표자협의회) 출신들이 문 정권을 받쳤고, 이적단체인 90년대 한총련(한국총학생회연합) 출신 597세대(50대·90년대 학번·70년대생)가 우리도 국회의원 한번 하자며 지금 전대협 선배들을 치받고 있다. 반국가단체 통합진보당의 중심인 경기동부연합 민족해방(NL) 계열 운동권 세력들도 대거 포진해 있다. 언뜻 보면 문 전 대통령과 이 대표가 이들 운동권 세력의 큰 지붕인 양 싶다. 그러나 실상은 이들의 정치권력을 위한 '숙주'에 가깝다.

정권 상실의 금단 증세에 가까운 투쟁 일변도 운동권 정치에 나라가 질식할 지경에 다다랐다. '독재 타도', '친일 청산'을 주술처럼 외며 쉼 없이 증오의 바이러스를 퍼뜨리고 사회를 갈라친다. 풍차를 향해 달려드는 돈키호테가 따로 없다.

별은 밝음 속에 사라진다고 시인은 말했다. 어둠 속에서 청춘을 불살랐던 투쟁의 아름다운 날들은 진작 갔다. 디지털 민주주의를 고민해야 하는 판에 "검부(檢府) 독재" 운운하는 조국류의 진부하고 수구적인 망상에 가스라이팅돼도 좋을 만큼 우리는 한가하지 않다. 미래 세대를 위해 이재명 대표 스스로 운동권 세력과 헤어질 결심을 해야 마땅하지만 어느덧 '한 몸'이 된 터, 그럴 가능성이 전무하다면 국민들이 나설 도리밖에 없다. 22대 총선의 제1과제는 운동권 청산이다. 100일 뒤 운동권 정치 20년의 종언을 고하는 진화의 역사가 쓰이길 바란다.

이상 출처 : https://www.seoul.co.kr/news/2023/12/27/20231227027007

"능력주의와 실용주의"

「73년생 한동훈」이란 책을 펴낸 스페인 IE대 심규진 교수는 자신의 책에서 오늘날의 한국 정치를 진화론적 관점으로 바라보면서 한동훈을 '한국 정치 시장의 매력적 신상'이라고 표현했다. 물론 이 표현은 매스미디어적 은유이다. 하지만 이 관점은 한동훈을 '대한민국 정치판의 새로운 변이'로 바라본 의미 있는 통찰일 수 있다.

이데일리 김유성 기자는 2023년 12월 11일 "한동훈 장관의 경쟁력은 '쿨한 능력주의'"라는 제목으로 다음과 같은 글을 썼다.

사진 출처 : 교보문고

기자 출신으로 국민의힘 싱크탱크에서 근무한 경험이 있는 심규진 스페인 IE대학 교수가 한동훈 신드롬을 분석한 책 「1973년생 한동훈」을 냈다. 그는 한동훈 법무부 장관이 우리 정치권에서 주목받는 이유와 앞으로 그의 역할에 대한 분석을 책에서 했다. 국내 정치서적 중 한 장관을 분석한 첫 책이다.

심 교수는 포털 미디어다음 뉴스파트장 겸 기자(2003~2007년)로 활동하면서 이명박·원희룡·이문열·진중권·추미애 등 유명 정치인과 대중문화계 인사 100여 명을 인터뷰했다. 미국 미시간주립대학에서 텔레커뮤니케이션 석사 학위를, 시라큐스대학에서 매스커뮤니케이션 박사학위를 취득했고 2022년부터 스페인 IE대학에서 커뮤니케이션 및 디지털 미디어 조교수로 활동 중이다.

한 가지 이채로운 점은 심 교수와 한 장관은 일면식이 없다는 점이다. 그는 '정치 현상'으로 나타난 한동훈을 주목했다.

보수정당을 지지하는 사람들은 물론 젊은 세대에서도 한 장관을 주목하는 이유는 무엇일까?

심 교수는 "한동훈이 쓰는 능력주의 서사에는 '쿨하게 세련됐다'는 차별화된 특징이 있다"고 말했다. '자수성가'로 대변되는 기존 능력주의가 요구하는 '신파적 요소'가 없다는 뜻이다. 이 시대를 살아가는 젊은 청년들에게 더 이상 20~30년 전 덕목을 요구할 수 없게 됐다는 의미이기도 하다.

한 장관의 말끔한 옷차림새도 그의 팬덤을 형성하는 발판이다. 대중의 머릿속에 도식화된 장관 혹은 관료의 모습과는 다르다. 심 교수는 "강남 신사 스타일의 한동훈 장관은 자신만의 능력으로 586 정치 카르텔의 부당한 탄압에 맞섰다"며 "이것은 정치적 계파나 특정 팬덤이 지켜준 게 아니라, 오로지 자신이 갖고 있는 개인기, 탁월한 전문성과 시대를 읽어내는 직관과 혜안으로 돌파한 것"이라고 분석했다.

한동훈 팬덤에 대해서도 그는 "유례없는 현상"이라고 말했다. 심 교수는 "정치권에 본격적으로 입문하기 전부터 팬덤이 생겨났다"며 "팬덤을 주도하고 있는 세력이 비정치적인 계층, 즉 아이돌이나 연예인 팬덤 커뮤니티 같은 곳에서 주도하고 있다는 점"이라고 말했다.

이는 '계파정치'와 '팬덤정치'를 거쳐 온 한국 정치 지형이 '능력주의'와 '실용주의'로 전환하고 있다고 봤다. 그는 "한동훈 장관은 능력주의의 끝판왕 격"이라며 "팬덤에 매몰되지 않을 만한 탄탄한 기본기를 갖추면서 엘리트 관료의 정체성도 갖고 있다"고 분석했다.

이상 출처 : https://www.edaily.co.kr/news/read?newsId=02820806635837536

"한국 정치 시장의 매력적 신상"

심규진 교수가 명명한 '한동훈 변이'의 좀 더 구체적인 내용을 알아보자.

시사 월간지 신동아 사이트에 들어가 보면 2024년 2월 1일 구자홍 차장(기자)이 쓴 다음과 같은 기사를 읽을 수 있다.

책 『73년생 한동훈』을 펴낸 심규진(46) 스페인 IE대 교수는 "한동훈 국민의힘 비대위원장은 리더십 위기에 빠진 보수 진영을 구할 구원투수"라고 강조했다. 심 교수와 나눈 대담 영상은 유튜브 채널 '매거진동아'에서 확인할 수 있다. 그는 한동훈 위원장이 한국 정치의 새로운 대안으로 대두되는 이유를 이렇게 설명했다.

여권 위기 팀워크에서 비롯

"핏이 좋은 슈트발로 멀쑥한 왕자님을 연상시키는 강남 신사 스타일의 한동훈은 감정에 호소하지 않고 자신만의 능력으로 586 정치 카르텔의 부당한 탄압에 맞서왔다. 정적의 탄압에 굴복하지 않고 자신이 직접 나서 위엄을 지켜내는 모습을 대중에게 보여준 것이다. 그런데 이것은 정치적 계파나 특정 팬덤이 지켜준 게 아니다. 오로지 자신이 가지고 있는 개인기, 즉 탁월한 전문성과 시대를 읽어내는 남다른 직관과 혜안으로 돌파한 것이다."

한동훈 국민의힘 비상대책위원장이 대중의 주목을 받고 있다. 그 이유가 어디에 있다고 보나?

"윤석열 대통령이 등장한 것과 유사한 점이 있다. 윤 대통령은 보수에서 키운 인물이 아니다. 더불어민주당이 조국 사태와 추미애-윤석열 갈등으로 키웠다. 박근혜 대통령 탄핵 이후 생존 기로에 서

있던 보수 진영이 마땅한 대안이 없어 정치 신인 윤석열을 영입해 대선후보로 선출했다. 그런데 윤 대통령 당선 이후 지방선거까지 이기고 나니 보수 기득권층끼리 헤게모니 쟁탈전을 벌였다. 한동훈이 지금 주목받는 것은 보수 기득권층 사이에 벌어진 권력다툼을 정리해낼 수 있다고 보기 때문이다."

국민의힘이 용산 대통령실 눈치를 너무 많이 봐서 리더십 위기를 겪는 것 아니냐는 얘기가 나온다.
"전제가 잘못됐다. 문재인 정부 때 문 대통령 지지율이 상대적으로 높았는데, 그때는 청와대와 당의 관계가 수평적이라 인기가 높았나. 그게 아니었다. 오히려 일사불란하게 역할 분담을 했기에 지지율이 유지된 거다. 문재인 전 대통령은 미디어에 비치는 이미지 관리를 잘해 지지율이 좋게 나왔다. 실제로 문재인 정부 때 이견에 재갈을 물리는 소프트 파시즘적 양상이 나타나기도 했다. 지금 용산과 당의 수평관계를 얘기하는 것은 전제가 잘못됐을 뿐 아니라 현실을 외면한 비판을 위한 비판일 뿐이다. 지금 여권의 문제는 수평적 관계의 문제가 아니라 팀워크의 문제다. 리더가 확실한 리더십을 발휘해 당과 대통령실이 각각의 탤런트를 발휘해야 하는데 그러지 못해 지지율 하락을 겪은 것이다."

한동훈 위원장이 제2의 윤석열이 될 수 있다고 보나?
"보수 진영이 위기에 처했을 때 정치를 하지 않던 외부 인사가 구원투수처럼 영입돼 난국을 타개했다는 점에서는 공통점이 있다. 검사 출신이라는 점도 공통점이다. 다른 점은 윤 대통령이 직면했던 도전과 한동훈 위원장이 직면한 현실이 다르다는 점이다."

어떤 점에서 다른가?
"윤 대통령은 자신이 대선후보로 선출돼 승리하는 게 과제였다. 치열한 당내 경선에서 승리하기 위해 부산 장제원, 강원 권성동, 충청 정진석 등 탄탄한 지역 기반을 가진 정치인과 연대해 돌파했다. 그에 비해 한동훈은 반대 상황이다. 자신이 직접 출마해 승리하는 게 아니라, 전국적으로 이길 만한 후보를 내세워 선거를 승리로 이끌어야 한다."

진영 넘어설 새로운 세대

심 교수는 책에서 한 위원장의 강점을 이렇게 묘사했다.

"지금 한동훈은 강성 보수층과 중도층 모두에게 점수를 얻고 있다. 강성보수층에는 우파적 이념과 윤석열의 정치적 후계자로서 이미지가 각인돼 있지만, 중도층은 한동훈을 진영을 넘어서는 새로운 세대의 정치인으로 인식한다. 여러모로 젊은 보수의 탄생에 목말랐던 보수층에게 한동훈은 4050 보수 정치인이라는 희소가치를 구현하는 인물이다. (…) 한동훈은 최고 권력인 대통령과의 두터운 브로맨스 서사, 1970년대생의 젊음, 이준석이 보여줬던 어떤 말싸움에도 지지 않는 민첩한 언변, 오세훈처럼 신사 같은 매너와 태도, 그리고 홍준표와 같은 확고한 이념적 선명성과 투쟁력을 모두 겸비하고 있다."

심 교수 분석에 따르면 한 위원장은 강서구청장 보궐선거 참패 이후 위기에 처한 보수 진영을 구해 낼 백마 탄 왕자인 셈이다.

책 제목에 73년생을 특별히 강조한 이유가 있나?
"86세대와 다른 X세대라는 점을 강조하려고 했다."

심 교수는 한 위원장이 주목받는 이유를 책에서 이렇게 설명했다. "극좌 세력에는 절대적으로 악마화되고 있지만, 중도층을 포함한 보수층은 한동훈을 상당히 긍정적으로 보고 있다. 1970년대생으로 강남 8학군 출신이고, 경제적·문화적·지성적 결핍 없이 유복한 환경에서 바른 가치관과 반듯한 매너를 체화한 듯 보이는 그의 배경은 분명한 강점이다. 한마디로 대한민국 교육 시스템의 최고 아웃풋이라 할 수 있는 지덕체를 갖췄다. 요즘 말로 풀어보면, 비판적 지성과 젠틀한 인품, 세련된 스타일 모든 면에서 빠질 것 없는 '엄친아의 끝판왕'이라고 할 수 있을 것이다."

심 교수는 "엄친아의 끝판왕과 같은 한동훈 위원장이 셀럽을 넘어 우리 사회에서 가장 큰 영향력을 미치는 인사로 주목받는 것 자체가 한국 정치 패러다임의 전환을 시사하는 것"이라고 분석했다.
"기존의 한국 정치 지형은 소위 산업화 세력과 민주화 세력이 양분해 주도해 왔는데, 어느 사이 시대적 소명을 다해버린 이들은 이권 카르텔을 형성하며 사익 추구에만 몰두해 우리 사회의 구태, 적폐 세력으로 변질됐다. (…) 그러나 한동훈은 기존 정치세력, 어느 곳에도 부채가 없는 개인의 매력과 능력으로 정치 셀럽이 된 새로운 현상을 상징하고 있다. 전에 본 적 없는 신선한 정치적 자산으로 자신을 어필하고 있는 것이다. 즉 정치 시장의 매력적 '신상'이라 할 만하다."

한동훈 팬덤은 유례없는 현상

그는 팬덤 현상에 대해서는 이렇게 풀이했다.

"한동훈 팬덤은 여러 면에서 유례없는 현상이다. 첫째로는 정치에 본격 데뷔 전부터 팬덤이 생겨났다는 것이고, 둘째로는 팬덤을 주도하는 세력이 박정희 신드롬이나 노무현 신드롬을 계승한 고관여 정치세력이 아니라, 비정치적 계층, 즉 아이돌이나 연예인 팬덤 커뮤니티 같은 곳에서 주도하고 있다는 점이다. 기존 정치인 팬덤은 정치 고관여층이 대중에게 '정치적 아이돌'을 스타 마케팅을 통해 상품화함으로써 자신들의 정치적 입지와 기반을 넓히는 프로세스였다면, 한동훈 팬덤은 정치에 관심 없던 연예인을 좋아하던 여성층이 자연

사진 출처 : 조선일보

스럽게 특정한 개인의 스타성이나 대중성을 발굴하고 정치적 고관심층이 됐다는 점에서 분명한 차이가 있다. 이런 점에서 한동훈 팬덤은 정치적 이념에 대한 충성심이 아닌, 개인의 매력에 대한 순도가 강하다는 점을 시사한다."

심 교수는 국민의힘이 총선에서 승리하려면 두 가지 조건을 충족해야 한다는 점을 강조했다.

"총선을 앞둔 여당에 있어 두 가지 의제는 얼마나 신선한 공천을 하느냐, 얼마나 일사불란한 리더십으로 잡음 없이 합의된 공동체의 힘을 보여주느냐. 박근혜의 정치적 실패는 그 두 가지에서 모두 실패했기 때문이다. 친박근혜계 정치인들은 구시대적 인물이었고, 한동훈이나 원희룡 같은, 박근혜 외의 존재감을 갖는 진영의 스타가 전무했다. 더욱이 유승민, 김무성 등과 불화와 갈등이 대중에게 그대로 노출되면서 리더십마저 무너졌기에 정치적으로 자멸한 것이다. 따라서 구태의연한 보수 지역 정가에 신선함을 불러일으키는 새 인재를 발굴하는 것, 대통령의 리더십과 당의 요구가 충돌하지 않는 일사불란한 팀워크를 구축하는 것이 총선 승리의 전제조건이다."

심 교수는 총선에 대통령실 출신 인사가 출마하는 것에 대해서도 긍정적 입장을 보였다.

"대통령실이 인재 배양을 하는 플랫폼이 되는 것은 당연한 일이다. 정치의 활력과 변화가 생겨야 하며, 이를 통해 대통령이 확실한 국정의 이니셔티브를 갖고 강력한 드라이브를 걸 수 있다. 따라서 용산의 젊은 행정관이나 비서관의 차출을 단순히 대통령과의 친소관계나 일방적 밀어붙이기로 부정적으로 볼 일만은 아니다. 대통령은 기본적으로 국민의 '표'로 국정 방향에 대한 심판을 받는 존재다. 단순히 용산에서 차출한다는 시각이 아닌, 대통령이 얼마나 제대로 된 능력 있는 인재들을 내놓는지 그 실질적 부분에 대해 평가하고 이를 선거에서 심판하면 될 일이다."

이상 출처: https://www.donga.com/SHINDONGA/politics/article/all/13/4706071/1

"Together, it will become just way"

길

―반칠환―

성글어도 티끌 하나 빠뜨림 없는 저 하늘도
얼마나 많은 날개가 스쳐간 길일 것인가

아득히 수평선 너머로 사라지는 바다도
얼마나 많은 지느러미가 건너간 길일 것인가

우리가 딛고 있는 한 줌의 흙 또한
얼마나 많은 생명이 지나간 길일 것인가

낯설고 두려운 곳으로 갈 때에
나보다 앞서 간 발자국들은 얼마나 든든한 위안인가

아무도 가지 않은 길은 없지만
내게는 분명 처음인 이 길은 얼마나 큰 설렘인가.

Together, it will become just way.

03

모비딕

— 허먼 멜빌

진정한 용기란…
광기 어린 사명 의식은 정치적 죄가 된다
악을 제거하는 과정에서는 선도 함께 파괴된다
소설에나 나올 법한 험한 생활 그리고 지독한 불행의 연속
한동훈의 모비딕
「제인에어」, 「모비딕」, 「장하리」
진흙과 늪지대와 사막을 건너야만 비로소…
정치를 법으로 하는 것은 바둑에 비유하면 초급 수준도 안 된다
그때가 비로소

"진정한 용기란…"

퀴케그는 어린 풋내기 하나가 등 뒤에서 자신의 흉내를 내는 것을 알아차렸다. 나는 순간 그 촌놈이 '곧 골로 가겠구나'라고 생각했다.

건장한 야만인 퀴케그는 작살을 내려놓고 양팔로 그 촌놈을 붙잡더니 거의 기적 같은 민첩성과 근력으로 높이 던져 올렸다. 촌놈이 공중에서 반쯤 돌았을 때, 퀴케그가 그의 엉덩이를 살짝 치자 촌놈은 폐가 터질 것처럼 숨을 헐떡거리며 두 발로 갑판에 착지했다. 그사이에 퀴케그는 어느새 돌아서서 도끼 파이프에 불을 붙이고는 한 모금 하라는 듯이 내게 건넸다.

"선장님! 선장님!"

촌놈이 달려가며 외쳤다.

"여기 악마가 있어요."

"이봐, 당신!"

갈비뼈가 드러나도록 비쩍 마른 여객선 선장이 퀴케그에게 다가오며 소리쳤다.

"대체 어쩌려고 이따위 망나니짓이야? 어린 친구를 죽일 뻔했잖아!"

"지금 뭐라는가?"

퀴케그가 약간 몸을 돌리며 내게 물었다.

"자네가 저 촌놈을 죽일 뻔했다잖아!"

나는 여전히 덜덜 떨고 있는 촌놈을 가리키며 말했다.

"죽여?"

퀴케그는 문신한 얼굴을 섬뜩하게 일그러뜨리며 조롱하듯 외쳤다.

"하! 저놈은 아주 작은 물고기다. 나는 저런 작은 물고기는 안 죽인다. 나는 큰 고래만 죽인다!"

"이봐!"

여객선 선장이 다시 으르렁거리며 소리쳤다.

"이 식인종 놈아! 내 배에서 한 번만 더 잔재주를 부리면 내가 널 아주 죽여버릴 거야. 그러니 앞으론 조심해. 알겠어?"

하지만 바로 그때, 호통치던 선장이 조심해야 할 일이 벌어졌다. 주 돛대에 엄청난 압력이 가해져 아딧줄이 끊어지는 바람에 거대한 아래 활대가 뱃고물 갑판을 휩쓸며 이리저리 날아다녔다. 퀴케그에게 혼쭐났던 불쌍한 친구는 활대에 맞아 그만 바다로 떨어지고 말았다. 다들 겁에 질려서 어쩔 줄 몰라 했다. 활대를 붙잡아 고정시키는 건 미친 짓 같았다. 활대는 시계가 한 번 째깍하는 사이에 좌우로 날아다니다가 되돌아왔고, 금방이라도 뚝 하고 쪼개질 것 같았다. 다들 손쓸 길이 없었고, 어떤 식으로든 손쓰는 게 불가능해 보였다. 갑판에 있던 사람들은 모두 뱃머리로 달아나 활대가 성난 고래의 아래턱이라도 되는 양 멍하니 쳐다보기만 했다. 그런데 모두가 겁을 먹고 정신을 못 차리는 상황에서 퀴케그는 재빨리 무릎을 꿇고 활대가 오가는 아래쪽으로 기어가 밧줄 하나를 휙 낚아채 한쪽 끝을 뱃전에 고정시키고, 다른 한끝은 활대가 머리 위를 지날 때 마치 올가미처럼 던져 활대에 걸고는 힘껏 잡아당겼다. 그러자 마침내 사태가 수습되었다.

배는 바람이 불어오는 쪽으로 방향을 바꾸었고, 선원들이 서둘러고물 쪽의 보트를 내리려고 했다. 바로 그 순간 퀴케그가 웃통을 벗고 뱃전에서 큰 포물선을 그리며 바다로 뛰어들었다. 그는 긴 팔을 쭉쭉 뻗으며 몹시 차가운 물거품 사이로 건장한 어깨를 드러낸 상태로 3분이 넘도록 헤엄을 쳤다. 하지만 내 눈에는 물개 같은 야만인 친구만 보이고 정작 구조해야 할 촌놈은 보이지 않았다. 그 촌놈은 물속에 가라앉은 모양이었다. 퀴케그는 물 위로 솟구쳐 올라와 주위를 잠시 둘러보고 상황을 판단한 다음 다시 물속으로 사라졌다. 그러더니 몇 분 뒤 그가 다시 떠올랐다. 한쪽 팔로는 여전히 물살을 가르고 다른 한쪽 팔로는 생기 없이 축 처진 촌놈의 몸을 끌어당기고 있었다. 보트가 곧 그들을 끌어올렸다. 딱한 촌놈은 그제야 의식을 되찾았다. 이쯤 되자 다들 퀴케그를 용감하고 훌륭한 사람이라고 칭송했다. 선장도 자신이 했던 거친 말에 용서를 구했다.

그때부터 나는 뱃전에 달라붙은 따개비처럼 퀴케그에게 딱 달라붙었다.

이상은 미국의 작가 허먼 멜빌이 쓴 소설 「모비딕」 중 일부이다. 주인공 이슈마엘과 그의 동료 퀴케그가 고래잡이배를 타기 위해 낸터킷섬으로 가는 도중에 벌어진 사건의 한 장면이다.

한동훈 국민의힘 당대표는 2022년 5월, 법무부장관 인사청문회를 위해 국회에 제출한 서면 질의 답변서에 감명 깊게 읽은 책 중 하나로 소설 「모비딕」을 꼽았다.

그는 1년 6개월여의 장관직을 마치고 2023년 12월 이임식을 가졌는데, 법무부 장관으로 마지막 근무를 마치고 한 고등학생에게 선물을 주었다. 선물을 받은 여학생은 예비 고등학교 1학년생으로, 전에 한동훈 법무부 장관에게 어머니와 함께 만든 보석십자수 작품과 편지를 보낸 적이 있었다. 그 답례로 한 장관이 「모비딕」이라는 책을 여학생에게 선물한 것이다. 한 전 장관은 선물한 책 앞장에 "정성스러운 선물 고맙습니다. 행운을 빕니다. 제가 오늘 법무부에서 일하는 마지막 날입니다. 건강하세요"라는 내용의 친필 편지를 썼다고 한다. 이후 이 여학생이 한동훈 전 법무부 장관 팬카페인 '위드후니(https://cafe.naver.com/hoonyworld)'에 편지 사진과 함께 "정직한 정치 부탁합니다"라는 글을 남겨 많은 사람들이 주목하게 된 것이다.

그리고 여러 매체를 통해 이런 사연이 알려지자 허먼 멜빌의 소설 「모비딕」은 졸지에 교보문고와 예스24 등 주요 온라인 서점에서 깜짝 베스트셀러 1위로 등장하는 일이 벌어졌다.

한동훈 국민의힘 당대표는 법무부장관 시절인 2022년 8월 19일, 법무연수원 용인분원을 방문해 신임 검사들 앞에서 허먼 멜빌의 소설 「모비딕」을 언급하며, 올바른 소신을 위해 실력을 갖출 것을 당부했다. 용인분원은 한 장관이 문재인 정권 시절 좌천당하고 독직폭행(어떤 직분의 명예를 더럽히는 폭행)을 당했던 곳이기도 하다.

이날 그는 신임 검사들에게 '검사로서의 소신'을 강조하며 자신이 관철할 소신이 틀리지 않기 위해서는 철저하게 실력을 갖춰야 한다고 당부했다.

그는 "카페 스타벅스의 상호 유래가 뭔지 아는가, 허먼 멜빌의 소설「모비딕」에 등장하는 1등항해사 이름 '스타벅'에서 유래했다"라고 말문을 열었다. 그러면서「모비딕」소설에서 자신이 굉장히 좋아하는 구절이 있는데, 그것은 "고래를 두려워하지 않는 자, 내 배에 태우지 않겠다"라는 구절로 이는 용기(만용)에 대한 말이라고 했다. 그러면서 "검사는 소신을 갖추고 살아야 하는데, 자신이 소신을 갖고 관철시킨 답이 틀리면 얼마나 초라해지겠느냐"며, "기회는 여러 번 오지 않는다. 올바른 소신을 관철하기 위해 철저히 준비를 잘하고 실력을 갖추는 게 중요하다"라고 강조했다.

한동훈 전 법무부 장관이 좋아한다는 소설 속 명문장 스타벅의 말 전체 내용은 다음과 같다.

"고래를 두려워하지 않는 자는 내 보트에 태우지 않겠다. 고래잡이에게 용기는 쇠고기나 빵과 같이 소중한 것이다. 함부로 낭비하다가는 정작 필요한 때에 못쓰게 된다. 그래서 나는 해가 진 뒤에는 고래를 쫓지도 보트를 내리지도 않는다!"

소설의 전후 맥락을 볼 때, 이 말은 '실력이 없으면서도 두려움을 모르고 마구잡이로 덤비는 사람은 용기가 있는 사람이 아니라, 오히려 훨씬 더 위험한 사람'이라는 뜻이다.

고래를 잡으려면 우선 고래에 대해서 잘 알아야 하고, 때가 왔을 때 기회를 잘 포착해야 한다. 인간이 고래보다 우월하다는 착각으로, 또는 일시적으로 발동한 용기나 복수심만으로 덤빈다면 그것은 진정한 용기가 아니라 만용이라는 얘기다.

소설 속 이러한 메시지는 우리 현실에서도 그대로 적용된다. 실제로 용기 있는 사람은 자기를 객관화할 줄 아는 사람이다. 자신을 스스로 잘 점검하고, 승산이 있을 때 타이밍을 잡아 행동에 옮기는 것만이 진정한 용기이다. 객관적 자기 진단 없이 지나친 자만심이나 승부욕, 복수심만 가지고 함부로 덤비는 것은 진정한 용기가 아니라 만용이다.

소설 속에 등장하는 주요 인물인 1등항해사 스타벅(Starbuck)은 냉철하고 현실적인 인물로, 고래를 잡아 소득을 얻을 목적이라면 모비딕을 잡겠지만, 선장의 복수심 해소를 위해서라면 모비딕을 잡을 생각이 없다는 단호한 입장을 취하는 인물이다. 그는 선장에게 이렇게 말한다.

"에이해브 선장님, 저는 녀석의 비뚤어진 아가리에도, 죽음의 아가리에도 맞설 준비가 돼 있습니다. 그게 우리가 따라야 하는 정당한 일이라면 말이죠. 하지만 저는 고래를 잡으러 여기에 왔지, 선장님의 복수를 위해 온 게 아닙니다. 선장님! 복수에 성공한다고 해도 거기서 고래기름을 몇 통이나 얻을 수 있겠습니까? 그것은 낸터킷 시장에서 딱히 큰 소득을 안겨주지 못할 겁니다."

서울경제 김광덕 논설실장 부사장(신문방송편집인협회 부회장)은 2023년 12월 28일 '김광덕 칼럼'란에 "모비딕 리더십 한동훈의 길"이라는 제목으로 다음과 같은 칼럼을 실었다.

"고래를 두려워하지 않는 자는 내 보트에 절대로 태우지 않겠다."

　미국의 허먼 멜빌이 1851년에 쓴 소설 「모비딕」에서 신중하고 현명한 1등항해사 스타벅이 한 말이다. 「모비딕」은 거대한 고래 모비딕에게 한쪽 다리를 잃은 뒤 복수를 위해 추적하는 에이햅 선장의 처절한 혈투를 그린 소설이다. 한동훈 국민의힘 비상대책위원장은 지난해 8월 법무부 장관 재직 시절 신임 검사 강연에서 올바른 소신을 지키려면 실력을 갖춰야 한다면서 스타벅의 말을 소개했다. 만용의 위험성을 경계하면서 믿을 수 있는 용기는 위기를 정확히 진단하는 데서 나온다는 사실에 방점을 찍은 것이다.

　한 위원장은 「펠로폰네소스전쟁사」라는 책을 들고 유럽 출장에 나서는 등 책 읽기를 좋아한다. 좋은 검사의 필수 조건에 대해 "글을 잘 쓰고 말을 잘하는 것"이라고 강조해왔다. 그는 그때그때 상황에 적확한 구절을 자주 인용하며 유려한 언변을 구사한다. 그는 지난달 "여의도 사투리가 아니라 5,000만 명이 쓰는 문법을 쓰겠다"면서 기성 정치권과 차별성을 분명히 했다. 자신의 정치 경험 부족이 거론되자 루쉰의 단편 소설 「고향」의 한 대목을 인용해 "많은 사람들이 같이 가면 길이 되는 것"이라고 받아넘겼다.

　한 위원장은 26일 비대위원장 수락 연설을 통해 특유의 말솜씨를 유감없이 보여줬다. 그는 자신의 총선 불출마를 선언한 뒤 "이재명 대표의 더불어민주당이 운동권 특권 세력과 개딸 전체주의와 결탁해 나라를 망치는 것을 막겠다"고 목소리를 높였다. 그는 "선당후사(先黨後私)가 아니라 선민후사(先民後私)가 돼야 한다"고 역설했고, '동료 시민'이라는 단어를 열 차례나 언급했다. "공포는 반응이고 용기는 결심"이라는 윈스턴 처칠 전 영국 총리의 명언도 꺼냈다.

사진 출처 : 노컷뉴스

　기성 정치권의 때가 묻지 않은 50세 새내기 정치인이 화려한 언어를 구사하면서 거대 야당을 강하게 때리자 상당수의 보수 성향 '동료 시민'들이 환호하고 열광하고 있다. 뛰어난 웅변술로 진보·좌파를 겨냥해 말펀치를 날리는 정치인이 적었던 보수 진영에서는 '사이다' 같은 발언으로 느꼈을 것이다.

하지만 근사한 말이 국민을 설득시키고 공감과 신뢰를 얻어내려면 세 가지 전제가 충족돼야 한다. 우선 말이 일관된 실천으로 이어지는 언행일치를 보여야 한다. '선민후사'를 내세웠으니 '윤심(尹心)' '당심(黨心)'보다 '민심(民心)'을 무섭게 생각하면서 낮은 자세로 국민의 삶을 위한 정치를 해야 한다. '선민'을 외치고도 진영과 당, 자신의 이익을 우선하는 정치를 한다면 'NATO(No Action Talking Only)'라는 비아냥을 들을 수밖에 없다.

둘째, 지도자의 말은 정책 수립과 집행을 거쳐 구체적 성과로 나타나야 한다. 진정 국민과 나라의 미래를 생각한다면 정치를 복원하고 정교한 정책으로 경제를 살리는 데 앞장서야 한다. 그러나 한 위원장의 이번 연설에서는 집권당 수장에게 걸맞은 비전과 정책 제시를 찾아보기 어렵다. '공정한 경쟁 보장' 등 두어 가지 정책 방향에 대해서만 운을 뗐을 뿐이다.

셋째, 신뢰가 무너지지 않으려면 한 위원장이 주장하는 메시지와 다른 행태 또는 도덕적 흠결이 여권에서 나타나지 않아야 한다. 문재인 전 대통령은 취임사에서 "기회는 평등하고, 과정은 공정하고, 결과는 정의로울 것"이라고 외쳤다. 그러나 조국 사태 등으로 공정과 정의가 무너진 게 확인되자 문재인 정권은 '내로남불'이라는 비난을 받고 정권을 내주게 됐다.

문재인 정권의 전철을 밟지 않으려면 한 위원장이 집권 세력 내에서 특권과 비리가 존재하지 않도록 엄정한 잣대를 들이대야 한다. 특히 '용기'라는 말을 즐기는 그는 윤석열 대통령 등에게도 할 말을 하는 결기를 보여줘야 한다. 야당이 밀어붙인 '김건희 여사 특검법'과 관련해서도 특별감찰관제 가동을 포함해 국민들이 납득할 수 있는 해법을 내놓아야 한다. 한 위원장이 "초현실적인 민주당"이라고 비난했는데, 국민의힘이 똑같은 소리를 듣지 않도록 뼈를 깎는 쇄신을 해야 할 것이다. 스타벅은 고래를 두려워하면서도 선장에게 할 말을 하는 인물이었다. 한 위원장도 국민을 무서워하면서 여권의 위기를 직시하고 야당뿐 아니라 '용산'을 향해서도 쓴소리를 할 수 있어야 한다. 그래야 정치에 첫발을 뗀 그의 길도 많은 사람들이 따르면서 넓어질 것이다.

이상 출처: https://www.sedaily.com/NewsView/29Y0SJGFJ1

"광기 어린 사명 의식은 정치적 죄가 된다"

인터넷신문 '신문고뉴스'의 신고은 기자는 2024년 1월 3일, 자사 사이트에 "조국, '한동훈, 모비딕 리더십' 찬양에 '광끼 리더십, 선원 모두 죽여'"라는 제목으로 다음과 같은 기사를 올렸다.

조국 전 법무부 장관이 한동훈 국민의힘 비대위원장을 두고 '모비딕 리더십'을 가진 지도자로 찬양한 〈서울경제〉의 김광덕 논설실장에 대해 "윤(尹)비어천가를 불렀던 언론이 이제 한(韓)비어천가를 부르는 것"이라고 비판했다.

지난 12월 28일 자 서울경제는 "모비딕 리더십 한동훈의 길"이란 제목의 김광덕 칼럼을 실었다. 김 실장은 이 칼럼에서 "한동훈 국민의힘 비상대책위원장은 지난해 8월 법무부 장관 재직 시절 신임 검사 강연에서 올바른 소신을 지키려면 실력을 갖춰야 한다면서 소설 「모비딕」에 실린 '고래를 두려워하지 않는 자는 내 보트에 절대로 태우지 않겠다'는 2등항해사 스타벅의 말을 소개했다"고 썼다.

한 위원장이 했다는 항해사 스타벅의 말은 미국의 허먼 멜빌이 1851년에 쓴 소설 「모비딕」에 나오며, 「모비딕」은 거대한 고래 모비딕에게 한쪽 다리를 잃은 뒤 복수를 위해 추적하는 에이햅 선장의 처절한 혈투를 그린 소설이다.

이에 조 전 장관은 이를 인용하며 "한 위원장이 자신을 에이허브 선장 또는 스타벅 항해사로 상정하는 모양"이라며 "법무부 장관 재직 마지막 날 예비 고등학생에게 소설책 「모비딕」을 선물한 것도 지적하고는 "모비딕 리더십은 선원을 모두 죽이는 리더십"이라고 김 실장과 한 위원장을 동시에 비판했다.

조 전 장관은 3일 자신의 페이스북에서 "한동훈 비대위원장이 장관 시절 소설 「모비딕」을 예비 고1 학생에게 선물했다"며 "그는 장관 시절 신임 검사 앞에서 「모비딕」의 한 구절 '고래를 두려워하지 않는 자, 내 배에 태우지 않겠다'(1등 항해사 스타벅)를 가장 좋아하는 구절이라고 밝혔다고 한다"고 지적하고는 "이를 두고 언론에선 한 비대위원장을 향해 '모비딕 리더십'이라며 찬양 칼럼을 썼다"고 말했다.

그러면서 조 전 장관은 원작을 읽지 않은 사람들은 「모비딕」에서 주인공 에이허브 선장(Captain Ahab)이 모비딕을 잡아 죽였을 것이라고 오인한다고 지적했다.

이어 "(원작에서는)모비딕에게 한쪽 다리를 잃고 반쯤 미쳐 모비딕을 뒤쫓은 에이허브는 모비딕에게 던진 작살의 밧줄에 목이 감겨 목숨을 잃는다"고 설명한다.

나아가 "한 비대위원장이 좋아한다는 구절을 말한 스타벅(Starbuck)도 역시 죽는다"며 "이 소설의 화자인 이스마엘(Ishmael)만 살아남는다"고 강조했다.

그리고는 "요컨대 '모비딕 리더십'은 선장의 광기 어린 사명 의식으로 선원을 모두 죽이는 리더십"이라고 정리했다.

다음은 이날 조 전 장관이 자신의 페이스북에 쓴 글 전문이다.

"한동훈 국힘 비대위원장이 장관 시절 소설 「모비딕」을 예비 고1 학생에게 선물했다. 그는 장관 시절 신임 검사 앞에서 「모비딕」의 한 구절 '고래를 두려워하지 않는 자, 내 배에 태우지 않겠다'(1등 항해사 스타벅)를 가장 좋아하는 구절이라고 밝혔다고 한다. 그러자 여러 언론이 "모비딕 리더십"이라며 찬양 칼럼을 썼다. '윤(尹)비어천가'를 불렸던 언론이 이제 '한(韓)비어천가'를 부르는 것이다. 한동훈 비대위장은 자신을 에이허브 선장 또는 스타벅 항해사로 상정하는 모양이다. 그리고 민주당 또는 운동권을 괴물 고래 모비딕으로 생각하는 모양이다. 그러나 어제 〈박시영TV〉 출연하여 간략히 밝혔지만, 실소를 금할 수 없다. 먼저 원작을 읽지 않은 사람들은 이 명작소설에서 주인공 에이허브 선장(Captain Ahab)이 모비딕을 잡아 죽였을 것이라고 오인한다. 그러나 모비딕에게 한쪽 다리를 잃고 반쯤 미쳐 모비딕을 뒤쫓은 에이허브는 모비딕에게 던진 작살의 밧줄에 목이 감겨 목숨을 잃는다. 위에서 한 비대위원장이 좋아한다는 구절을 말한 스타벅(Starbuck)—커피전문점 '스타벅스' 상호는 바로 여기서 나왔다—도 역시 죽는다. 이 소설의 화자(話者) 이스마엘(Ishmael)만 살아남는다. 요컨대, "모비딕 리더십"은 선장의 광기 어린 사명 의식으로 선원을 모두 죽이는 리더십이다. 마지막으로 모비딕을 사람이 아니라 고래의 관점에서 생각해볼 필요도 있다. 자신과 자신의 종족을 살육하는 인간들에게 저항하는 모비딕이 '악'일까? 모비딕은 죄가 없다."

이상 출처 : https://shinmoongo.net/164954

"악을 제거하는 과정에서는 선도 함께 파괴된다"

  어느 날 느닷없이 한국 정치판의 '안줏거리(?)'로 소환된 「모비딕」은 과연 어떤 소설인가? 전체 줄거리를 간략히 요약하면 다음과 같다.

고래잡이 선원을 꿈꾸는 청년 이슈멜은 '바다에 도전하는 자는 자신의 영혼을 빼앗기게 될 것이다'라는 마플 신부의 경고를 무시하고 포경선 피쿼드호에 오른다.

출항한 지 며칠이 지나서야 모습을 드러낸 선장 에이햅은 한쪽 다리가 없어 고래 뼈로 만든 의족을 하고 있는 사람이다. 어느 날 선장은 선원들을 불러 모아 자신이 '모비딕'이라는 흰고래에게 한쪽 발을 먹혔으며, 이를 복수하기 위해 흰고래를 찾아야 한다고 일갈한다. 그러면서 그는 가장 먼저 모비딕을 발견하는 선원에게 줄 상금으로 스페인 금화를 돛대 위에 박아 놓는다.

그 후 오랜 항해 끝에 피쿼드호가 가까스로 발견한 흰고래의 등에는 그동안 여러 포경선이 쏘아 박은 작살들이 무수히 꽂혀있다. 선원들은 모비딕의 출현을 알리고 마침내 에이햅 선장과 흰고래의 숨 막히는 사투가 사흘 동안이나 이어진다.

첫째 날에는 에이햅 선장이 탄 보트가 부서지면서 선원 한 명이 죽고, 둘째 날에는 세 척의 보트가 파손되며, 셋째 날에는 거대한 흰고래가 모선인 피쿼드호를 들이받아 배를 박살을 내버린다.

마지막 보트에 타고 있던 에이햅 선장은 흰고래에게 작살을 꽂아 박는 데 성공하지만, 그도 작살의 줄에 목이 감겨 흰고래와 함께 바닷속으로 사라진다.

모선 피쿼드호는 완전히 침몰하고, 선원 가운데 주인공인 청년 이슈멜만 살아남아 바다를 표류하다 극적으로 구조된다.

사진 출처 : Amazon.com:Faroeste Filmes

　망망대해에서 펼쳐지는 흰고래와 인간의 숨 막히는 싸움, 그리고 그 과정에서 전개되는 선원들의 다양한 모습과 행동 속에는 인생에 대한 작가의 깊고 풍부한 통찰이 곳곳에 숨어 있다. 그래서 이 작품을 읽는 독자들은 인간과 자연과 삶의 장엄함을 느끼면서 '인간이란 존재의 정체성은 과연 무엇인가'를 깊이 성찰하게 된다. 즉, 작가는 에이햅 선장과 흰고래의 처절한 사투를 통해 굴하지 않는 인간 영혼과 파괴적인 충동을 동시에 묘사하면서, '인간의 의지와 집념이란 과연 무엇인가?'라는 질문을 통해 인생의 진정한 의미가 무엇인지를 되새기게 해준다.
　한편, 좀 더 상징적인 차원으로 이 소설의 내용을 들여다보면, 흰고래를 추적하는 피쿼드호는 하나의 소우주이다. 그리고 에이햅 선장을 불구로 만들고 마침내 파멸로 이끄는 흰고래는 다름 아닌 악의 화신이다. 둘의 사투와 결말을 통해 '악을 제거하는 과정에서는 필연적으로 선도 함께 파괴된다'라는 인간 삶의 아이러니와 진실을 보여주고 있다.

참고로, 우리나라에서 소설「모비딕(Moby Dick/The Whale)」을「백경(白鯨)」으로 번역하기도 하는데, 이는 '흰고래'라는 뜻의 일본식 한자 번역이다. 그리고 요약 설명에서 이 소설 내용이 웅대하고 다이내믹하다고 소개했는데, 반면 내용 절반 정도가 고래의 특성이나 고래잡이에 관한 설명을 담고 있어 다소 지루한 부분도 있다. 고래들의 특징과 비교 설명, 작살 쓰는 법, 고래기름을 보관하는 방법 등 스토리 외적 설명이 많은 것도 이 소설의 한 특징이다.

> "소설에나 나올 법한 험한 생활
> 그리고 지독한 불행의 연속"

「모비딕(Moby Dick)」을 쓴 작가 허먼 멜빌(Herman Melville)은 1819년 뉴욕에서 태어나 그곳에서 유년 시절을 보냈다. 할아버지 토마스 멜빌 소령은 '보스턴 차 사건'에 관여했던 인물이고, 외할아버지 피터 갠세부르트 장군은 스탠윅스 요새를 방어한 군인이다.
멜빌은 어린 시절 성홍열로 인해 병약했으며 시력도 좋지 않았다. 그런 가운데 아버지 대에서 집안이 경제적으로 파산했기 때문에 온 가족이 살길을 찾아 뉴욕주 올버니로 이사를 했다. 거기서 멜빌은 올버니 아카데미에 입학해 어린 시절을 보냈다. 하지만 그가 13세 되던 해에 아버지가 세상을 떠나자 어머니와 자식 8남매는 허드슨강이 있는 뉴욕주 랜싱버그로 이사를 했다. 그곳에서 멜빌은 가족의 생계를 위해 여러 잡일을 하면서 잠시 올버니 고전학교에 다녔다. 그때 그는 가족의 생계를 도와야 한다는 의무감과 자신의 방랑기질 사이에서 고민하게 된다. 그리고 그 절충안으로 에리운하의 측량기사 일을 하게 된다. 하지만 안착하지 못하고 형의 도움으로 리버풀행 여객선 승무원이 된다. 그 덕분에 멜빌은 배로 런던까지 갔다가 같은 배로 돌아오는 경험으로 방랑 기질을 어느 정도 해소할 수 있었다.

이후 멜빌은 여객선 승무원 직을 그만두고 3년간 학교 교사 생활을 한다. 그 기간에 그는 평소 꿈꾸던 작가가 되기 위해 소설을 써서 발표했는데, 사람들의 주목을 끌지 못했다. 대신 리처드 헨리 데이나의 「최후의 지옥선」을 읽고 자극을 받아 모험정신을 고양시킬 수 있었다. 그래서 그는 일단 문학의 꿈을 접고 22세 되던 해에 태평양으로 가는 포경선을 탔던 것이다. 그러나 예상과는 달리 거친 바다에서의 선원 생활은 녹록지 않았다. 훗날 그는 '2년여 동안의 바다 생활이 나의 인생을 완전히 바꿔놓았다'라고 언급한 바 있다.

이렇듯 2년여간의 혹독한 바다 생활에 염증을 느낀 멜빌은 1842년 7월 마라케스제도의 누크히바에서 도망쳐 한 달 동안 원주민 타이피

족들과 함께 생활한다. 그러다 그해 8월 오스트레일리아 포경선에 의해 구조되었지만, 타히티섬에서의 승조원 폭행 사건에 말려들어 영국 영사관에 체포된다.

두 달 후 다시 영국 영사관을 탈출한 멜빌은 에이메오섬으로 달아나 몸을 숨겼다. 그러다 운이 좋게 미국 포경선에 의해 구조되어 하와이에 도착했다. 그곳에서 멜빌은 미국 해군 수병으로 채용되어 마침내 고향으로 돌아올 수 있었다.

이와 같은 소설에나 나올 법한 2년여간의 항해와 탈주, 체포, 구조 과정은 그 뒤에 멜빌의 작품 곳곳에 진한 흔적으로 나타난다.

고향에 돌아왔을 때, 멜빌이 없는 동안 집안 형편은 조금 나아져 있었다. 그래서 그는 다시 글쓰기에 몰두하기로 하고, 마라케스제도에서의 생활을 바탕으로 한 소설「타이피」를 발표했지만, 성공을 거두지 못했고 이듬해에「오무우」를 발표했으나 역시 마찬가지였다. 그러다 1850년 8월, 멜빌은 자신이 존경해마지 않는 대문호 나다니엘 호손을 만난 것을 계기로 더욱 분발하여 글쓰기를 본업으로 삼을 것을 작정하고 뉴욕에 정착했다. 그리고 혼혈을 기울여 쓴 소설이 바로「모비딕」이다.

그렇지만 불행히도 독자들의 반응은 여전히 냉담했다. 운명의 여신은 끝내 그의 편을 들어주지 않았던 것이다. 하지만 멜빌은 좌절하지 않고 이어서「피에르」,「이스라엘포터」를 발표했다. 그러나 가혹한 운명의 여신은 끝내 그에게 화답하지 않았다.

1866년, 멜빌은 가까스로 뉴욕세관의 검사계에 일자리를 얻고 네 명의 자식을 두었다. 하지만 맏아들이 권총으로 자살을 하고, 집이 화재로 불타고, 둘째 아들이 가출했다가 2년 뒤에 객사하는 등 지독한 불행은 계속되었다.

1856년, 헤르만 멜빌은 모든 집착에서 벗어난 심경으로 또 다른 소설「빌리 버드」를 완성한다. 그러나 그것 역시 세상 사람들로부터 주목을 받지 못했고, 1891년 심장병이 악화되어 72세를 일기로 파란 많은 일생을 마쳤다.

그 후 1900년까지만 해도 미국 문학사에 그에 관한 내용은 단 한 줄로 간략하게 기록된 것이 전부였으며, 작가 명단 부록에서나마 간신히 그의 이름을 찾아볼 수 있을 정도였다.

사진 출처 : 위키디피아

그러다 1900년대에 들어 이 지독한 불운의 작가에게 행운이 찾아온다. 몇몇 문학가들이 멜빌의 생애와 작품을 연구해서 논문을 발표하자, 비로소 사람들로부터 잊혔던 무명의 작가는 재조명되기 시작했다. 특히 그의 대표작「모비 딕」이 진가를 인정받으면서 그는 미국의 역대 작가 중 가장 위대한 작가 중 한 사람으로 재평가받게 되었다.

오늘날 그는 나다니엘 호손, 마크 트웨인 같은 미국의 대문호들과 비견되는 문학계의 거장으로 높이 평가받고 있다. 몇몇 비평가들은 그를 나다니엘 호손이나 마크 트웨인 보다 한 차원 높은 작가로 평하기도 한다. 이를테면 비평가 레위스 넘포드는 '헤르만 멜빌은 휘트먼과 더불어 미국이 낳은 가장 위대한 작가 중 한 사람이다'라고 극찬하며 그의 대표작 「모비딕」을 셰익스피어의 「햄릿」이나 단테의 「신곡」과 같은 수준으로 평가하기도 했다.

소설 「모비딕」에 나타난 멜빌의 문체는 흔히 셰익스피어의 스타일처럼 웅대하고 수려하다는 평을 받고 있다. 비평가 러셀 브랭큰십은 이 소설에 대해 이렇게 말했다.
"미국 문학사에서 「모비딕」은 단순히 한 권의 책이라고 말하기에는 너무나도 생생한 리얼리티를 보여주는 대작이다."

이처럼 소설 「모비딕」은 원시적인 자연을 배경으로 바다 사냥꾼의 신화, 통과의례에 대한 성찰, 낙원에 대한 동경과 상징주의, 부활에 대한 인간의 의지 등을 다루고 있기 때문에 인간 정신을 훌륭하게 극화시킨 '대자연의 서사시'라고 일컬어진다. 1958년에는 존 휴스턴 감독, 그레고리 펙 주연으로 영화화되어 큰 성공을 거두기도 했다.

"한동훈의 모비딕"

부산일보 편집부 차장인 김형 기자는 2024년 2월 5일, '노트북 단상' 코너에 "한동훈의 모비딕 활용법"이란 제목으로 다음과 같은 글을 실었다.

국민의힘 한동훈 비대위원장 덕분이라 해두자. 10년 만에 허먼 멜빌의 소설 「모비딕」을 다시 읽기 시작했던 건. 이번이 3번째이다. 「모비딕」은 한 위원장의 뜻밖 행보에 의해 '역주행'했다. 한 위원장이 지난해 12월 법무부장관 임기 마지막 날이자 비대위원장직을 수락한 당일 예비 고등학생에게 「모비딕」을 선물한 사실이 알려지면서다. 이와 동시에 '진짜 정치 초보'로서 총선이라는 큰 바다로 나가야 할 중요한 순간에 '왜 「모비딕」을 선물했을까'라는 궁금증이 확산됐다.

소설 「모비딕」은 고래잡이 선원들이 거대한 향유고래인 모비딕을 잡기 위해 사투를 벌이는 작품이다. 모비딕을 잡기 위해 나선 모든 이들이 결국 다치거나 죽으면서 모비딕은 '인간이 근접할 수 없는 자연의 위대함'이라는 상징성을 내포한다. 특히 소설 속 주인공 에이해브 선장과 스타벅 일등항해사의 리더십은 현재까지도 정치, 경제 등 다양한 분야에서 회자 된다.

대중들에게 가장 잘 알려진 소설 속 인물, 에이해브는 복수의 화신이다. 모비딕과 사투를 벌이다 다리를 잃은 후 무모하게 모비딕을 잡으러 다닌다. 자신의 욕망과 목적을 위해서라면 배에 함께 탄 선원들의 목숨 따위는 아랑곳하지 않는다. 반면 스타벅은 합리적 성향의 인물로 벼랑 끝으로 치닫는 에이해브를 견제한다.

그렇다면 한 위원장은 국힘 수장이 된 후 「모비딕」을 통해 무엇을 얘기하려 했을까? 한 위원장이 그동안 보여온 행보로 짐작하면, 모비딕은 누구도 쉽게 잡기 힘든 총선 승리 또는 대한민국의 미래로 풀이된다. 또 윤석열 대통령, 한 위원장, 민주당 이재명 대표는 모두 모비딕을 잡기 위해 치열한 승부를 벌이는 인물들이다. 국힘이라는 배의 선장으로서 한 위원장은 에이해브가 될 것인가, 아니면 스타벅이 될 것인가에 대한 고민이 있었을 법하다.

최근에서야 그 고민에 대한 답이 어렴풋이 드러났다. 한 위원장이 현 정부의 역린인 '김건희 여사 명품백 논란'을 놓고 윤 대통령과 정면충돌한 점에서 에이해브 보다는 스타벅의 길을 가려 했던 것으로 보인다. 또 윤 대통령과 '친윤(친윤석열)'은 많은 국민이 부정적으로 생각하는 김 여사 명품백 논란을 해결하지 않은 채 모비딕을 잡으러 간다는 점에서 무모한 에이해브를 연상시킨다.

한 위원장은 또 다른 에이해브에게도 일침을 날렸다. 바로 이재명 대표와 '운동권' 세력들이다. 국회 상임위 중 코인 거래 논란, 전당대회 돈 봉투 살포 의혹, 이재명 사법리스크. 이보다 앞서 2018년 안희정 전 충남지사와 2020년 오거돈 전 부산시장 등 성비위 의혹 등 이른바 '사건'이 터질 때마다 민주당은 권력을 쟁취하기 위해 반성은커 녕 내로남불 하는 태도로 일관해왔다. 이들에게서 목적을 취하기 위해 물불을 가리지 않는 에이해브가 떠오르는 건 비단 나뿐일까?

중요한 건 앞으로다. 소설에서는 모비딕을 잡으러 간 사람들이 결국 에이해브의 광기에 끌려 화자인 이슈메일을 제외하고 모두 수장되는 비참한 최후를 맞이한다. 이제 첫걸음을 뗀 한 위원장의 행보가 소설처럼 선원들을 비참한 최후로 이끌지, 아니면 모두 생존할 수 있는 희망을 보여줄지 '한동훈의 모비딕'이 자못 궁금하다.

이상 출처 : https://www.busan.com/view/busan/view.php?code=2024020517574977814

"「제인에어」, 「모비딕」, 「장하리」"

CNB뉴스 손정호 기자는 2024년 3월 12일, 자사 뉴스 사이트에 "법조계의 문학산책, 신숙희 대법관 '제인 에어' 샬럿 브론테 언급해"라는 제목으로 다음과 같은 기사를 올렸다.

12일 문학계에 의하면 신숙희 대법관은 지난 4일 서울 서초구 대법원 2층 중앙홀에서 열린 신임 대법관 취임식에서 취임사를 하며 샬럿 브론테 작가의 장편소설「제인 에어」를 언급했다.
여성인 신 대법관은 "샬럿 브론테의 소설「제인 에어」에 나오듯이

거리의 집들은 겉모습은 비슷해 보여도 집 안에 있는 사람들은 모두 다르다"며 "그들에게는 자신만의 이야기가 있으며 그 이야기 속에 인간의 열정과 남자, 여자, 아이, 가족 그리고 삶이 있다"고 말했다.

그녀는 "과거 샬럿 브론테를 비롯해 많은 여성 작가들이 사회적 편견 때문에 가명으로 소설을 쓸 수밖에 없었다"며 "현재도 여전히 사회적 편견 때문에 목소리를 내지 못하는 사람들이 있으며, 대법관으로 이들의 작은 목소리도 놓치지 않도록 최선을 다하겠다"고 전했다. 이날 신 대법관은 영국의 물리학자 아이작 뉴턴, 루스 베이더 긴스버그 전 미국 연방대법관도 존경하는 인물로 언급했다.

샬럿 브론테는 1816년 영국에서 태어나 1855년 운명을 달리한 여성 소설가이다. 출판에 어려움을 겪다가 1847년 발표한 「제인 에어」로 명성을 얻었다. 「제인 에어」는 열정적인 고아 소녀를 주인공으로 하는 작품으로, 자신의 의지로 삶을 개척하는 여성의 표상으로 일컬어지기도 한다. 「폭풍의 언덕」으로 잘 알려진 에밀리 브론테 작가가 그녀의 여동생이다.

한동훈 전 법무부 장관은 지난해 말 예비 고등학생에게 어머니의 편지와 십자수 작품에 대한 답례로, 미국 소설가인 허먼 멜빌의 「모비딕」을 선물한 것으로 알려졌다. 이후 「모비딕」이 베스트셀러에 다시 오르기도 했다.

한동훈 전 장관은 법무부 장관 인사청문회를 위해 국회에 제출한 서면 질의 답변서에 감명 깊게 읽은 책으로 「모비딕」을 꼽았다. 이후 법무연수원 용인분원에서 신임 검사들을 만났을 때 "카페 스타벅스의 스타벅은 허먼 멜빌의 「모비딕」이라는 책에 등장하는 항해사"라며 "「모비딕」 소설에서 '고래를 두려워하지 않는 자, 내 배에 태우지 않겠다'는 용기에 관한 구절을 좋아한다"고 소개한 바 있다.

허먼 멜빌 작가는 1819년 미국에서 태어나 1891년까지 살았다. 소설 「타이피족」으로 작품 활동을 시작했으며, 대표작인 「모비딕」은 에이헵 선장과 고래를 쫓는 바다의 포경선 선원들의 이야기이다. 인물들뿐만 아니라 고래, 바다 배에서의 생활 등 사실적인 내용을 길고 디테일하게 서술한 작품으로도 알려져 있다. 카페 기업 스타벅스의 명칭도 이 작품 속에서 인용되었다.

추미애 전 법무부 장관은 장편소설 「장하리」를 발표했다. 추미애 전 장관은 지난해 말 서울 종로구 조계사 전통문화예술공연장에서 자전적 장편인 「장하리」 출판기념회를 열었다. 추 전 장관은 국회에서 야당 의원들의 질문에 '소설 쓰고 있네'라고 답변해 한국소설가협회에서 비하 발언이라고 비판받았던 적이 있어서, 소설가로의 변신이 눈길을 끌었다.

해피스토리에서 펴낸 「장하리」는 검찰총장이었던 윤석열 대통령과의 갈등 사건을 소설로 풀어낸 작품이다. 추 전 장관은 「장하리」에서 자신을 장하리, 윤 대통령을 용건석, 영부인인 김건희 여사를 김신명, 한동훈 법무부 장관을 하도훈이라는 등장인물로 묘사한 것으로 알려졌다.

이상 출처 : https://www.cnbnews.com/news/article.html?no=647854

"진흙과 늪지대와 사막을 건너야만 비로소…"

파이낸셜뉴스 주필이자 경희대학교 법학전문대학원 교수인 노동일 교수는 2023년 12월 27일 자 그의 논평에서 "한동훈, 선거 넘어 정치판 세대교체를"이라는 제목으로 다음과 같은 의미심장한 칼럼을 남겼다.

한동훈 국민의힘 비대위원장의 행보는 의외의 연속이다. "세상 모든 길은 처음에는 다 길이 아니었습니다. 많은 사람들이 같이하면 길이 되는 거죠." 정치 경험이 없다는 우려에 대한 답으로 비대위원장 수락 의사가 있다는 뜻이었다. 기다렸다는 듯 루쉰(魯迅)의 말로 답을 내놓은 것이다. 기존의 정치 문법으로는 '고심 중'이라는 메시지를 낼 타이밍이었다. 비대위원장 수락도 마찬가지. 현직 장관 신분을 감안하면 '삼고초려' 모양새가 고전(古典)적이다. 윤재옥 원내대표와 한번 만난 후 수락 의사를 밝힌 것은 역시 낯설다. 장관 퇴임 후의 메시지는 영화 '링컨'의 대사를 연상케 한다. "국민의 상식과 국민의 생각이라는 나침반을 갖고 앞장서려 한다"「73년생 한동훈」(새빛)의 표현대로 신개념·신세대 정치인의 탄생이다. 비대위장 수락 연설도 비서가 써준 영혼 없는 글 대신 자기만의 생각을 자신의 언어로 표현한 것임을 느낄 수 있다. 특히 열 차례 언급한 '동료시민'이란 단어가 귀에 들어온다. 서구에서는 관습처럼 "동료시민 여러분(my fellow citizens)"이란 말로 연설을 시작한다. '국민 여러분'은 통치자가 통치의 대상인 국민들을 부르는 것이다. 반면 '동료시민'은 화자와 청자 모두 평등한 정치적 권리를 갖는 시민 구성원으로 보는 화법이다. 민주주의 정치의 최고 덕목은 우리 모두 동등한 가치와 권리를 갖는 동료 시민임을 자각하는 데 있다.

  운동권 권위주의, 개딸 전체주의 정치 청산도 이런 맥락에서 의미가 있다. 젊은 시절 민주화운동 경력만으로 수십 년간 군림해 온 정치는 사라져야 할 잔재이다. 여전히 자신들은 도덕적으로 우월하고 국민을 가르쳐야 할 대상으로 여기는 운동권의 인식 자체가 문제인 것이다. 한 위원장은 운동권 정치 청산에서 한 걸음 더 나가야 한다. "좋은 나라를 만드는데, 동료시민들의 삶을 좋게 만드는 데 도움이 되는" 정치를 만드는 경쟁으로 이어져야 한다. 선거에서 이기는 정당을 넘어 정치판 전체의 세대교체를 만들어 낼 때 한 위원장의 존재 의미가 극대화될 수 있다. 일차원적 투쟁 대신 여야가 저출산, 기후 위기 등에 관한 정책을 내놓고 누가 왜 이겨야 하는지 시민들이 판단하게 하는 정치로 바꾸어야 한다. 사적 욕망을 실현하는 수단이 아니라 공공선을 추구하는 도구로서 정치를 보고 싶은 것이다. 불출마라는 희생 카드는 바로 그런 의미를 가진다.

　우려도 있다. 취임 연설에서마저 민주당과 이재명 대표에 대한 비난의 고삐를 늦추지 않은 것이다. 여의도 문법과 다르다고 넘길 수도 있지만 정치인 한동훈이 달라져야 할 부분이라고 생각한다. 헨리 키신저는 젊은 시절 이렇게 말했다. "모름지기 정치인이라면 정의롭다고 여겨지는 것과 가능하다고 여겨지는 것을 조화시키려고 노력해야 한다." 그동안 검사 한동훈은 스스로 정의롭다고 여기는 길만을 걸어도 '조선제일검'이 될 수 있었다. 정치인 한동훈은 주관적 정의와 객관적 가능성을 조화시키는 역량을 보여야 한다. 여의도 사투리는 물론 서초동 문법에서도 벗어나야 한다. 「카플란의 현명한 정치가」(미지북스)에서 저자는 이렇게 말한다. "선과 악 가운데 하나를 선택하는 일은 드물다. 그런 선택은 너무도 쉽다. 중대한 결정은 본질적으로 아슬아슬한 면모를 가지며, 대개 두 가지 선 또는 두 가지 악 가운데 하나를 선택하는 일이다." 정의와 불의, 흑과 백으로 가르기 어려운 회색지대에서 선택을 해야 할 한 위원장이 새겼으면 하는 말이다.

　한동훈 비대위가 마냥 순항할 리는 없다. 실수도, 걸림돌도 있을 것이다. 영화에서 링컨은 이렇게 말한다. "나침반은 진북(眞北·True North)을 알려준다. 그러나 그 길에 있는 늪지대와 사막과 진흙탕은 말해주지 않는다." 나침반의 진북이 가리키는 이상을 아는 것과 현실 정치에서 이를 실현해 내는 역량은 차원이 다르다.

진흙과 늪지대와 사막을 건너야만 아름다운 북극성에 도달할 수 있는 것이다. 정치인 한동훈이 진흙탕과 늪지대에 빠지지 않고 정치권 세대교체라는 북극성에 도달할 수 있기를 바란다. 진영이 아니라 우리 동료시민들을 위해서 말이다.

이상 출처: https://www.fnnews.com/news/202312271915102506

"정치를 법으로 하는 것은 바둑에 비유하면 초급 수준도 안 된다"

사주추명학자이자 역사소설가이면서 기자인 권우상 칼럼니스트는 2022년 9월 22일 구미일보 '권우상 칼럼'란에 "정치는 법이 아니라 책략으로 하는 것"이란 제목으로 다음과 같은 글을 올렸다.

스탈린 시대에 마르크스주의와 최종적으로 통합하여 오늘날의 공산주의라고 흔히 불리는 '마르크스–레닌주의'가 되었으며, 이 공산주의 이론은 많은 사회주의 체제 국가들의 이론적 지침이 되었다. 그의 이론이 상당히 먹혀들어 간 여러 공산주의 분파 사상들은 매우 많으며, 그 가운데 스탈린주의와 트로츠키주의도 포함된다. 그 외 모택동주의, 호치민사상, 티토주의, 카스트로주의, 게바라주의, 주체사상 등이 레닌주의의 이론적 기반을 형성하여 나온 사상이다. 1860년대에 세계 최초의 좌파 대중정당인 독일 사회민주당이 등장한 것이 첫 시발점이다. 그 후 유럽 여러 나라에서 '사회민주주의', '사회주의', '노동(자)' 등의 명칭을 담은 정당들이 속속 등장했다.

유럽에서는 대체로 이들 정당이 여당이거나 제1야당이다. 현재 집권당으로는 프랑스 사회당, 덴마크 사회민주당, 노르웨이 노동당 등이 있다. 사회민주주의 정당이 유럽에만 있는 것은 아니다. 사회민주주의 정당들의 국제 조직인 '사회주의 인터내셔널(SI)'에는 많은 비(非)유럽권 정당들이 가입해 있다. 이 정당들은 책략으로 정치를 한다. 하지만 지금도 '공산당'이라는 이름을 내걸고 자본주의 국가 안에서 활동하는 정당으로는 인도의 '공산당-마르크스주의파', 네팔의 '공산당-마오주의파', 체코의 '보헤미아 모라비아 공산당', '일본 공산당', '칠레 공산당' 등이 있다. 이들도 책략으로 정치를 한다. 중국이 추진하고 있는 일대일로 사업도 세계 공산화 책략 중의 하나이다.

박근혜 대통령 탄핵 시위 때에도 한국의 민주노총 등 좌파를 비롯하여 중국인, 일본 조총련 세력들이 합세한 사실이 알려지면서 박근혜 탄핵은 계획된 것이 알려졌다. 즉 책략이었던 것이다. 이처럼 세계 각 국가의 사회주의 좌파들은 다른 국가의 시위에도 조직적으로 가담하고 있는데, 그들이 정치하는 목적은 전 세계를 공산화하는 것이 책략이다. 베트남전 당시 북베트남군의 총책임자는 '보 구엔 지아프' 장군이었고, 미국 군대의 총사령관은 '윌리엄 웨스트 모어랜드'였다. 그런데 '보 구엔 지아프' 장군과 '윌리엄 웨스트 모어랜드' 사령관은 전쟁을 보는 견해가 각각 달랐다. 이것이 미국 군대가 베트남 전에서 패한 중요한 원인이다. 북베트남 '보 구엔 지아프' 장군은 전쟁을 매우 다른 각도에서 바라보았다. 그는 타고난 천성과 경험을 바탕으로 매우 가시적으로 바라보았다.

그는 미국 군대가 게릴라 소탕 임무를 수행하는 과정에서 남베트남 농민들을 소외시키고 있는 정치적 상황을 간파했다. 그리하여 북베트남 군대는 최선을 다해 농민들의 마음을 보듬어 안았고, 말없이 자신들의 편이 되어 준 베트콩과 수백만 군대를 구축할 수 있었다. 미국 군대가 농민들의 민심을 잃었는데 남베트남이 어떻게 인정할 수 있었겠는가? 게다가 북베트남은 미국의 방송매체를 교묘히 이용하여 미국인의 반전 분위기를 확산시켜 전쟁을 정치적으로 활용했다. 이런 가운데 북베트남 군대는 계속 돌진했고, 지속적으로 시야를 넓혀 세계정세라는 정황 안에서 전쟁을 분석했다. 그리고 평화협정을 맺었지만, 이것은 속임수였다. 평화협정을 맺고 미국 군대가 철수하자 남베트남은 평화 무드에 젖었다.

그러자 3년이 지나자 북베트남 군대는 무력으로 남베트남을 침공하여 남베트남은 공산화됐다. 이것이 공산주의자들이 말하는 기만적인 평화협정, 즉 '책략'이다. 이런 일련의 과정은 '보 구엔 지아프'는 전쟁은 다른 수단에 의한 정치의 연속이라고 보는 반면 '윌리엄 웨스트 모어랜드'는 전쟁은 단순한 싸움으로만 본 것이다. 따라서 전쟁은 다른 수단에 의한 정치의 연속이라고 보기 때문에 책략을 쓰는 것이고 또한 정치는 책략으로 하는 것이다.

그런데 윤석렬 대통령의 정치 스타일을 보면 책략이 보이지 않는다. 아마 책략가가 옆에 없거나 윤 대통령도 정치는 책략이란 사실을 모르는 것 같다. 정치는 책략(deceit)으로 하지 않으면 당하게 된다. 나폴레옹이 책략가의 대표적인 인물이다. 정치를 법으로 하는 것은 바둑에 비유하면 초급 수준도 안 된다. 대통령이라도 정치가 책략이란 걸 모르면 권좌에 있어도 불행한 일을 당할 수 있다. 박근혜 탄핵처럼.

이상 출처 : http://www.gmilbo.net/news/article.html?no=66016

"그때가 비로소"

진정한 여행

—나짐 히크메트 란—

가장 훌륭한 시는 아직 쓰여지지 않았다
가장 아름다운 노래는 아직 불려지지 않았다
최고의 날들은 아직 살지 않은 날들
가장 넓은 바다는 아직 항해되지 않았고
가장 먼 여행은 아직 끝나지 않았다
불멸의 춤은 아직 추어지지 않았으며
가장 빛나는 별은 아직 발견되지 않은 별
무엇을 해야 할지 더 이상 알 수 없을 때

그때 비로소 진정한 무엇인가를 할 수 있다
어느 길로 가야 할지 더 이상 알 수 없을 때
그때가 비로소 진정한 여행의 시작이다.

04

두 도시 이야기

― 찰스 디킨스

지금 내가 가려는 길은…
진영을 따지는 사람은 아마추어이고, 우리는 그냥 일하러 간다
강렬한 한방은 오히려 자신의 폐쇄성을 공고히 할 뿐이다
주변에 강력한 지지 세력이 '눈과 귀' 노릇을 해주었기 때문에
모든 길에서 이룩하라

"지금 내가 가려는 길은…"

 1859년, 영국의 신문 구독자들은 당시 연재 중인 찰스 디킨스의 소설 「두 도시 이야기」에 나오는 주인공들의 닥쳐올 운명이 어떻게 될지 궁금하여 견딜 수가 없었다. 그래서 그들은 집에 앉아 기다리지 못하고, 미리 역까지 나와 신문이 도착하기를 초조하게 기다릴 정도였다고 한다.

 「두 도시 이야기」는 찰스 디킨스가 쓴 장편 역사소설이다. 두 도시란 파리와 런던을 가리킨다. 박진감 넘치는 주인공들의 이야기는 이 두 도시를 오가며 전개된다. 시대적 배경은 18세기 말의 15년간으로 프랑스혁명 태동기부터 발생까지의 기간이다.
 디킨스는 역사가 칼라일의 「프랑스 혁명사」와 기타 역사서를 통해 당시의 정세를 상세히 파악한 다음 그것을 작품에 충실히 반영하였다. 그리고 그는 이 작품을 쓰면서 자신의 연인이었던 엘렌 터넌에 대한 사랑을 주인공 카튼의 사랑으로 표현하고자 했다. 소설 속 변호사 시드니 카튼이 사랑하는 여성 루시를 위해 자진해서 단두대에 올라가는 순애보(殉愛譜)가 프랑스혁명을 배경으로 펼쳐진다.

 좀 더 구체적인 소설 줄거리는 다음과 같다.
 여의사 마넷은 어느 날 환자 치료차 방문한 집에서 우연히 프랑스 귀족 생 에브레몽드가 선량한 농민을 학살한 사실을 알게 되었다는 이유로 18년간 바스티유 감옥에 갇힌다. 젖먹이 딸을 남의 손에 맡기고 감방에 수감된 그녀는 오랜 고통 끝에 끝내 정신이상 증세를 보여 석방된다.

출옥 후 마넷은 망가진 몸과 마음을 가까스로 추슬러, 옛 하인 드파르즈 부부(프랑스혁명에 적극적으로 참여하는 하층 계급)의 술집 다락방에서 구두를 만들며 연명한다.

그녀의 어린 딸을 맡았던 은행원 로리는 마넷의 석방 소식을 듣고 성장한 딸 루시를 데리고 찾아와 극적인 모녀 상봉이 이뤄진다. 이후 모녀는 자신들의 인생을 비참하게 만든 도시 파리를 떠나 영국 런던으로 이주한다.

운명의 장난일까?⋯ 공교롭게도 런던에서 루시를 사랑하게 된 청년 찰스 대니는 루시의 어머니 마넷을 재판도 없이 18년간이나 감옥에 가두었던 프랑스 귀족 생 에브레몽드의 아들이다. 대니는 아버지와는 달리 타락한 프랑스의 귀족 제도에 염증을 느껴, 모든 재산과 작위를 버리고 런던으로 건너와 자신의 이름도 영국식으로 바꾸고 자수성가한 청년이다.

한편 루시를 진정으로 사랑하는 청년이 또 한 명 있는데, 그는 대니의 친한 친구이자 유능한 변호사이면서 열렬한 자유주의자인 시드니 카턴이다.

루시의 어머니 마넷은 사윗감으로 시드니 카턴을 마음에 두지만, 딸은 찰스 대니를 선택하고 두 사람은 결혼한다. 어머니 마넷은 대니가 자신의 인생을 처참하게 망가뜨린 프랑스 귀족의 아들이라는 사실을 알지만, 사랑하는 딸을 위해 그 사실을 숨기고 아픔을 감내하며 살아간다.

그 후 대니는 영국에서 미국의 스파이로 몰려 재판을 받기도 하는 등 수난을 겪다가 옛날 하인의 간절한 요청을 받고 그 하인을 구하기 위해 프랑스로 건너간다. 하지만 그는 불행하게도 혁명의 소용돌이에 휘말려 귀족 신분이 드러나 감옥에 갇힌다. 그리고 잔인무도한 에브레몽드가(家) 출신임이 밝혀져 사형선고를 받게 된다.

한편 대니의 친구인 변호사 카턴은 사랑하는 루시가 당할 불행과 앞으로 그녀에게 닥칠 운명을 안타까워한 나머지 자신이 친구인 대니를 대신하여 죽기로 결심한다. 파리로 건너간 그는 감옥의 교도관과 내통하여 대니를 마취시켜 밖으로 내보내고, 자신은 사형수의 감방에 갇힌다.

사진 출처 : Melodrama Research Group

마침내 처형 당일, 카턴은 단두대를 향해 걸어가면서 이렇게 말한다.

"내가 지금 하려는 행동은 지금까지 내가 해온 행동 중에서 가장 훌륭한 행동이며, 지금 내가 가려는 길은 지금까지 내가 걸어온 길 중에서 가장 훌륭한 길이다!"

긴장감 넘치는 구성과 플롯으로 인해 당시 「두 도시 이야기」가 얼마나 인기 있는 소설이었는지는 다음과 같은 일화가 그것을 증명해 준다.

어느 날, 디킨스는 거리를 걷다가 실수로 어린 소녀가 들고 있는 인형을 건드렸고, 그 바람에 인형이 땅에 떨어져 망가졌다. 디킨스는 당황하며 소녀와 소녀의 어머니에게 정중히 사과하고 그 소녀를 근처의 인형 가게로 데려가 다른 인형을 사 주었다. 그러자 소녀의 어머니는 고마워 어쩔 줄 몰라 하며 핸드백에서 포장된 물건 하나를 꺼내 디킨스에게 건네며 말했다.

"선생님, 이 책은 지금 영국에서 가장 인기리에 읽히고 있는 책입니다. 누군가에게 선물로 드리려던 참이었는데, 선생님께 드리고 싶습니다."

부인의 진심 어린 답례에 디킨스는 고맙다는 인사와 함께 책을 들고 집으로 돌아와 포장을 뜯어보았다. 그리고 입가에 흐뭇한 미소를 지었다. 그 책은 바로 자신이 쓴 「두 도시 이야기」였기 때문이었다.

찰스 디킨스는 「두 도시 이야기」 외에도 자전적 소설 「위대한 유산」과 그 밖의 여러 단편을 썼으며 잡지사 경영, 자선사업 참여 등 왕성한 사회활동을 했다. 그러나 인생 중후반에는 20년 이상 함께 살았고

10명의 아이까지 낳은 부인 캐서린과 별거하는 등 정신적으로 많은 고통을 겪다가 1870년 6월 추리소설 풍의 작품 「에드윈 드루드」를 미완으로 남긴 채 세상을 떠났다. 그리고 국내외 각계각층의 애도 속에 장례가 치러진 다음, 문인 최고의 영예인 웨스트민스터사원 묘지에 안장되었다.

「두 도시 이야기」가 독자들에게 깊은 감명을 주는 이유는 소설 속에 등장하는 인물들의 서로 다른 삶과 길 때문이다. 특히 주인공 카턴이 단두대를 향해 걸어가며 내뱉는 말 "지금 내가 하려는 행동은 지금까지 내가 해온 행동 중에서 가장 훌륭한 행동이며, 지금 내가 가려는 길은 지금까지 내가 걸어온 길 중에서 가장 훌륭한 길이다!"라는 독백으로, 독자들에게 깊은 울림과 여운을 남긴다.

사진 출처: https://m.blog.naver.com/hdjisung/221773642957

> "진영을 따지는 사람은 아마추어이고,
> 우리는 그냥 일하러 간다"

　판사 출신이며, 전 법무부 법무심의관이었던 정재민 변호사는 2009년 장편소설「독도인더헤이그」를 출간하고, 이듬해에는「소설 이사부」로 매일신문이 주최한 포항국제동해문학상에 입상해 상금 1억 원을 받은 사람이다.
　2011년, 외교통상부 이기철 국제법률국장이「독도인더헤이그」를 읽고 깊은 감명을 받아 이를 김성환 외교부 장관에게 추천했다. 소설을 읽은 김성환 장관은 모든 외교부 간부들에게 그 책을 읽을 것을 권했으며, 대법원에 정판사의 외교부 파견을 요청했다.

　이후 정판사는 외교부 국제법률국에서 1년간 국제소송 매뉴얼을 작성하는 한편, 독도, 위안부, 강제징용 등 업무에 관여했다. 그리고 2013년 대구가정법원에 복귀해 근무하던 중 2014년 법원 내 선발 절차를 거쳐 '유엔 유고슬라비아 국제형사재판소(ICTY)'에 파견되어 보스니아 내전의 전범이자 발칸의 도살자라 불리는 카라지치 전 대통령을 재판하는 재판부 연구관으로 일했다.
　그런 정변호사가 2024년 2월 17일 중앙SUNDAY '오피니언 칼럼'란에 "두 법무부 이야기"라는 제목으로 다음과 같은 '겸손하면서도 정곡을 찌르는' 글을 올렸다.

　혁명기 파리와 런던을 대비시킨 찰스 디킨스의 소설「두 도시 이야기」는 이렇게 시작한다.

"최고의 시절이자 최악의 시절이며, 지혜의 시대이자 어리석음의 시대였다. 믿음의 세기이자 의심의 세기였으며, 빛의 계절이자 어둠의 계절이었다. 우리 모두는 천국을 향해 가고자 했으나 우리 모두는 결국 다른 방향으로 나아가고 있었다."

이 문장은 영국인이 가장 사랑하는 소설 속 문장이고, 이 책은 당시 성경 다음으로 많이 팔린 소설이라고 한다.

나는 지금은 변호사이지만 엊그제까지만 해도 공무원이었다. 23년 공직 생활 중 절반은 판사로서 일했고, 또 다른 절반은 방위사업청, 외교부 같은 중앙행정부처에서 일했다. 마지막 직장은 법무부였다. 법무부 안팎에 각종 법적 자문을 하는 법무심의관과 전국의 국가배상·행정소송을 총괄하는 송무심의관으로 도합 3년 4개월 일했다. 그중 절반이 지난 정부의 '탈(脫)검찰화' 법무부 때였고, 나머지 절반이 이번 정부의 '재(再)검찰화' 법무부 때였다. 그때마다 구성원이 대폭 바뀌었다. 그래서 '두 법무부'라 부르는 이들도 있었다. 둘 중 하나를 "최악의 시절, 어리석음의 시대, 의심의 세기, 어둠의 계절"로 보는 이들도 있었다. 원래 정치색이 있거나 어느 정부에서 불이익을 당한 이들이면 더욱 그랬다. 서두의 인용문에 이어지는 문장도 "언론과 정계의 목소리 큰 거물들은 좋은 쪽이든 나쁜 쪽이든 그 시대가 극단적으로만 보여지길 원했다"이다. 분야를 막론하고 진영 편가르기가 심해지는 것을 보면, 우리 사회 전체가 '두 정권 이야기'를 쓰고 있는 것 같다. 이제는 '통합'을 말하면 위선이나 나이브함으로 비칠 지경이다.

"너는 어느 편이냐?" 법무부에서 일하는 동안 많이들 물었다. 추미애 장관에게 임명장을 받고 박범계 장관과 한동훈 장관의 임기 내내 심의관으로 보좌했으니, 나도 누구 편인지 모르겠다. 현 정부에 들어서 법무부는 온통 검사로 다시 채워졌는데, 그 속에서 유일한 비(非)검찰 출신으로 일하는 게 편한 일은 아니었다. 그렇다고 판사 출신이 법무부에 여러 명 왔던 문재인 정부의 탈검찰화 시절이 친정처럼 편했던 것도 아니다. 그러나 이런 것은 본질적이라기보다 부수적인 것이다.

필립 로스의 소설 「에브리맨」의 가장 유명한 문장은 "영감을 찾는 사람은 아마추어이고, 우리는 그냥 일어나서 일하러 간다"이다. 전문 직업인은 이것저것 따질 여가도 없이 그저 주어진 일을 할 수 있는 데까지 하는 것이다. 내게는 정치적 좌우나 검찰·비검찰 출신을 떠나 일이 잘 이뤄지도록 지원을 많이 해주는 상사, 유능하고 책임감 있는 직원이 최고였다. 그런 분들이 어느 한쪽의 법무부에만 몰려있지는 않았다.

내 업무로만 국한해도 두 법무부가 제각기 장점이 있었다. 지난 정권의 법무부는 일사불란함 대신 보다 개방적인 분위기가 있었고, 이를 바탕으로 '1인 가구' 법안이나 '동물은 물건이 아니다'라는 조항을 추가한 민법 개정안 등 미래를 향한 법안을 제시할 수 있었다. 반면, 현 정부의 법무부에서는 당장 발등에 떨어진 현실 문제를 실무적으로 해결하는 쪽에 더 집중한 것 같다. 인터넷상의 살인 예고를 게시자에게 거액의 손해배상소송을 제기하고, 병역의무 남성에 대한 차별을 금지하는 법령을 통과시킨 것 등이다. 그래서 나는 어느 한쪽이 좋고 어느 한쪽이 최악이었다고 생각하지 않는다. 「두 도시 이야기」의 메시지도 런던이 최고고 파리가 최악이라는 게 아니라, 파리와 런던 안에 최고와 최악이 공존하고 빛과 어둠이 함께 존재한다는 것이다.

법무부가 정쟁의 주 무대로 비친 측면이 있지만, 내 경우 두 정권에 걸쳐 같은 일을 이어서 했던 경험이 적지 않다. 가령 출생신고 누락을 막기 위해 의료기관이 신생아 출생을 통보하도록 한 법이나 미성년자 빚 대물림 방지법은 지난 정부의 법무부 때 법안을 발의해서 이번 정부의 법무부 때 국회를 통과한 것이다. 하나같이 뜻깊고 보람이 있는 일이었다.

하물며 우리 사회의 최대 난제인 양극화, 인구절벽, 경제위기 같은 문제를 해결하는 일은 더더욱 긴 이어달리기일 것이다. 각자 바통을 쥔 동안 "진영을 따지는 사람은 아마추어이고, 우리는 그냥 일하러 간다"라는 자세로 최선을 다하고, 다음 주자에게 무심하게 물려주는 것, 그것이 최고의 프로페셔널리즘이자 실현 가능한 최선의 사회통합이라 생각한다. 또한 공직자로서 한시도 잊지 말아야 할 국민에 대한 도리 아니겠는가?

이상 출처 : https://www.joongang.co.kr/article/25229235

정재민 변호사의 칼럼을 이 책에 인용하면서, 문득 그의 마음 한편엔 시드니 카턴이 루시를 사랑했던 것만큼의 '순애보 같은 나라 사랑'이 자리 잡고 있는 것은 아닐까 하는 생각으로 가슴 뭉클했다. 과연 누가 애국의 순애보자이고, 누가 과연 애국의 위선자인가?

"강렬한 한방은 오히려 자신의 폐쇄성을 공고히 할 뿐이다"

문재인 정부 시절 청와대 정무수석실 청년 비서관이었고, 더불어민주당 최연소 여성 최고위원이었으며, 현재는 여러 방송에 출연하여 활약을 펼치고 있는 박성민씨는 2023년 6월 28일 자 한겨레신문 '숨&결'란에 "민주주의 언어의 상실"이란 제목으로 다음과 같은 '깔끔한 한방'의 칼럼을 날렸다.

"최고의 시간이었고 최악의 시간이었다. 지혜의 시대이자 어리석음의 시대였고, 믿음의 세기이자 불신의 세기였다. 빛의 계절이면서도 어둠의 계절이었고, 희망의 봄이지만 절망의 겨울이기도 했다. 우리 앞에 모든 것이 있었지만, 또 한편으로 아무것도 없었다."
며칠 전 찰스 디킨스의 책 「두 도시 이야기」에 나온 첫 문장을 접했다. 읽으면서 '요즘 세상을 이보다 더 잘 표현할 수 있을까' 하는 생각이 들었다.
요즘 세상은 이분법의 감옥에 갇힌 것 같다. 세상만사 무 자르듯

단숨에 두 동강 낼 수 없는 일들이 대부분인데도 국민은 선택을 강요받고 있다. 용산과 여의도의 권력자들이 나서서, 실재하는 회색 지대는 지우고 흑과 백, 양자택일의 세상으로 탈바꿈시킨다. 국민의 판단을 돕는 제대로 된 근거를 제시하는 사람들은 적고, 정치인들은 대화와 타협, 설득을 위한 화술이 아닌 공격을 위한 말재간을 늘려갈 뿐이다.

한동훈 법무부 장관 청문회에서 '이모 논란' 등 한심한 실수를 연발하며 국회의 권위와 정치인에 대한 기대를 떨어뜨린 더불어민주당의 서글픈 활약상, 군기 잡는 대통령 눈치나 보며 '입시 비리 수사를 많이 해서 대통령은 입시 전문가'라고 아부하는 국민의힘의 애잔한 활약상 속에 정치가 우스워진 건 덤이다. 심지어 서로는 서로를 한심하게 생각한다. 여당은 야당의 후쿠시마 오염수 방류 등에 대한 타당한 문제 제기를 '괴담' '선동'으로 치부하며 입에 재갈을 물리려 하고, 야당은 여당의 정책 기조를 뒤집을 만한 정책 어젠다를 개발해 내놓지 못하고 있다. 가장 착잡한 건 이걸 바라보고 있는 시민들의 마음이리라.

우리의 정치는 언제부터, 왜 이렇게 길을 잃었나. 어쩌면 우리는 민주주의를 작동시키는 원료인 언어를 잃어버린 게 아닐까. 민주주의의 가치와 의미를 구현하는 가장 효과적 도구는 정치인의 말이다. 언론을 통해 보이는 게 전부는 아니더라도, 상당수 정치인은 제대로 대화하는 법을 잊은 사람들처럼 군다. 21대 국회 임기가 끝나 가지만 '양질의 질문'을 던진 이들은 국민의힘 김예지 의원과 더불어민주당

이탄희 의원 정도만 기억에 남는다.

제대로 된 질문과 답변을 고민하는 이들은 찾아보기 어렵다. 그러니 토론이 없고, 숙의의 정신도 사라진 지 오래다. 토론이 아닌 윽박, 설명이 아닌 변명에 그치는 정치 언어만이 보일 뿐이다.

사실 그들도 나름의 사정은 있을 것이다. '짧고, 선명하고, 강렬한 것'이 잘 팔리는 시대다. 대중은 차곡차곡 쌓아 올린 미괄식 글이 아닌 세줄로 요약된 요약본을 더 찾는다. 전체 영상이 아닌 하이라이트만 편집한 쇼츠 영상 선호도가 나날이 높아져 간다. 이런 소셜미디어 생태계 속 '조회 수', '좋아요 수'가 수익을 창출해내고, 상품성을 증명한다. 이런 소셜 생태계의 질서로부터 정치도 자유로울 수 없는 시대다. 정치인들은 수익성을 추구하는 건 아니지만, 기사화를 통한 인지도의 확대만큼 정치인에게 강력한 유인도 없다. 지지자들과 국민으로부터 인정받는 데 '강렬한 한방'만 한 게 없다.

문제는 방식과 내용이 합리적이지 않은 '한방'은 상대가 아닌 자신에게 고스란히 돌아옴에도, 철저한 준비 없이 그냥 '한방'만을 탐하는 얄팍함이 대세가 돼버렸다는 점이다. 갈수록 공고해지는 대립 구도 속에서 따끔한 공격 한방이 갖는 매력은 커지기 때문이다. 그렇게 극단의 언어를 사용할수록 진영이나 이념에 매몰된 편 가르기 논리는 강화되고, 악을 상정하거나 공동체로부터 일부를 배격해 결속력을 강화하면서 폐쇄성은 더욱 공고해진다. 건전한 토론이나 그에 바탕한 확장성은 더는 중요하지 않은 것으로 취급된다.

어떻게 해야 민주주의의 언어를 다시 회복할 수 있을까?

"우리는 모두 천국으로 향해 가자고 했지만 우리는 엉뚱한 방향으로 걸었다"

「두 도시 이야기」를 소설 속 문구로 남겨두기 위해선 무엇이 필요할까? 지나친 낙관이나 맹신으로 점철된 극단의 언어가 아닌, 충성이나 줄서기의 언어가 아닌, 논리와 근거, 철학과 가치를 딛고 선 언어가 피어난 정치를 보고 싶다.

이상 출처 : https://www.hani.co.kr/arti/opinion/column/1097927.html

"주변에 강력한 지지 세력이 '눈과 귀' 노릇을 해주었기 때문에"

한국추리작가협회 상임 부회장과 경향신문 문화부장을 역임했고, 현재는 헤럴드경제 수석 논설위원이자 파이낸셜뉴스 주필인 이원두 칼럼니스트는 2024년 4월 17일 자 민주신문 '이원두 칼럼'란에 "여당의 시간, 정치는 어렵고 민심은 무섭다"라는 제목으로 다음과 같은 칼럼을 실었다.

22대 국회의원을 뽑는 총선거는 여당인 국민의힘 대패로 막을 내렸다. 당연히 당 내외서 오가는 후유증도 만만치 않다. 우선 꼽히는 것이 한 지방자치단체장의 '막말에 가까운' 한동훈 비대위원장 비판이다. 한동훈 비대위장이 취임할 때는 별다른 논평이 없다가 선거에서 패배하자 날을 세우는 모양새가 마뜩지 않다고 보는 사람도 적지 않음은 주목할 부분이다.

이 지자체장의 '논평'처럼 한동훈 비대위원장은 정치 경험이 없는, 갓 50세(1973년생)에 접어든 정치신인이다. 법무부 장관인 그를 당의 비상대책위원장으로 동원(초빙)한 것은 국민의 힘이다. 총선을 꾸려나갈 중심인물이 없었기 때문이다. 따라서 총선에 패배한 모든 책임을 그에게 돌리는 것은 논리적으로나 도의적으로나 문제가 있다.

정치신인으로 말하자면 검찰총장에서 국가원수이자 행정부 수반에 오른 윤석열 대통령도 마찬가지다. 윤 대통령이 당내서 잔뼈가 굵은 정치인들을 제치고 후보에 오른 것은, 그만큼 상황이 절박했음을 의미한다. 만약 대선에 패배했더라면(득표율 차이가 불과 0.73%포인트) 모든 책임을 후보자에게 돌렸을 것이다. 당시 당을 이끈 이는 이준석 대표였다.

스포츠를 비롯하여 여러 분야에서는 신인을 대상으로 '신인상' 제도가 있다. 해당 분야에 익숙하지 못한 새 인물이 일정 기간(대개 1년) 활약상을 보고 격려하는 차원에서 운용하는 제도다.
그러나 정치에는 이런 제도가 없다. 그만큼 적자생존 원리가 격렬하게 작동하는 분야이기 때문이다. 프랑스 마크롱 대통령이나 60년대 혜성처럼 등장, 암살당한 미국의 케네디 대통령 역시 젊은 신인급에서 대권을 잡은 대표적인 성공 사례다.

신인이 정당 대표가 되기도, 대통령이 되기도 하는 분야가 바로 정치다. 그렇다고 정치계에는 아래위가 없는 것은 아니다. 원로가 중심을 잡을 때는 '돌출 인물'은 없는 대신 '발탁 인물'이 등장한다. 이번 총선 패배 책임을 지고 물러난 한동훈 비대위장이 '발탁 인물'이라면 책임 추궁과 비난 대신에 격려 고무가 동시에 진행되는 것이 마땅하다.

우리나라 정치계에서 이른바 '정치 9단'이 사라진 지 오래다. 자칭 9단은 적지 않으나 거의 모든 국민이 인정하는 9단은 3김 시대와 함께 막을 내렸다고 보는 것이 옳다. 김대중, 김영삼, 김종필이 정치 9단으로 '추앙'받는 것은 정치판의 흐름을 거의 정확하게 읽고 대처하는 능력이 있었기 때문이다. 그것은 3김 개개인의 능력도 능력이지만 주변에 강력한 지지 세력이 '눈과 귀' 노릇을 해주었기 때문에 가능했다. 그릇이 그만큼 컸다는 뜻이기도 하다.

또 3김은 판세만 읽은 것이 아니라 주도함으로써 자기에게 유리한 쪽으로 흐름을 바꾸는 능력이 있었다. 그러나 이 능력을 상황에 따라 접는 자제력도 있었다. 3김 이후 정치 9단이 자취를 감춘 것은(자칭 9단은 적지 않으나) 사람을 끌어드리는 포용력이나 판세를 주도할 능력을 갖춘 정치인이 드물다는 방증이다. 국민의힘 기존 정치인 가운데 3김에 버금갈 인물이 있었다면 총선을 불과 1백여 일을 앞두고 비대위원장을 내각에서 지원받지 않았을 것이다.

직업 정치인이라면, 정치 지도자를 자처한다면 적어도 상대방의 움직임이 무엇을 의미하는지 파악할 능력이 있어야 한다. 그럴 때 비로소 판세의 흐름을 읽을 수 있고 여론을 주도할 수 있다. 지금 국민의 힘은 어떤가? 구성원 모두가 답을 알고 있을 것이다.

그럼에도 불구하고 처방을 들고나오지 못하는 것은 자신에게 얼마나 유리한가, 또는 불리한가를 따지기 때문일 것이다. 이번 총선에서 패배한 교훈은 한마디로 말해서 '정치는 어렵고 민심은 무섭다'일 것이다. 2년 전 대선 이후 국민의 힘의 대 야당 전략과 구호는 '방탄 국회'뿐이었다고 해도 과장이 아닐 것이다.

그러나 그동안 이재명 대표가 이끄는 더불어민주당은 친명으로 공천 물갈이를 함으로써 한동훈 비대위원장이 내세운 '운동권 청산'의 맥을 잘랐고 '검찰 독재'와 '정권 심판' 구호로 유권자 가슴에 불을 질렀다. 지금 야당은 국무총리와 비서실장 인선이 안 되었는데도 불가론부터 내지르면서 '영수 회담'을 제의하고 나섰다. 조국혁신당의 조국 대표도 대통령과 만남이 필요하다고 목소리를 높인다. 누가 총리가 되든 일단 인준 거부부터 하겠다는 자세다. 1백 75석의, 그리고 12석의 정치적 위력을 과시하는 것이다. 이런 상황에서 국민의힘은 또 한 번 결사의 각오를 다지지 않으면 안 될 상황을 맞은 것이다. 누구의 잘 잘못이 아니라 모두 내 탓이라는 성찰이 절실한 상황이다.

이상 출처 : https://www.iminju.net/news/articleView.html?idxno=100406

사진 출처 : 경기일보

"모든 길에서 이룩하라"

　인간이란 존재 자체가 완전하지 못하기 때문에 그 인간이 만든 체제나 사회제도는 당연히 완전하지 못하다. 그래서 인간은 늘 그 대안 심리로 메시아를 그리워했으며, 앞으로도 그럴 것이다. 그러한 인간의 속성은 한계와 도전, 그리고 양날의 검의 속성을 지니고 있다. 메시아가 이상 속 존재라면 혁명가는 현실 속 존재이다. 혁명가나 개혁가 그리고 큰 정치인에게는 언제나 고난과 시련이 뒤따르게 마련이다. 시련과 고난이 없다면 그것은 오히려 비정상(불완전한 것이 인간의 본질이자 숙명이라는 관점에서)인 것이다.

　그래서일까? 철학자 니체는 이렇게 말했다.

"초인이란 필요한 일을 견디어 나아갈 뿐만 아니라 그 고난을 사랑하는 사람이다."

큰 정치인은 태산명동(太山鳴動)의 힘을 얻을 때까지 쓸개가 찢어지는 치욕을 견디더라도 공격자나 비난자들과 상대하여 힘을 소모하지 않고, 오직 시선을 민중과 미래로 돌려 그들의 선한 지지를 얻는데 주력했던 것이 역사의 교훈이다.

이스라엘 민족의 지도자 모세는 백성들의 불평과 비난이 들끓을 때, 장대 끝에 놋뱀을 매달고 그것을 바라보라고 외쳤다. 자신부터 전갈(절망)을 바라보지 않고 놋뱀(희망)을 바라본 것이다. '바라봄의 법칙'은 놀랍게도 바라본 것의 현실을 창출한다.

노숙자도 자신의 의(義)에 겨워 정의와 법과 검사와 판사와 대통령을 자신의 기준대로 재단하고 평가하는 시대이다. 그러나 어쩌랴? 저마다의 온갖 생각과 독설과 음해도 모두 인간의 한 속성이다. 그 속성을 있는 그대로 인정할 때 역설적으로 정의로운 힘이 생길 것이다.

일찍이 파스칼은 '힘과 정의'에 대해 이렇게 말했다.
"정의에 복종하는 것은 옳은 일이다. 가장 강한 것에 복종하는 것은 필요한 일이다. 힘없는 정의는 무력하고, 정의 없는 힘은 폭력이다. 힘없는 정의는 늘 반대를 당한다. 왜냐하면 사악한 자들이 항상 존재하기 때문이다. 따라서 정의와 힘은 동시에 필요한 것이다. 그러기 위해서는 정의가 강해지거나 강한 것이 정의가 되어야 한다. 인간은 정의를 강하게 하기가 어렵다. 그러므로 강한 것이 정의가 되도록 해야 한다."

500여 년 전에 30대 후반의 수학자가 한 말치고 어마어마한 내공이다. 그렇다. 아무리 통쾌한 정의론이라도 힘이 없는 정의는 구호일 뿐이다. 종은 울려야 종이고, 촛불은 타야 촛불이고, 사랑은 행해져야 사랑인 것처럼, 정의는 그것이 실현될 때만 비로소 정의다. 힘과 정의가 함께 있는 것이 진정한 정의다.

영화감독이면서 시인인 유하는 "길 위에서 말하다"라는 시에서 '보이는 길만이 길이 아니다. 길들여진 모든 길에서 이륙하라'라고 읊었다. 우리는 정의를 위해 길들여진 길에서 이륙해야 한다.

길 위에서 말하다

―유하(영화감독이자 시인)―

길 위에 서서 생각한다
무수한 길을 달리며, 한때
길에게서 참으로 많은 지혜와 깨달음을 얻었다고 믿었다
그 믿음을 찬미하며 여기까지 왔다
그러나, 온갖 엔진들이 내지르는 포효와
단단한 포도(鋪道) 같은 절망의 중심에 서서
나는 묻는다

나는 길로부터 진정 무엇을 배웠는가
길이 가르쳐준 진리와 법들은
왜 내 노래를 가두려 드는가
길은 질주하는 바퀴들에 오랫동안 단련되었다
바퀴는 길을 만들고
바퀴의 방법과 사고로 길을 길들였다

상상력이여,
꿈이여
희망이여
길들여진 길을 따라 어디로 가고 있는가
나는 보이는 모든 길을 의심한다
길만이 길이 아니다
꽃은 향기로 나비의 길을 만들고
계절은 바람과 태양과 눈보라로
철새의 길을 만든다
진리와 법이 존재하지 않는 그 어떤 길을

도시와 국가로 향하는 감각의 고속도로여
나는 길에서 얻은 깨달음을 버릴 것이다
나를 이끌었던 상상력의 바퀴들아
멈추어라
그리고 보이는 모든 길에서 이륙하라.

아Q정전

– 루쉰

정신승리법(精神勝利法)
환등사건과 구경꾼 의식
길이 없는 곳에서 길을 내고, 쉼 없는 집요함으로…
세상 모든 길은 처음에는 다 길이 아니었다
거대 서사의 붕괴, 흔들리는 한국호
먹으로 쓰인 거짓말은 피로 쓰인 사실을 덮을 수 없다
고개를 넘어서 마을로

"정신승리법(精神勝利法)"

「아Q정전」은 1921년 12월부터 다음 해 2월까지 중국 베이징 주간 신문 '신보부간(晨報副刊)'에 연재된 중편소설이다. 작가 루쉰이 '파인(巴人)'이라는 필명으로 발표한 이 소설은 세계 여러 나라에 번역되어 유명세를 탔으며, 루쉰을 세계적인 문학 사상가로 부상시킨 작품이다.

소설은 중국 신해혁명기의 농촌 생활을 배경으로 하고 있는데, 주인공 '아Q'라는 소외되고 짓눌린 품팔이꾼의 운명을 통해 중국 민족의 나쁜 근성을 지적하고 있다.

아Q는 시골 마을인 웨이쫭에 거주하는 품팔이꾼이다. 제대로 된 직업이 없어 그저 날품을 팔며 살아가지만, 빈곤한 처지와는 다르게 매우 자존심이 강한 인물이다. 특히 자신만의 독특한 자기 정당화 방법인 '정신승리법'을 가지고 있다. 이를테면, 어느 날 거리 건달 패들에게 변발을 잡힌 채 벽에 머리를 여러 차례 찧어지는 굴욕을 당하지만, 그는 "에이, 내가 자식놈에게 맞은 걸로 치지 뭐. 세상이 막돼먹은 탓이야. 요즘 정말 말세라니까!"라며 오히려 자신의 피해를 건달 패들의 수준 미달 탓으로 돌린다. 그리고 좀 더 심하게 얻어맞은 날에는 "나는 버러지야. 네놈들은 버러지를 때린 거라고. 버러지를 때린 놈들은 버러지만도 못한 인간이지! 하하"라며 웃어넘긴다.

한편 그는 강한 사람에게는 쉽게 굴복하지만, 약한 사람을 보면 종종 시비를 걸기도 한다. 어느 날, 아Q는 마을 부호인 짜오가(家)의 '우마'라는 하녀를 희롱하다 적발된다. 결국 짜오가에 피해를 배상하게 되고, 그는 마을 여인들의 경계 대상 1호가 된다. 그러자 그에게 날품 일을 맡겼던 사람들은 모두 그를 꺼리기 시작하고, 마침내 웨이쫭에서 생계를 유지하기 어려운 상황에 부닥치게 된다. 그래서 결국 아Q는 허기를 견디지 못하고, 남의 무밭에서 무를 훔치다 발각되어 마을 밖으로 쫓겨나듯 도망친다.

그러다 어느 정도 세월이 흐른 후, 아Q는 이전의 누추한 행색과는 다르게 말끔한 차림으로 거드름을 피우며 마을에 다시 나타난다. 그러자 그를 본 마을 사람들은 '아Q가 성내에 들어가 돈을 많이 벌었대!'라며 수군댔고, 실제로 그는 값비싼 물건들을 가지고 마을을 돌아다니며 부녀자들에게 그것을 팔았다. 하지만 그건 사실이 아니었다. 아Q는 성안으로는 들어가 보지도 못했고, 다만 성안의 도둑들이 훔친 물건을 몰래 밖으로 내보내기 위해 성벽 밖으로 던지면, 성벽 밖에 서 있던 아Q가 그것을 받아주는 역할을 했던 것이다. 그러다 여느 때와 마찬가지로 성벽 밖에서 훔친 물건을 받던 중 발각되었고, 아Q는 도둑들로부터 받은 물건들을 들고 냅다 웨이쫭으로 도망쳐온 것이었다. 그리고 이러한 사실을 숨기기 위해 마을 사람들에게 자신은 쑨원이 이끄는 혁명당의 당원이 되었다고 거짓말까지 하게 된다. 그러나 그 거짓말은 곧 부메랑으로 돌아온다.

며칠 후, 짜오가(家)의 값비싼 물건들이 혁명당원들에 의해 도둑맞는 일이 벌어졌고, 아Q를 그 혁명당원의 일원으로 오인한 군부는 그를 체포한다. 그리고 그를 본보기로 삼고자 했던 군부는 마을 사람들이 보는 앞에서 아Q를 총살한다.

이상이 소설 「아Q정전」의 대략적인 내용이다.

참고로, '정신승리(精神勝利)'라는 말은 작가 루쉰이 만든 신조어이다. 그는 주인공 아Q가 매번 얻어맞고 실패하고 무시당함에도 저 혼자 정신적으로는 이겼다고 정당화한 것을 두고, 그것을 '자기만의 정신승리'로 규정했던 것이다. 우리나라에서 '정신승리'라는 말은 국어사전에는 없지만, 종종 정치와 심리 분야에서 자주 쓰이는 은어이다.

이처럼 루쉰이 아Q를 통해 이른바 '정신승리법'이라는 관념적 도구를 사용한 것은 당시 중국이 처한 심각한 현실적 문제와 실속 없는 대국 의식에 빠진 중국 민족을 풍유적으로 지적하고자 한 것이었다. 즉, 공허한 영웅주의와 무기력한 자기만족, 허울뿐인 역사의식에 젖어 있는 청나라 정부와 한(漢)민족에 대한 따끔한 질타를 보낸 것이다.

실제로 아편전쟁을 겪고 난 후 마지못해 문호를 개방한 청나라 정부는 실패를 변명하고 감추면서 오히려 봉건통치를 강화함으로써 허장성세를 부렸다. 이는 루쉰의 지적대로 병을 앓으면서도 의사를 기피하고, 깊은 성찰 없이 부화뇌동하고, 약자는 깔보면서 강자에겐 아첨하고, 자신의 책임은 남에게 미루고, 지난날의 영광을 과장해 환상에 젖고 하는 등 중국의 심각한 현실을 비판적으로 받아들이면서 아Q라는 인물을 통해 고발하고 있는 것이다. 특히, 소설 마지막 부분 아Q의 처형 장면에서 루쉰은 타성에 젖은 중국 민족에 대한 노여움과 분노와 가련함을 고스란히 드러내고 있다.

그는 아Q의 죽음 이후 다음과 같은 사람들의 수근거림을 상정함으로써, 중국 민족의 우매함도 싸잡아 비난했다.

"총살당한 것은 곧 그가 나빴다는 증거야. 나쁘지 않았다면 무엇 때문에 총살을 당한단 말인가?"

"환등사건과 구경꾼 의식"

루쉰(魯迅)은 1881년 9월 25일, 중국 절강성 소흥현에서 태어났다. 본명은 저우수런(周樹人)이고, '루쉰'은 데뷔작 「광인일기(狂人日記)」를 발표할 때 처음 사용한 필명이다.

루쉰의 집안은 그가 태어날 당시 약간의 논밭과 점포를 소유하고 있었으며, 할아버지가 한림편수(翰林編修)라는 관리 생활을 하는 전형적인 봉건 소지주 가정이었다.

루쉰은 6세 때 가문에서 운영하는 글방인 가숙(家塾)에 들어가 공부하기 시작했고, 7세 때는 싼웨이수우(三味書屋)라는 사립학교에 들어가 고전학과 사서오경 등을 공부했다.

학창 시절 루쉰은 한시의 운율을 맞추는 데 능숙했으며, 뛰어난 능력을 보였다고 한다. 그리고 규정된 공부 외에도 중국의 고서와 야사 등을 즐겨 읽었으며, 할아버지나 유모를 통해 듣던 중국 민간전설과 설화에도 많은 관심을 보였다고 한다.

그러나 루쉰의 이러한 학창 생활은 그가 12세가 되던 해에 순식간에 뒤바뀌고 만다. 루쉰의 할아버지는 과거 급제자였던 반면 루쉰의 아버지는 지방 과거에 번번이 낙방했다. 그러자 그의 할아버지는 시험 관리에게 뇌물을 주고 아들을 급제시키려 했는데, 이게 발각되어 결국 루쉰의 할아버지는 감옥에 갇힌다.

루쉰 집안은 이 사건을 계기로 급속하게 몰락했고, 이러한 상황은 루쉰에게 깊은 굴욕감과 인생 행로에 대한 깊은 고민의 기회를 남겼다. 이 과정에서 루쉰은 과거를 통한 개인의 입신양명 보다는 세상에 영향을 미치는 일이 무엇인가를 모색하게 된다.

루쉰은 1898년 17세 때 되던 해에 고향을 떠나 난징(南京)으로 가서, 학비를 면제받는 해군학교에 입학했다. 그러다 곧 육군학교 부설 광로학당(礦路學堂)으로 전입해 독일어와 영어를 습득하는 한편 물리, 수학 등 근대 과학의 기초를 배우며 서양 문명과 문화의 우월성을 체감하게 된다. 그리고 당시 중국 지식인들 사이에 널리 읽히던 토마스 헉슬리의 「천연론(天演論)」, 「진화와 윤리」 등에 큰 흥미를 느끼게 된다. 특히 헉슬리의 「진화와 윤리」 번역에 직접 참여하면서 커다란 사상적 변화를 일으킨다. 이 외에도 장 자크 루소의 「민약론(民約論)」과 몽테스키외의 「법의 정신」, 알렉상드르 뒤마의 「춘희」 등을 읽고 큰 영향을 받는다.

루쉰은 1902년 21세 되던 해에 광로학당을 졸업하고 정부 장학금을 받아 일본으로 유학길을 떠난다. 도쿄에 머무르는 2년 동안 그는 일본어를 배우며 철학과 문학에 관한 책을 광범위하게 읽으며 혁명 집단인 광복회(光復會)에도 출입하게 된다. 이때 그는 중국 국민성에 대한 문제에 깊은 관심을 가지면서 중국과 중국인을 구할 방법을 찾기 시작한다.

  루쉰은 일본의 근대화 동력인 메이지유신(明治維新)이 서양 의학에 많은 영향을 받은 것임을 깨닫고, 1904년 가을 도쿄를 떠나 도호쿠 지방 미야기현에 있는 센다이의학전문학교에 입학한다. 당시 루쉰은 그 학교에 중국에서 유학온 유일한 중국인이기 때문에, 현지 신문들이 그의 도착을 알리는 가운데 매우 대중적인 환영을 받는다.
  그런데 학교에 다니던 중 루쉰은 어느 날 수업 시간에 일본인 교수가 틀어준 뉴스 필름 속에서, 일본군에게 처형당하는 중국인 포로를 넋 놓고 바라보는 동포의 모습을 보고 큰 충격을 받는다. 루쉰은 그 장면을 보고서 '중국인은 구경꾼'이라는 정의를 내린다. 구경꾼은 자기 앞에서 벌어지는 역사적 사건에 거리를 둔 채, 수동적이고 몰자각적인 관망자가 된다. 이를 계기로 루쉰은 육체를 고치는 의사가 되기보다는 자기 민족의 구경꾼 의식을 흔들어 깨우는 작가가 되기로 결심한다.
  루쉰 연구가들은 이 일화를 '환등사건(幻燈事件)'이라고 부르는데, 그의 소설과 에세이에는 중국인의 구경꾼 의식을 질타하는 장면과 논설이 수없이 등장한다. 특히 첫 작품집 「납함자서(吶喊自序)」에 그

일면이 잘 나타나 있다.

  1909년, 루쉰은 중국으로 귀국해서 항주(杭州)의 양급사범학교에서 화학과 생리학을 가르치는 교사가 된다. 그러다 이듬해인 1910년 여름, 고향인 소흥으로 돌아와 소흥중학교에서 근무하게 된다. 이듬해 이른바 '신해혁명'이 일어나고, 루쉰은 소흥사범학교 교장에 취임하여 재직하다 1912년 난징에 중화민국 임시정부가 수립되자 교육총장이 된 채원배(蔡元培)의 요청에 따라 교육부원으로 자리를 옮긴다. 그리고 임시정부를 따라 베이징으로 이주한다. 하지만 기대를 걸었던 신해혁명이 역사적 임무를 완성하지 못하고 위안스카이(遠世凱)의 제정부활운동, 장쉰의 복벽(複壁)사건 등을 통해 다시 왕정복고 경향으로 흐르자 루쉰은 크게 좌절한다.

  이처럼 신해혁명의 실패로 심한 정신적 혼란에 빠진 루쉰은 새로운 중국 혁명의 재건을 고대하며 절망과 침묵의 시기를 보낸다. 그리고 이러한 방황과 고뇌를 뚫고 나온 작품이 백화문(구어체) 문장으로 쓴 중국 최초의 신소설 「광인일기(狂人日記)」이다.
  중국 문학이 비록 수천 년의 장구한 역사를 가지고 있으나, 소설은 줄곧 경시되어 왔다. 명나라와 청나라에 백화소설(白話小說)이 많기는 하지만 몇몇 작품을 제외하고는 하나같이 그저 신변잡기식 이야기가 대부분이었다. 이런 중에 루쉰은 현장감 있는 구어체 문장의 소설을 통하여 중국 봉건사회를 보다 입체적으로 고발함으로써, 우물 안에 갇힌 중국의 민족의식을 흔들어 깨우고자 했던 것이다.

"길이 없는 곳에서 길을 내고,
쉼 없는 집요함으로…"

 루쉰의 「광인일기(狂人日記)」는 당시 신문화운동을 주도하던 진영이 고수하는 봉건사회에 대한 최초의 도전서였으며, 사상혁명과 문학혁명의 이정표 역할을 한 중요 작품이다. 루쉰의 여러 작품 중 현실에 대한 고발성이 가장 강하게 나타나 있으며, 내용과 형식의 과감한 파격성으로 인해 중국 젊은 지식인 세대에게 큰 충격을 안겨 주었다.

 이 소설은 13개 부분으로 이루어진 일기체 형식이다. 흘인(吃人-먹는 사람, 즉 박해자)과 피흘인(被吃人-먹히는 사람, 즉 박해당하는 자)가 선명하게 대조를 이루며, 진부한 예교(禮敎-예의에 관한 가르침)가 사람을 잡아 먹는다는 것을 시사하는 작품이다. 피해망상 자의 형상을 통해 중국의 유교적 전통사회 내의 가족제도와 예교의 폐단을 과감하게 폭로하고 있다.

 소설 속에서 광인의 눈에 비친 사회는, 모든 인간들이 '자신은 남을 잡아먹으려고 하면서 남에게는 잡혀먹히지 않으려 하므로, 서로 의심을 품고 흘끗흘끗 상대방을 감시하고 있는 사회'이다. 주인공 광인은 4천 년에 걸친 중국 봉건사회의 역사책 속에서 '식인(食人)'이라는 두 글자를 발견해내고, 그나마 친족인 형부터 개심시키려고 시도한다. 그러나 귀신같이 알고 찾아온 동네 사람들이 난리를 피우는 바람에 광인은 어딘가로 끌려가 감금되고, 그 와중에 광인은 '형이 집안을 물려받았을 때 누이동생이 죽었는데, 어쩌면 그때 나도 누이동생을 잡아먹은 게 아닐까?'라는 동족 혐오와 죄책감이 섞인 깨달음을 얻는다. 하지만 광인은 '그러나 아직 인간을 잡아먹은 적이 없는 아이가 있을지도 모른다. 그 아이들을 구해야 한다'라고 호소하며 글을 마친다.

루쉰은 1926년 2번째 소설집인 「방황」을 출판한 이후로는 소설보다는 주로 잡문(雜文)을 써서 부조리를 고발한다. 여기서 '잡문(雜文)'이란 그냥 잡스러운 신변잡기에 대한 글이 아니라, 말하자면 오늘날의 '칼럼'에 해당한다.

"공리와 대의를 입에 달고 살다가 어느새 장제스의 청천백일기 밑으로 기어 들어간 기회주의적 문인들. 이들은 주인보다 더 사나운 '발바리'들이었다. (중략) 침묵하고 있을 때 나는 충실함을 느낀다, 입을 열려고 하면 공허함을 느낀다."
이것은 1927년 4월 26일 루쉰이 발표한 잡문 「들풀」 중 일부이다.

"혁명, 반혁명, 불혁명, 혁명가는 반혁명가에게 죽임을 당한다. 반혁명가는 혁명가에게 죽임을 당한다. 불혁명가는 혁명가로 간주되어 반혁명가에게 죽임을 당하거나 반혁명가로 간주되어 혁명가에게 죽임을 당하거나 아무것으로도 간주되지 않는 자는 혁명가 또는 반혁명가에게 죽임을 당한다."
이것은 1927년 9월 24일 루쉰이 발표한 잡문 「사소한 잡감」의 일부분이다.

실패한 혁명에 대한 깊은 좌절. 기대했던 청년들에 대한 실망 이런 것들이 작가 루쉰을 깊이 고뇌하게 만들고, 그런 것들이 잡문을 통해 표출된 시기였다.

1927년 가을이 되자 루쉰은 아무 미련 없이 광저우를 떠난다. 조용히 광저우를 떠난 루쉰은 상하이로 가는데 이것은 어쩌면 출구 없는 퇴로, 혹은 퇴로 없는 출구였는지도 모른다. 왜냐하면 당시 상하이는 장제스정권 제2의 수도였을 뿐만 아니라 복마전이 펼쳐지는 도시였기 때문이다.

사진 출처 : 나무위키

그 후, 루쉰은 상하이에서의 10년 동안 2번 베이징을 다녀온 외에는 줄곧 상하이에서 보낸다. 그리고 그 기간 중에 9권의 잡문집과 역사소설 「고사신편(故事新編)」을 발표한다. 행동적인 면에서는 '중국 자유운동동맹', '중국좌익작가연맹' 등에서 활동하며 정치적 소신을 이어 나간다.

그러다 1936년, 지병인 천식 발작이 악화되어 아직 젊은 나이인 55세를 일기로 세상을 떠났다. 당시 1만여 명의 군중들이 그의 장례식에 참석했으며, '항일 통일전선 조직' 문제를 두고 격렬한 논쟁을 벌였던 문인들조차도 그의 죽음을 애도했으며, 이때를 계기로 중국 문단 통일의 기원이 마련되었다는 평가도 있다.

오늘날 루쉰의 작품은 중국뿐만 아니라 아시아권 여러 나라에서도 널리 애독되고 있다. 심지어 일본 중학교 국어 교과서에 그의 작품이 수록되어있을 정도이다. 그뿐만 아니라 서양 문화권에서도 그의 인지도를 높이 평가하여 대표적인 중화권 소설가로 꼽는다.

어떤 평론가들은 루쉰의 정체성을 '반항인'이라고 표현한다. 그는 모든 부조리와 절망에 반항했기 때문이다. 또 어떤 평론가들은 '그는 동서고금 다양한 사상가의 영향을 받았지만, 그것을 자기의 피와 살로 소화한 다음 다 버렸다'라고 평하기도 한다.

실제로 루쉰은 거의 50이 다 된 나이에도 20~30대 젊은이들과 논쟁을 벌이면서 자신의 사유 영역을 확장해 나갔다. 그가 마르크스주의 문예이론을 학습하고 수용한 것이 40대 후반이었다. 특정한 사고의 틀에 매몰되지 않고 끊임없이 허물을 벗고 나아갔던 것이다.

그래서 루쉰의 연구가들은 '절망과 어둠의 시대에서 다시 일어서고, 길이 없는 곳에서 길을 내고, 쉼 없는 집요함으로 더 나은 곳을 꿈꾸는 이들, 또한 고독을 견디는 지혜를 배우고 싶은 사람들은 루쉰의 책을 읽기를 권한다'라고 말하는 것이다.

"세상 모든 길은 처음에는 다 길이 아니었다"

2023년 12월 19일, MBN news는 "루쉰 인용 한동훈 '세상 모든 길은 처음에는 길 아냐' 비대위원장 수용?"이라는 타이틀로 다음과 같은 뉴스를 내보냈다.

〈앵커멘트〉
"지나가는 사람이 많아지면 그게 곧 길이 되는 것이다."
아큐정전으로도 유명한 중국 근대 문학의 아버지 루쉰이 「고향」이란 책에서 쓴 내용이죠. 한동훈 법무부 장관이 오늘(19일) 루쉰의 문장을 인용하며 자신이 내디딜 길을 암시했습니다.
국민의힘 비상대책위원장 인선과 관련해 정치 경험이 부족하다는 지적에 대해 세상의 길은 처음엔 다 길이 아니었다, 또 진짜 위기는 경험이 부족해서가 아니라 과도하게 계산할 때라고요.
이 정도면 사실상 비대위원장 요청이 오면 수락하겠다는 뜻으로 읽히죠.
야당이 윤석열 아바타로 규정한 것과 관련해선 누구를 맹종한 적도 없고 앞으로도 그럴 것이라고 말해 혁신에 대한 기대감도 낮게 했습니다.

김지영 기자의 보도입니다.
〈기자〉
한동훈 비대위원장 추대설이 나온 뒤 공식 일정을 취소하며 말을 아꼈던 한동훈 법무부 장관은 일단 국민의힘의 제안에 대해선 선을 그었습니다.

▶ 인터뷰 : 한동훈 / 법무부 장관
"제가 어떤 제안을 받은 게 아니고. 특정 정당의 비대위 구성에 대해서 제가 공개적으로 말씀드릴 문제는 아닌 것 같습니다."

그러나 정치 경험을 놓고 나오는 한동훈 비대위 체제에 대한 당 안팎의 우려는 걱정할 필요가 없다며 적극 반박했습니다.

▶ 인터뷰 : 한동훈 / 법무부 장관
"정치 경험이 없다는 비판 어떻게 생각하시나요?"
"많은 사람이 같이하면 길이 되는 거죠. 그리고 진짜 위기는 경험이 부족해서라기보다 과도하게 계산하고 몸을 사릴 때 오는 경우가 더 많았다고 생각합니다."

제안이 온다면 사실상 비대위원장직을 수락하겠다는 뜻을 굳힌 것이란 해석이 나옵니다.
윤석열 대통령과의 관계에 대해서도 분명한 입장을 밝혔습니다.

한 장관은 '누구를 맹종한 적 없고 앞으로도 그럴 것'이라며 '윤석열 아바타'라는 비판은 이재명 대표를 맹목적으로 추종하는 민주당다운 비판이라고 되받아쳤습니다.

▶ 스탠딩 : 김지영/기자
"그동안 총선 역할론에 공감해온 한 장관이 당 안팎의 우려에 대해 적극적으로 반박한 상황에서 국민의힘 지도부의 마지막 결단만이 남았다는 관측입니다. MBN뉴스 김지영입니다."

이상 출처 : https://www.mbn.co.kr/news/politics/4988011

루쉰의 소설 「고향」에 나오는 '길에 관한 내용' 마지막 부분 전문은 다음과 같다.

"그들에게는 우리가 아직 경험해 보지 못한 새로운 생활이 있어야만 했다. 희망이라는 것에 생각이 미쳤을 때 나는 갑자기 두려워졌다. 윤토가 향로와 촛대를 달라고 했을 때, 난 그가 우상을 숭배하여 언제까지고 잊어버리지 못하는구나 하고 마음속으로 비웃었다. 그러나 지금 말하는 희망이란 것도 나 자신의 손으로 만든 우상이 아닐까? 다만 그의 소원은 가장 가까운 데 있고, 나의 소원은 아득하고 먼 데 있을 뿐이다. 내가 몽롱해 있을 때 눈앞에는 한 조각 초록색 모래땅이 펼쳐져 있었고, 그 위의 진한 쪽빛 하늘에는 황금빛 둥근 달이 걸려 있었다. 그것은 마치 땅 위의 길과 같은 것이었다. 실상 땅 위에 본디부터 길이 있는 것은 아니다. 다니는 사람이 많아지면 곧 길이 되는 것이다."

우리말 '길'은 매우 포괄적인 의미를 지니고 있다.

길에는 사람이나 동물이 걸어 다니는 길인 road가 있고, 어떤 목적지나 목표에 이르는 경로를 의미하는 길인 path가 있고, 방향이나 방법을 의미하는 길인 way가 있다. 우리말 길은 이를 다 포괄하는 말이다.

'정의의 길', '민주주의의 길', '의인의 길' 등에서 길은 road가 아니라 path 또는 way이다. 이 같은 맥락으로 볼 때, 한동훈이 말한 '길'은 'road'라기 보다 'path' 또는 'way'일 것이다.

way나 path로서의 길은 탁월한 특정인이 선구적으로 만들어내는 길이 있는가 하면, 대중(大衆)에 의해 자연스럽게 만들어지는 길도 있다. 주체가 누구냐에 따라 길의 방향과 목적지와 성격은 달라진다.

'여성은 태어나는 것이 아니라 만들어지는 것이다'라는 말이 있다. 지도자나 위인도 마찬가지이다. 어머니 뱃속에서부터 지도자나 위인으로 태어나는 사람은 없다. 환경에 의해, 시대 상황에 의해, 본인의 의지와 능력에 의해, 그리고 함께하는 대중에 의해 위인은 만들어진다.

루쉰의 말대로 지상에 애초부터 길이 있었던 것은 아니다. 지나다니는 사람이 많아지고 이용하는 사람이 많아지면 길이 생긴다. 역사도 마찬가지다. 역사는 한 민족이나 국가가 걸어온 발자취이며, 백성들이 함께 살아온 흔적이요 길이다. 따라서 '길'에서 '함께'라는 의미가 빠지면 길은 곧 사라지고 만다. 그런 의미로 한동훈이 언급한 '함께하면 길' 중에서 '함께'라는 말은 그냥 보조어가 아니라, '항상의 동력(恒常의 動力)'이라고 볼 수 있다.

사진 출처 : 국제뉴스

"거대 서사의 붕괴, 흔들리는 한국호"

월간조선 배진영 편집장은 2024년 6월호 「월간조선」에 "보수 재건은 '대한민국 서사'의 재발견부터"라는 제목으로 다음과 같은 글을 올렸다.

국민학교 시절 「도덕」 교과서에는 6 · 25 때 바주카포로 북괴군 전차를 여러 대 격파한 후 적의 기관총 사격을 받고 장렬하게 전사(戰死)한 스무 살 미군 병사의 이야기가 실려 있었습니다. 워싱턴DC의 한국전쟁참전기념비에 새겨진 문구처럼 '자신들이 알지도 못하는 나라, 만난 적도 없는 사람들을 지키기 위해' 목숨을 던진 미군 병사의 전형이었습니다. 이상하게도 그 병사의 이야기는 수십 년이 지났어도 머릿속에서 사라지지 않았습니다.

5년 전 에드워드 L. 로우니 장군의 회고록 「운명의 1도」를 읽다가, 그 미군 병사를 다시 만났습니다. 책 뒤에 '한국 전쟁에 참전한 미군 명예훈장(the Medal of Honor) 수훈자' 명단이 부록으로 실려 있었는데, 거기서 발견한 것입니다. 간략한 그의 공적조서 내용을 보니 어렴풋이 기억하고 있던 어린 시절 교과서 속 이야기 그대로였습니다.

제가 어릴 때에는 교과서에 이런 이야기들이 많았습니다. 월남 파병을 앞두고 부하 병사가 수류탄 투척 훈련을 하다가 수류탄을 놓치자 자신의 몸을 던진 강재구 소령, 월남전에서 베트콩이 던진 수류탄에 몸을 던져 동료 해병들을 구하고 장렬히 산화(散華)한 이인호 중령, "나는 공산당이 싫어요!"라고 외치고 무장공비에게 학살당한 이승복…. 아, 이름은 기억나지 않지만, 전투기가 추락하게 되자 민간인 피해를 막기 위해 마지막까지 노력하다가 애기(愛機)와 함께 산화한 공군 조종사의 이야기도 있었던 것 같네요.

시골 마을에 전기가 들어와서 마을 사람 모두가 기뻐했다는 이야기, 외국에 나가서 셔츠를 사 왔는데 귀국 후에 가족들 앞에서 꺼내놓고 보니 국산이어서 온 가족이 박장대소했다는 이야기도 기억납니다.

모두가 피 흘려 대한민국을 지켜낸 분들에 대한 감사, 발전하고 있는 대한민국에 대한 자부심을 가르치는 얘기들이었습니다.

'역사 흔들기'

1980년대 초 이후 이런 교육들이 흔들리기 시작했습니다. 나중에 전교조를 만들게 되는 한 무리의 '진보적' 교사들이 당시의 교육에 대해 '일제 잔재' '군국주의' '국가주의' '냉전교육'이라며 도전하기 시작한 것이죠. 1987년 민주화와 1993년 김영삼 정권 출범 이후 이런 흐름은 대세를 이루기 시작했습니다. '역사 바로 세우기'가 아니라 '역사 흔들기'가 사회 전방위적으로 진행되었습니다.

1980년대 후반이 되자, 그 이전에 대학가 골방에서 몰래 보던 좌파 운동권 서적의 역사 인식이 행정고시나 사법시험 문제로 버젓이 등장했습니다. 1980년대 후반 이후 고시를 비롯한 공무원 시험을 준비한 적이 있는 이들은 한국사나 문화사(세계사) 공부를 하면서 일제 하 노동운동·농민운동, 해방 후의 좌익 폭동, 러시아혁명사, 중국공산당사를 달달 외우다시피 했던 기억이 있을 것입니다.

언론개혁운동을 한다는 사람들은 "〈조선일보〉의 이승복 사건 보도는 오보(誤報)"라고 떠들어댔습니다. 저도 이승복 관련 취재를 한

적이 있지만, 당시 이승복 사건을 목격한 이웃 사람들, 공비 토벌에 참가했던 군 장교들이 버젓이 살아 있는데도 그런 소리를 한 겁니다. 대법원이 "이승복 사건 보도는 진실"이라는 판결을 내렸지만, 아직도 많은 국민은 '이승복 사건은 가짜였다더라'는 생각을 갖고 있습니다.

한국 전쟁에서 희생한 미군들의 이야기는 교과서에서 사라지고 그 자리에 '노근리 학살 사건'이나 '효순이·미선이 사건'이 들어갔습니다. 6·25 때 피 흘려 나라를 지켰던 국군 장병들의 이야기, 전우나 시민들을 위해 자신의 목숨을 던졌던 국군들의 이야기는 사라지고, 국군은 독재 정치를 하고 민주화 운동을 잔인하게 진압했던 '악당'처럼 각인되게 되었습니다.

TV에서는 〈113수사본부〉나 〈수사반장〉처럼 대한민국의 안보와 법질서를 지키기 위해 활약하는 이들을 그린 드라마가 사라졌습니다. 대신 〈모래시계〉처럼 공권력은 부패하고 야비한 세력으로, 그에 맞서는(?) 조폭이 오히려 멋있게 그려지는 드라마가 인기를 끌게 되었습니다.

기울어진 운동장
지난 한 세대 동안 이런 교육을 받고 자라난 이들이 이제 우리 사회 곳곳에 포진해 있습니다. 그것도 철없는 신입의 위치가 아니라 기업, 행정부, 언론사, 법원, 검찰, 경찰, 군대의 상층부 급으로 말입니다. 정치권이나 시민사회단체는 더 말할 것도 없고요.

이미 우리 사회는 좌파에게 매우 유리하게 '기울어진 운동장'입니다. 그렇게 '기울어진 운동장'에서 경기를 벌였으니, 4·10 총선에서 보수 세력이 참패한 것입니다. 이런 현실을 외면하고 "총선에서 패배한 것은 보수 세력이 아니라 윤석열-한동훈 같은 가짜 보수"라고 해봐야 '아Q식 정신승리'에 불과합니다.

물론 이런 '기울어진 운동장'을 바로잡으려는 노력이 전혀 없었던 것은 아닙니다. 〈월간조선〉은 20년 전부터 좌편향 교과서의 문제점을 지적해왔습니다. 이를 계기로 교과서를 바로잡아야 한다는 시민운동이 벌어졌습니다. 박근혜 정권 시절 '역사교과서의 국정화(國定化)' 논의도 그래서 나왔습니다. 하지만 이미 늦었습니다. 좌편향 역사 인식이 정설(定說) 내지 정설(正說)로 행세하고 있는 상황에서, 역사를 바로잡으려는 노력이 오히려 '권력에 의한 역사 왜곡'으로 몰려 버렸습니다.

'거대 서사의 붕괴'와 포스트모더니즘

영국 언론인 데이비드 머리의 「군중의 광기」 서문에는 이런 말이 나옵니다.

"사람들은 이런 상황의 기원조차도 거의 인정하지 않는다. 우리가 사반세기 넘는 기간 동안 우리의 모든 거대 서사(敍事)가 붕괴한 가운데 살아왔다는 단순한 사실이 그것이다. 우리가 의지했던 서사들은 하나하나 반박되거나 인기가 없어져서 옹호할 필요가 없거나 지탱할 수가 없었다. 19세기부터 종교가 제공해준 우리 존재에 대한 설명이 먼저 무너져서 줄곧 사라지고 있다. 다음으로 지난 세기 내내 온갖 정치 이데올로기가 약속한 세속적 희망이 종교의 뒤를 따라 내리막길을 걷기 시작했다. 20세기 후반에 포스트모던 시대에 접어들었다. 모든 거대 서사에 대한 의심으로 스스로를 정의하고 그렇게 정의되는 시대다."

데이비드 머리가 '거대 서사의 붕괴'를 말하는 것은 미국과 유럽에서 횡행하고 있는 정치적 올바름(Political Correctness), 정체성(正體性) 정치의 광기(狂氣)를 설명하기 위한 것이지만, 그의 말은 오늘날 대한민국에도 그대로 적용됩니다. 대한민국의 보수애국 세력이 오늘날 이렇게 궁박한 처지에 몰리게 된 것도 '대한민국 서사'의 붕괴 혹은 해체에서 비롯된 것이라고 생각합니다. 기성세대들은 먹고살기에 바빠서, 혹은 참혹했던 전쟁, 궁핍했던 시절에 대해 더 이상 기억하고 싶지 않아서 자신들의 서사를 기억하고, 기록하고, 후세에 전수하는 일을 게을리했습니다. 좌파는 '대한민국 서사'가 붕괴 혹은 해체된 자리를 파고들어 '민주화투쟁' '노동해방투쟁'의 서사를 들이밀었습니다. 그리고 저들의 서사가 오늘날 대한민국의 주류 서사가 되어버렸습니다.

'대한민국 서사'의 재건

지금 대한민국호라는 배는 곳곳에 크고 작은 구멍들이 숭숭 뚫려 있습니다. 지금까지는 용케 가라앉지 않고 여기까지 왔지만, 이제는 언제 침몰해도 이상할 게 없는 지경입니다. 윤석열 정권은 대한민국호가 다시 대양(大洋)을 항해할 수 있도록 배를 수선해야 했습니다. 그게 윤석열 정권에 주어진 역사적 소명이었습니다. 하지만 지난 2년을 허송하고, 4·10 총선에서 패배하면서 이제 대한민국호의 본격적인 수선은 기약할 수 없는 훗날로 미루어지게 되었습니다.

그래도 할 수 있는 한, 대한민국호의 구멍을 막아야 합니다. 눈에 띄는 구멍, 작은 구멍부터라도 말입니다. '대한민국의 서사'를 재발견하고 복원하는 일도 그중 하나입니다. 이는 대한민국 보수 재건의 첫걸음이기도 합니다.

책을 만들다 보니, 이번 6월호에는 '내 아버지의 6·25 전쟁'을 비롯해서 역사 이야기들이 조금 많아졌습니다만, 이것도 그런 노력의 일환이라고 이해해주시면 감사하겠습니다.

이상 출처: https://monthly.chosun.com/client/news/viw.asp?ctcd=&nNewsNumb=202406100000

"먹으로 쓰인 거짓말은 피로 쓰인 사실을 덮을 수 없다"

배진영 편집장의 가슴 먹먹한 칼럼을 마음에 새기고, 루쉰이 오늘날을 살아가는 우리에게 던지는 의미심장한 충고들을 몇 가지 옮겨 보겠다.

"말없이 누워 때때로 찾아오는 고통스러운 생각과 마주한다. 이런 것이 죽음이라면 죽음은 꼭 고통스러운 것만은 아니다. 최후의 진통이 평온한 것이 아니라 해도 내 일생에 한 번 일어나고야 말 일이라면 나는 죽음을 받아들일 수 있다.

천재란 깊은 숲속이나 거친 들판에 절로 나서 자라는 괴물이 아니라 천재가 생겨나고 자랄 수 있는 민중이 있어야 한다. 때문에 이러한 민중 없이는 천재가 있을 수 없다. 튼튼한 나무가 있기를 바라고 고운 꽃을 보기 원한다면 반드시 좋은 흙이 있어야 한다. 흙이 없으면 꽃도 나무도 없다. 그러므로 꽃이나 나무보다 흙이 더 중요하다. 먹으로 쓰인 거짓말은 결코 피로 쓰인 사실을 덮을 수 없다."

"우리가 어떤 일을 비평할 때는 반드시 우선 자신을 비평하고, 또 거짓으로 하지 말아야만 비로소 말이 말 같아지고 자신이나 다른 사람에게 면목이 설 것이다."

"추억이란 사람을 즐겁게 만들기도 하지만 때론 쓸쓸하게 만들기도 한다. 이미 스러져 간 그 쓸쓸한 시간들을 정신의 실오라기로 붙들어 매어 둔들 또 무슨 의미가 있으랴. 지난날의 생명은 벌써 죽었다. 나는 이 죽음을 크게 기뻐한다. 이로써 일찍이 살아 있었음을 알기 때문이다. 죽은 생명은 벌써 썩었다. 나는 이 썩음을 크게 기뻐한다. 이로써 공허하지 않았음을 알기 때문이다."

"나는 지금껏 내가 슬픔에 빠져 있다고 해서 홀연 색깔을 바꾸는 가을꽃을 본 적이 없다. 내가 번잡함을 좋아하든지 고요함을 좋아하든지 간에 바람이 불어야만 대해가 울부짖었다."

"옛날 위세가 당당했던 사람은 복고(復古)를 주장하고, 지금 위세가 당당한 사람은 현상 유지를 주장하고, 아직 행세하지 못하고 있는 사람은 혁신을 주장한다."

"희망이라는 것은 원래 있다고도 할 수 없고 없다고도 할 수 없다. 그것은 마치 지상 위에 놓인 길과도 같은 것이다. 원래 지상에는 길이 없었다. 지나다니는 사람들이 많아지면 그것이 곧 길이 되는 것이다."

"고개를 넘어서 마을로"

새로운 길

-윤동주-

내를 건너서 숲으로
고개를 넘어서 마을로

어제도 가고 오늘도 갈
나의 길 새로운 길

민들레가 피고 까치가 날고
아가씨가 지나고 바람이 일고
나의 길은 언제나 새로운 길

오늘도 내일도
내를 건너서 숲으로
고개를 넘어서 마을로.

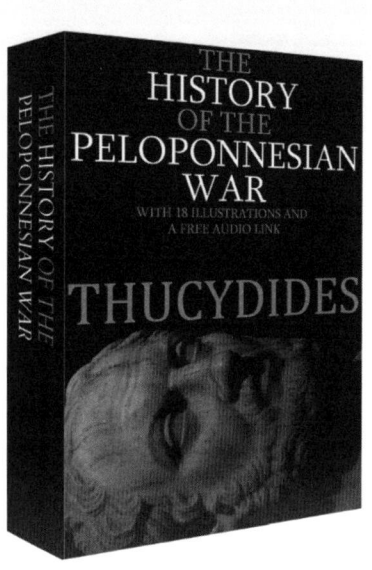

펠로폰네소스 전쟁사
- 투키디데스

한동훈과 빨간책 1
한동훈과 빨간책 2
영원한 지식의 보고로 남기 위한 사실의 집적
전쟁의 발단과 종말
오랜 추방이 가져온 불멸의 책
오직 사실만을 기록한다
상선벌악(賞善罰惡)
고로, 힘과 정의는 늘 함께 있어야…
힘과 정의
비로소 나는

"한동훈과 빨간책 1"

약소국 멜로스는 아테네에게 이렇게 항의한다.
"우리가 무슨 불의한 짓을 했다고 굴복을 강요하는가?"
그러자 강대국 아테네는 단호하게 대답한다.
"너희가 잘못한 일은 없다. 하지만 약한 자는 강한 자의 뜻에 따라야 한다. 그것이 유일한 정의다."

그리스의 역사가 투키디데스(Thukydides)가 쓴 「펠로폰네소스 전쟁사(The History of the Peloponnesian War)」에 나오는 섬찟한 내용이다.
예나 지금이나 국제 관계 그리고 권력관계에서는 정의가 큰 힘을 발휘하지 못하며, 오직 힘의 우열에 의해서만 좌우된다는 것을 단적으로 보여주는 예이다.

「펠로폰네소스 전쟁사」에 보면 아테네의 지도자 페리클레스는 시민들을 향해 이렇게 연설한다.
"전쟁은 불가피합니다. 우리가 전쟁을 기꺼이 받아들일수록 적들의 공격은 약해집니다. 국가든 개인이든 가장 큰 영광은 가장 큰 위험을 감수할 때 획득되는 것입니다. 우리 선조들이 페르시아에 대항했을 때, 그분들에게는 지금 우리처럼 가진 것이 아무것도 없었습니다. 그러나 그분들은 가진 것을 포기하고, 운 대신에 지혜로, 힘이 아닌 용기로 페르시아를 물리쳤습니다. 그 덕으로 오늘의 우리가 있게 되었습니다. 우리가 선조들보다 못해서는 안 됩니다. 우리는 어떻게든 적을 물리쳐야 합니다. 후손들에게 줄어들지 않은 국가를 물려주어야 합니다."

2023년 8월 2일, TV조선 저녁뉴스쇼 프로그램 "박정훈의 정치다"에 출연한 한송원 기자는 'news.tvchosun.com' 사이트에 "한동훈 빨간책, 정치 입문서?"라는 제목으로 다음과 같은 방송 원고를 올렸다.

[앵커] : 뉴스야 시작합니다. 오늘은 정치부 한송원 기자와 함께합니다. 첫 번째 물음표 볼까요?
[기자] : 첫 번째 물음표는 '한동훈 빨간책, 정치인 입문서?'입니다.
[앵커] : 빨간책이라면 지난 3월에 한동훈 장관이 유럽 출장을 갈 때 손에 들어서 화제가 됐던 그 책 말이죠?
[기자] : 네, 그 책이 2500년 전에 그리스 역사가 투키디데스가 쓴 「펠로폰네소스 전쟁사」였죠. 고대 그리스 역사에 중요한 책으로 꼽히는 이 책은요, 신흥 강대국 아테네와 스파르타 사이에 패권 다툼에 대해 다루고 있습니다. 그런데 어제 신임 검사 임관식에 참석한 한 장관이 신임 검사들에게 조언을 했는데, 이 책 내용이 등장한 겁니다. 들어보시죠.

한동훈 | 법무부 장관 (어제 신임 검사 임관식)

"'어떤 일을 해야 할지 알고, 그 일을 잘 설명할 수 있고, 나라를 사랑하고, 부패하지 않는 사람'을 훌륭한 공직자라고 말한 부분이 나옵니다. 2,500년이 지났지만, 달라지지 않았다고 생각합니다. 여러분이, 그런 공직자가 되시길 응원합니다."

[앵커] : 이 내용이 빨간책에 나와 있다고요?

[기자] : 네, 아테네 정치가 페리클레스의 명연설에 나오는 내용입니다.

"나야말로 누구 못지않게 무엇이 필요한지 볼 수 있는 식견이 있고, 본 것을 설명할 수 있는 능력이 있으며, 조국을 사랑하고, 돈에 초연한 사람이라는 것이 내 생각입니다."

전쟁에 반대하는 아테네 시민들을 설득하며, 페리클레스가 자신의 장점 4가지를 설명한 건데, 최근엔 지도자의 4가지 조건이라고도 표현하고 있기도 합니다.

[앵커] : 신임 검사들은 어떤 반응이었나요?

[기자] : 네, 참석자에게 물어봤는데, 해당 발언이 끝나고 박수가 쏟아졌고, 분위기도 좋았다고 합니다.

[앵커] : 그런데 이 책이 정치 입문서라고 볼 수도 있다고요?

[기자] : 사실 한 장관이 지난 3월 유럽 출장길에 겉표지가 빨간 책을 들었을 때부터, 분명히 의미가 있을 것이라는 분석이 많았는데요. 특히 한 장관의 정계 진출 메시지가 조금씩 던져지는 것 아니겠느냐는 말도 나왔습니다. 정치권 안팎에서는 이 책에 지도자의 자질이나 정치인이 쓸 만한 연설 문구가 많아서, 좀 더 세련된 방식으로 정치에 관심을 드러내는 것 아

니냐는 말도 나옵니다. 하지만 한 장관은 늘 총선 출마설엔 선을 긋고, '공직에 전념하겠다'는 말을 해왔습니다.

권칠승 | 더불어민주당 의원 (지난해 10월) : 혹시 출마할 계획을 가지고 계신가요?

한동훈 | 법무부 장관 (지난해 10월) : 저는 그런 생각이 없습니다. 지금 나오는 얘기들은 저와는 전혀 무관한 건데, 저도 좀 '이야, 신기하다' 이런 생각을 해 봤습니다.

한동훈 | 법무부 장관 (지난달 14일) : 법무부 장관으로서 지금 제가 하고 있는 일을 더 열심히 더 선의를 가지고 할 수 있도록 하루하루 노력하겠습니다.

(중략)

[앵커] : 첫 번째 물음표 정리해 보죠.

[기자] : 첫 번째 물음표 '한동훈 빨간책, 정치 입문서?'의 느낌표는 '투키디데스 함정 피해야!'입니다. 투키디데스 함정은 기존 패권 국가와 빠르게 크는 신흥 강대국이 부딪힐 수밖에 없는 상황을 말하는 건데요. 총선이 가까워 올수록 민주당은 '기승전 한동훈'을 외치게 될 겁니다. 한 장관과 엮이면 이슈가 되기 때문일 텐데, 한 장관도 흔들리지 않고 법무장관으로서의 역할을 수행하는 게 중요할 것 같습니다.

이상 출처: https://news.tvchosun.com/site/data/html_dir/2023/08/02/2023080290146.html

"한동훈과 빨간책 2"

최영훈 동아일보 논설위원은 2023년 3월 8일, 한동훈 법무부장관이 인천공항을 통해 해외 출장길에 오르는 사진과 함께 "유럽 출장길 한동훈의「펠로폰네소스 전쟁사」"란 제목으로 다음과 같은 논설을 썼다.

한동훈 법무부장관이 7일 출입국 이민정책 논의를 위해 유럽 출장길에 올랐다. 인천공항에 나타난 패셔니스타는 검정색 슈트를 입었지만 그게 아니다. 언론의 눈길은 단연 그가 품 옆에 낀「펠로폰네소스 전쟁사」에 쏠렸다.

사진 출처 : 채널A 뉴스TOP10

시간 때우려고 집어 든 책이겠지만, 그걸 들고 나타난 건 차원이

다르다. 그건 언론을 향해 이미지 정치, 즉 정치 마케팅을 시도한 거로 난 본다. 「펠로폰네소스 전쟁사」는 2500년 전 신흥국 아테네와 전통 강국 스파르타가 지배권과 문명의 표준을 놓고 다툰 전쟁의 디테일을 담고 있다.

내용이야 네이버나 구글 검색, 요즘 뜨는 챗GPT만 봐도 아니 생략한다. 고 박정희 대통령은 안가에선 시바스 리갈, 농촌에선 라이방 끼고 막걸리를 마셨다.

정의당 초선 류호정은 등이 패인 원피스에 타투까지 하고 의사당에 나타났다. 28만 표로 이재명의 애를 태웠을 허경영의 정치 마케팅도 놀랍기만 하다. "국가에 돈이 없는 것이 아니라, 도둑놈이 많은 것이다"라는 카피 말이다.

"똥을 싸라, 그러면 유명해지고, 유명해지면 똥 싸도 박수받을 것"이라는 정치 마케팅.

「펠로폰네소스 전쟁사」에 대해 "제국의 흥망, 이질적인 두 사회와 삶의 방식의 충돌, 인간사에서 지성과 우연의 상호 작용, 리더십의 가능성과 한계를 알려준다"는 '썰'도 있다.

동양에 사마천이 있다면, 서양에 투키디데스가 있다. 7일부터 15일까지 프랑스와 네덜란드, 독일 등 3개국을 방문할 한동훈 장관.

그는 서유럽 대표국들의 출입국 및 이민정책을 살필 예정이다. 8일 프랑스 파리의 내무·해외영토부와 이민통합청, 9~10일 네덜란드 헤이그의 법무안전부와 이민귀화청을 각각 방문한다.

13~14일엔 독일 베를린 연방내무부와 뉘른베르크 연방이민난민청 등을 찾아 관계자들을 만나 정책 참고를 할 예정이다.

그는 취임 초부터 "이민 출입국 정책은 국가 백년대계로 준비되고 추진돼야 한다"고 강조해왔다. 한동훈 장관이 브리핑한 법무부 업무보고 주요 내용 중 하나가 '출입국 · 이민관리청' 신설이었다.

외교부 산하 재외동포청이 먼저 국가보훈부 승격과 함께 이뤄졌다. 법무부 추진 출입국이민관리청과 업무가 중복 혹은 충돌할 소지가 있다. 그러나 한동훈 장관이 업무에 국한해, 기술적(테크니컬) 고려만으로 출장을 결행했을까? 결코 그렇지 않을 거다.

마케팅 전략 중 하나가 STP 전략이다. 세분화(Segmentation)와 타깃 설정(Targeting) 후 어떻게 소구(Positioning) 할 건가?

정치 마케팅에서도 왕왕 써먹는 수법이다. 한동훈에게 「펠로폰네소스 전쟁사」는 어떤 의미로, 아니 어떤 도구였을까?

지금 그는 피 튀기는 전투, 아니 훨씬 더 심각한 전쟁 중이다. 이재명 대표에 대한 2차 구속영장과 앞서 있을지 모를 불구속기소까지 말이다. 검찰이 실무를 맡아 총력전을 펼치고 있지만 '일반적으로' 검찰을 지휘한다. 큰 틀에서 전투가 아닌 전쟁의 시기와 완급을 비롯한 주요 전략을 짤 거다.

그런 와중에 다소 한가하게 보이는 유럽 출장이라니… 한동훈의 발걸음에 당장 더불어민주당은 발끈했다. '정순신 낙마' 인사검증 책임을 져야 할 사람 운운해본들 닭 쫓던 개 신세다. 역시 민주당 율사 출신의 국회의원들보다는 머리 좋은 한동훈 장관이 두어 수 위다. 박범계를 비롯, 김남국 이수진 최강욱 등 법사위 야당 국회의원들은 그에게 당하고 만다.

붉은 표지 「펠로폰네소스 전쟁사」로 다시 한번 어퍼컷을 먹였다. 윤석열 대통령은 대선 때 어퍼컷, 이재명 대표는 하이킥 세리모니를 선보였다. 이 정치마케팅 결과는 고교 때 권투를 몇 개월 해본 윤통의 압승이었다. 398일 남은 내년 4월 10일 총선에서 한동훈 장관은 출마할 것으로 나는 본다. 내가 윤통이라면, 그를 출마시켜 언론 관심과 바람을 일으키게 만들 거다. 윤통이 정치를 모르면서 잘 아는 척하는 걸로 여기는 사람들도 꽤 있다.

10개월여만에 후보와 대권까지 차지한 정치적 압축 성장에 빈틈은 있다. 그러나 필자가 여러 번 말했지만, 윤통은 유도를 비롯해 운동을 해봐 타이밍을 안다. 정치는 타이밍의 예술이기도 하다.

거대 야당은 윤통이나 한동훈이 특별수사로 잔뼈가 굵어 '정치적'이라고 씹는다. 맞는 말일 거다. 그것을 뒤집어 말하면 "정치 감각이 있다"는 말이다. 동물적으로 해야 할 때와 멈출 때, 전투와 퇴각할 시점을 안다는 거다. 상대 힘을 역이용할 줄 아는 윤통도 그렇지만, 한동훈 역시 수가 빼어나다.

그러니 치고 빠지면서 STP 전략으로 가볍게 아군 쪽 눈길을 붙든 거다. 「펠로폰네소스 전쟁사」로 말이다.

펠로폰네소스 전쟁은?

기원전 480년 페르시아의 왕, 다리우스의 아들 크세르크세스는 100만 대군을 이끌고 2차 침공을 시도한다. 일설에는 170만이라고도 하지만 사가들은 50만 정도였을 것으로 추산한다. 물론, 50만이라도 당시로서는 초유의 대군이었음은 물론이다.

그러나 이 군대도 480년 살라미스에서 아테네가 이끄는 해군에 참패했다. 그 다음 해인 479년 플라테아전투에서 또 지면서 허무하게 무너졌다. 이로써 그리스는 자유와 독립을 지켜 그 후 50년간 황금기를 맞이했다. 철학자 소크라테스부터 에스킬루스, 소포클레스, 에우리피데스 등 극작가, 역사의 헤로도투스 등 서양 학문과 예술의 뿌리는 이때부터 자라났다.

그러나 이처럼 화려했던 그리스는 순식간에 몰락으로 접어든다. '펠로폰네소스 전쟁'이라 부르는 그리스 도시국가 간 내전 때문이었다. 페르시아에 맞서 그리스를 지킨 양대 축 아테네와 스파르타의 주도권 싸움 탓이었다. 전쟁의 발단은 코시라라는 작은 도시국가. 코린트 식민지 코시라가 반란을 일으키자 코린트는 진압에 나서려 했다. 불안을 느낀 코시라가 아테네에 도움을 요청하자 아테네가 수락한다. 코시라는 파멸을 면했지만, 이번에는 코린트가 불만을 품게 된다.

코린트는 동맹국 스파르타에 도움을 요청, 결국 스파르타와 아테네 간 혈투로 번졌다. 당시 무력 최강의 스파르타가 페르시아전쟁을 계기로 급속히 부상한 아테네에 불안을 느끼기 시작한 게 이 전쟁의 근본 원인이긴 하다.

30년에 걸친 전쟁의 결과 스파르타가 아테네를 꺾고 승자가 되긴 한다. 그러나 기력을 소진하고 신흥 강자 테베에게 일격을 당해 패망한다. 테베 역시 '야만족'으로 깔보던 마케도니아에게 무너지고, 그리스는 쇠퇴일로를 걷게 된다.

이상 출처 : http://kor.theasian.asia/archives/332578

"영원한 지식의 보고로 남기 위한 사실의 집적"

그리스의 역사가 투키디데스는 아테네 중심의 '델로스 동맹'과 스파르타 중심의 '펠로폰네소스 동맹' 간의 오랜 패권 전쟁을 연대기 순으로 기록했다. 중간중간 자신의 생각을 기술하기도 하지만, 거의 대부분은 전쟁과 관련된 실제 사실들만을 기록했다. 당시 행해졌던 생생한 전투 상황과 장군들의 연설, 각국 사절단들이 쏟아내는 발언들까지 적나라하게 기술하고 있다.

이런 「펠로폰네소스 전쟁사」는 전 8권으로 구성된 역사서이다. 그리스 내전을 다룬 역사서이지만, 오늘날의 국제 역학이나 정치 본질을 가늠해 볼 수 있는 지혜서이기도 하다.

'마셜플랜'으로 유명한 조지 마셜은 1939년 미국 육군 참모총장으로 진급한 뒤, 국무부장관, 국방부장관을 거쳐 노벨평화상까지 탄 인물이다. 그는 1947년 2월 22일, 프린스턴 대학에서 행한 연설에서 이렇게 말했다.

"오늘날 벌어지고 있는 국제 관계의 기본 문제들을 깊은 혜안과 확고한 신념으로 다룰 수 있기 위해서는 무엇보다 고대 그리스에서 벌어졌던 '펠로폰네소스 전쟁'과 아테네의 몰락 원인에 대해서 마음속 깊이 따져보아야 합니다."

이는 투키디데스의 「펠로폰네소스 전쟁사」를 통해 얻은 지혜를 바탕으로 한 발언이다.

투키디데스는 펠로폰네소스 전쟁이 장차 그리스 도시국가 전체를 뒤흔들 대전으로 확대될 거라고 예견했다. 그래서 전쟁의 진상을 기록으로 남겨 후세 사람들이 비슷한 상황에 직면했을 때 교훈으로 삼을 수 있도록 하기 위해 역사서를 집필한다고 서문에서 밝히고 있다.

"내가 여기에 쓰는 역사는 재미가 없을 수도 있다. 흥미로운 이야깃거리를 다루고 있지 않기 때문이다. 그러나 역사의 진실을 들여다보려는 사람이라면, 그리고 역사의 반복 또는 적어도 반복에 가까운 것을 대비하려는 사람이라면, 이 책에서 충분한 도움을 얻을 것이다. 이는 대중의 찬사를 받고자 쓰는 문학이 아니라, 영원한 지식의 보고로 남기 위해 이루어진 사실의 집적이다."

이처럼 투키디데스는 자신의 역사 기록을 '영원한 재산(etemal possesion)'이라고 부르면서, '두려움과 이기심, 명예에 의해 지배되는 인간 조건은 영원히 변하지 않으며, 따라서 인간의 역사가 반복되는 것이고, 후세의 사람들은 자신의 기록에서 많은 교훈을 얻을 것'이라고 예언했다.

「펠로폰네소스 전쟁사」라는 책 제목은 후세에 붙여진 것이고, 저자가 처음 붙인 제목은 그냥 「역사」였는데, 이야기식 사서(史書)인 헤로도토스의 「히스토리아」와 대비되게 객관적이고 실증적인 서술로 기록되어 있다. 이 책의 곳곳에 나타나는 정치인과 장군들의 연설은 이 책만이 가진 독특한 특징이다.

사진 출처 : 나무위키

"전쟁의 발단과 종말"

그렇다면 펠로폰네소스전쟁은 좀 더 구체적으로 어떤 전쟁이었는가? 투키디데스가 기록한 펠로폰네소스전쟁의 전말을 요약하면 다음과 같다.

기원전 480년, 페르시아 왕 크세르크세스(다리우스의 아들)는 무려 100만이란 대군을 이끌고 그리스를 향해 2차 침공을 시도한다. 그러나 이 군대도 480년 살라미스에서 아테네가 이끄는 그리스 도시국가 동맹인 '델로스동맹군'에게 참패한다. 그리고 다음 해인 479년 그리스 동맹군이 플라테아전투에서도 승리하면서 그리스는 향후 50년간 황금기를 맞이한다. 이후 델로스동맹은 점차 아테네의 국력을 떨치기 위한 기반으로 바뀌고, 최강의 해군력을 보유하게 된 아테네는 해상무역의 주도권을 잡아 막대한 부를 누리게 된다.

바로 이 시기에 그 유명한 소크라테스, 소포클레스, 아리스토파네스 등이 등장하며 서양 문화의 뿌리가 구축된다. 그리고 페르시아전쟁에 참여했던 하층민들의 참정권이 인정되면서 민주주의가 발전한다.

정치적으로는 이 시대의 영광을 이끈 대정치가 페리클레스가 '아테네는 그리스 전체의 모범'이라고 자신 있게 말했듯 아테네는 도시국가의 맹주가 된다. 그러나 점차 아테네는 맹주의 권한을 남용하여 델로스동맹 기금을 사적으로 이용하는가 하면, 동맹에서 탈퇴하는 나라를 힘으로 제압하고 점령군을 두어 군사통치를 한다. 그리고 델로스동맹 회원국에서 벌어지는 중요한 법률문제는 모두 아테네의 법정에서 아테네 시민들의 판결에 따르도록 강요했다. 그러자 오랫동안 독자적인 삶을 누려온 소국들의 불만이 커져갔다. 그뿐만 아니라 전통의 육군 강국 스파르타는 아테네의 패권에 불안을 느꼈고, 시칠리아 등 멀리까지 식민지를 확대하려는 아테네에 대해 원래 그 지역에서 이권을 갖고 있던 코린트 등은 긴장하지 않을 수 없었다.

전쟁의 발단은 도시국가 코린트의 식민지 코시라가 반란을 일으키자 코린트는 무력 진압에 나서려 했다. 불안을 느낀 코시라가 아테네에 도움을 요청했고, 아테네는 이를 수락한다. 덕분에 코시라는 패망을 면했지만, 이번에는 코린트가 아테네에 불만을 품게 된다. 코린트는 동맹국 스파르타에 도움을 요청했고, 결국 스파르타와 아테네 간의 패권 전쟁으로 발전한다.

결국 펠로폰네소스 반도의 스파르타를 중심으로 하는 '펠로폰네소스 동맹'과 아테네를 중심으로 하는 '델로스 동맹' 사이의 긴장이 점점 고조되고, 이들 동맹에 포함된 나라들과 중립인 나라들 사이의 역

사진 출처 : 에펨코리아

학관계가 복잡하게 얽히면서 마침내 기원전 431년 펠로폰네소스전쟁이 발발한다.

무려 30년에 걸친 긴 전쟁 결과 스파르타가 아테네를 제압하고 승자가 되지만 기력을 다한 스파르타도 신흥 강자인 테베에게 일격을 당해 패망한다. 그리고 뒤이어 테베 역시 그들이 야만족으로 깔보던 마케도니아에게 패배해 그리스의 여러 도시국가들은 급격히 쇠퇴일로를 걷게 된다.

이것이 '펠로폰네소스전쟁'의 전말이다.

"오랜 추방이 가져온 불멸의 책"

투키디데스는 '실증적 역사 기록'을 개척한 뛰어난 역사가로 B.C 460년 그리스 아테네에서 태어나 B.C 400년에 사망했다. 일명 '서양의 사마천'으로 불릴 정도로 탁월한 역사가였지만, 정작 그의 생애에 대해서는 별로 알려진 것이 많지 않다. 그의 생애와 관련하여 우리에게 알려진 것은 고작 본인의 저서인 『펠로폰네소스 전쟁사』 중간중간 언급된 개인적인 기록이 전부이다.

빈약한 기록들을 모아 종합해 보면, 투키디데스는 그리스 북부지방 트라케 출신인 올로로스의 아들로, 기원전 465년을 전후하여 아테네에서 태어난 것으로 보인다.

그의 아버지 올로로스는 트라키아 왕가의 피를 이어받았고, 트라키아에 광산을 소유하고 있었다고 한다. 아테네의 장군이자 페르시아전쟁의 영웅인 밀티아데스와 친척관계라는 말도 있고, 참주 페이시스트라토스와 혈연관계라는 설도 있는데 모두 분명치 않다. 당시 올로로스라는 이름이나 투키디데스라는 이름은 흔한 이름이었기 때문에 명확한 근거는 없다.

그러나 투키디데스가 상당한 명문가 태생으로 유복하게 자랐을 가능성은 높아 보인다. 그리고 철학자 아낙사고라스의 가르침을 받아 무신론자가 되었으며, 귀족주의자였던 변론가 안티폰에게 웅변을 배웠다는 기록이 남아있다. 따라서 그는 귀족주의 사고방식에 익숙했을 것으로 보이지만, 실제로는 아테네 민주정치의 발전을 적극적으로 지지했고, 페리클레스의 정치적 동지가 되었다고 한다. 그러면서 한편으론 민주주의가 대중이란 속성에 놀아나거나 일시적인 감정에 휩쓸려 어리석은 결정을 내릴 수도 있다고 보았으며, 페리클레스와 같이 현명한 지도자가 있어야 민주주의가 중우정치에 빠지지 않는다고 생각했던 것으로 보인다.

펠로폰네소스전쟁 중에는 자신도 장군으로 선발되어 트라키아 지방에 파견되었지만, 사명을 완수하지 못한 죄로 추방되었다가 전쟁이 끝나고 아테네로 돌아왔는데, 그 과정에 대한 기록은 다음과 같다.
"투키디데스는 기원전 424년 장군 신분으로 트라키아의 암피폴리스에 파견되었다. 그러나 스파르타군의 브라시다스가 먼저 암피폴리스를 점령함으로써 투키디데스는 그 책임을 지고 아테네에서 추방당한다. 이것은 과도한 조치였는데, 투키디데스가 패전한 것이 아니라 그가 도착하기 전에 이미 암피폴리스가 브라시다스에게 항복한 상황이었다. 더구나 투키디데스는 에이온 지방을 적으로부터 빼앗기도 했다. 하지만 당시는 예상 밖으로 길어지는 전쟁으로 페리클레스의 입장이 곤란에 처해 졌으며, 그나마 몇 년 뒤에는 페리클레스가 역병으로 세상을 떠나는 한편 페리클레스의 정적이자 투키디데스와는 앙숙이었던 클레온이 권력의 중심이 되었다. 그리하여 투키디데스는 20년가량이나 아테네로부터 추방당했던 것이다."

이와 관련하여 후일 투키디데스는 이렇게 술회한다.
"추방 덕분에 오히려 나는 양쪽 관점에서 전쟁을 바라볼 수 있었으며, 특히 펠로폰네소스인들의 입장을 차분히 관찰할 수 있었다."
투키디데스의 이러한 고백처럼, 그의 불운은 한편으로 그의 역사 기록에는 도움이 되었다. 실제로 그가 20년의 추방을 겪지 않았다면 「펠로폰네소스 전쟁사」는 그만큼 풍부하면서 심도 있는 역사서가 되기 어려웠을 것이라는 평가가 많다.
이 부분에서는 사마천이 궁형에 처해지지 않았다면 「사기」는 기록되지 않았을 것이라는 추론과 일맥상통한다.

아무튼, 이처럼 투키디데스는 자신이 직접 가담하고 체험한 전쟁을 최대한 객관적으로 기록하였다. 그는 자신의 역사서 서문에 밝혔듯 "신의 개입을 인정하지 않고, 인과 관계에 따라 분석하고 엄격한 기준으로 사료를 수집하여 기록함"으로써, '과학적 역사관의 창시자'로 인정받는다. 또 이상적인 정의보다는 현실적 패권에 방점을 두고 국가 간의 역학관계를 보는 '현실주의 정치론'의 시조로 여겨지기도 한다.

사진 출처 : 나무위키

"오직 사실만을 기록한다"

이렇듯 투키디데스의 역사 서술은 '사실 기록의 모범'을 보인다. 그는 그럴듯한 이야기를 일체 배제했으며, 근거 있는 사실만을 기록했다. 정작 '역사의 아버지'라 불리는 헤로도토스만 해도 신화와 전설, 야담이나 뜬소문 등을 뒤섞어 썼으나, 투키디데스는 자신이 직접 목격한 일이나 여러 자료와 증언에 따라 사실이라 믿어지는 것만을 썼다. 이로써 역사는 비로소 '옛날이야기를 벗어난 사실의 기록'이 되었다. 또한 그는 역사 기록자의 주관적 입장을 최대한 배제하고 철저히 객관적으로 사건을 다루려고 애썼다. 심지어 그는 당시의 최고 권력자 페리클레스와 절친한 사이였음에도 그의 실수나 약점을 고스란히 기록했고, 조국 아테네의 참담한 패배나 어처구니없는 실책도 빠짐없이 기록했다.

그래서 2세기 로마의 작가인 루키아노스는 '투키디데스야말로 역사가들이 무엇을 어떻게 써야 하는지 명확한 지침을 준 사람'이라고 평가했다. 그리고 2천 년을 훌쩍 뛰어넘어, 19세기의 독일 역사가 랑케는 투키디데스의 정신을 되살려 '실증주의 역사관'을 정립했다.

투키디데스는 펠로폰네소스전쟁이 어떤 이념이나 도덕 문제, 또는 우연에서 빚어진 것이 아니라 국제적 역학관계 때문이라고 보았다. 이러한 시각은 마키아벨리나 홉스 등의 사상가들에게도 큰 영향을 미쳐, 근대 정치학이 탄생하는 데 크게 이바지했다. 그래서 현대 정치철학을 재정립시킨 레오 스트라우스도 「서양정치철학사」의 첫머리에 투키디데스를 놓았던 것이다.

이처럼 투키디데스의 「펠로폰네소스 전쟁사」는 많은 이들에게 큰 영향을 주었고, 현실주의를 비판한 대표적 이상주의자였던 우드로 윌슨 대통령마저도 파리 평화조약 회담장으로 가는 길에 「펠로폰네소스 전쟁사」를 숙독하며 생각을 가다듬었다고 한다.

"*상선벌악(賞善罰惡)*"

경제종합언론사이트인 '나이스경제' 박해옥 기자는 2022년 6월 1일 '박해옥의 나이스한 세상'에 "훼손돼선 안 될 한동훈의 정의"라는 제목으로 다음과 같은 글을 올렸다. 사안의 정곡과 문제 해결 방법을 명쾌하게 제시하는 칼럼이다.

잘잘못을 논할 때 양시양비론은 당당한 논리가 될 수 없다. 책임 소재를 불분명하게 함으로써 문제 해결을 어렵게 하는 결함을 안고 있어서이다. 이럴 경우엔 양분론이 양시론이나 양비론보다 적절하다. 잘잘못은 엄격한 잣대를 통해 재단하는 게 사회 정의에도 부합한다. 경계해야 할 일은 선택의 영역인 호오(好惡) 또는 이념을 근거 삼아 피아를 가르는 일이다.

불가의 기본 철학인 윤회설의 기저를 이루는 정신도 이분법적 개념인 상선벌악(賞善罰惡)이다. 전세에서 현세로, 현세에서 내세로의 윤회를 통해 잘한 일로는 상을 받고, 잘못에 대해서는 벌을 받는다는 게 윤회사상의 기본취지다. 윤회사상까지는 몰라도 상선벌악, 신상필벌(信賞必罰)만큼은 종교적 신념과 무관하게 당연한 것으로 여기는 게 일반적 정서다.

이런 측면에서 보자면 한동훈 검사의 법무장관 취임은 당연한 귀결이다. 임명권자인 윤석열 대통령 말마따나 그는 '독립운동하듯' 온갖 핍박을 헤치고 살아있는 권력과 맞서면서 법치 확립을 위해 노력해온 인물이다. 그런 행동이 개인적 영달을 위함이 아니었음은 누구도 부인할 수 없을 것이다.

한동훈 장관은 검사 시절 권력에 맞섰다는 '잘못'으로 인해 네 번이나 좌천을 당한 인물이다. 집권 세력이 온갖 수단을 동원해 범법 행위를 찾아내려 했지만 아무 것도 나온 게 없었다. 그걸 보면 좌천 이유가 무엇이었는지 뚜렷해진다.

그에게 또 다른 '잘못'이 있다면 문재인 정권 사람들에게 미운털이 박힌 윤석열 대통령과 가까웠다는 점일 것이다. 평생 범죄자들을 다뤄왔으면서도 제왕적 대통령이 군림하는 환경에서 괘씸죄가 얼마나 큰 죄인지 몰랐으니 잘못 치고도 큰 잘못이라 우긴다면 할 말이 없을 것이다. 하지만 내로남불이 몸에 밴 철면피한 사람들이라 할지라도 정색하고 괘씸죄를 앞세워 단죄를 논할 수는 없었던 것 같다.

그래서 기껏 한다는 게 '소통령'이니 '왕장관'이니 하는 프레임 씌우기가 아닌가 싶다. 더불어민주당은 프레임 씌우기에 이골이 난 집단이다. 자신들의 입으로 그토록 비난하던 행위를 스스로 거리낌 없이 행한 뒤엔 눈을 부라리며 뭐가 문제냐고 따지기 일쑤다. 거기서 한발 더 나아가 아예 죄책을 애먼 이들에게 떠넘기는 일도 마다하지 않는다. 성남시 대장동 원주민들에게 돌아가야 할 이익을 엉뚱한 소수에게 몰아준 결과를 두고 범법 시비가 일자 '윤석열이 대장동 사건의 주범'이라 우기기까지 하는 게 그들이다. '최대의 치적'이라 주장하던 사안을 세 불리해지자 느닷없이 정적의 범죄행위로 뒤바꿔버렸다.

상선벌악 논리로 치면 민주당 정권의 재집권 실패는 맥락이 뚜렷한 업보다. 툭 하면 '양심의 법정' 운운하며 자신들의 불의함을 정의로 둔갑시키려 했고, 한술 더 떠 프레임 씌우기로 혹세무민을 일삼아온 데 대한 유권자들의 심판이다.

반면 한동훈 검사의 입각은 당위성을 지닌다. 법치 구현을 위해 투쟁하다 부당한 핍박을 받았다면 그에 대해 보상을 해주는 것이 정의이고 상식이다. 개미가 우산을 받쳐 들 듯 감당 못할 직책을 받았다면 모를까, 그것도 아닌 듯 보인다. 민주당 인사들이 온갖 트집을 잡으려 애쓰면서도 능력 문제를 별반 거론하지 않는 것만 보아도 그런 정황을 느낄 수 있다.

민주당 정권의 재집권 실패와 한동훈 장관의 취임은 상선벌악이란 하나의 맥락으로 설명될 수 있는 사건들이다. 재집권 실패가 벌이라면 장관 취임은 상이라 할 수 있다. 상벌 시행의 주체는 객관적 입장에 서 있는 유권자들이다.

상을 받은 한 장관에게는 진정한 검찰개혁으로 보답해야 할 준엄한 책무가 주어져 있다. 윤 대통령이 그를 법무장관으로 기용하면서 기대한 것도 그 점일 것으로 짐작된다.

검찰개혁은 거창한 구호나 소동을 요하는 일이 아니다. 요체는 네 편 내 편 없이 홀로서는 검찰을 만드는 것이다. 법제가 미비해서 검찰개혁이 안 되는 것도 아니다. 검찰을 충견으로 삼으려는 권력의 못된 욕심이 검찰개혁의 최대 장애물이다. 민주화 이후 그런 욕심을 가장 노골적으로 드러낸 정권이 문재인 정권이었다. 그리고 그런 욕심에 저항하는 과정에서 부상한 이들이 반골 검사 출신들인 윤석열 대통령과 한동훈 장관이다.

이제부터 우리 사회가 할 일은 한동훈 장관이 검찰독립을 완성함으로써 그가 꿈꿔온 사회정의가 구현되도록 노력하는지를 냉정히 지켜보는 일이다. 관전 포인트는 공수가 바뀐 상황에서도 그가 살아있는 권력의 잘못에 맞서는 검사들의 행동을 보장하고 지지하는지 여부다.

감시의 눈초리가 만만치 않다는 것은 한 장관 스스로가 누구보다 잘 알 것이다. 당장 신경 써야 할 것이 투사 출신이 즐비한 제1야당의 언제 재개될지 모를 무차별 공격이다. 이것만으로도 그는 살얼음판을 걷는 심정으로 장관직을 수행해야 할 상황에 처해 있다고 할 수 있다.

이 같은 상황에서 한 장관이 뜻을 펼쳐 보이기도 전부터 '소통령'이란 비판에 시달리는 것은 안타까운 일이다. 정치적 의도가 다분한 공세이긴 하지만 이런 일로 구설에 휘말리면 향후의 행동 하나하나에 엉뚱한 해석들이 가해지기 쉽다. 그 과정에서 한 장관이 조작되거나 오도된 여론의 희생양이 될 가능성도 커진다. 드루킹 사건이나, 광우병 파동 등이 그럴 가능성을 일깨워준다.

새 정부가 진정 올바른 법무행정을 통한 검찰개혁을 지향한다면, 한동훈 장관에게 부과된 쓸데없는 짐부터 덜어줄 필요가 있다. 그 짐 중 하나가 막강한 권력 행사의 수단으로 인식돼온 정부의 인사검증 역할이다. 다른 기관에 위임해도 될 민감한 일을 공연히 법무부에 맡겨 한 장관을 '빅 브라더' 논란의 한 가운데로 몰아넣을 이유는 없다. 이미 국무회의까지 통과한 사안이라 모양새가 우습게 됐지만, 이제라도 비판의 목소리를 수용하는 게 결과적으로 덜 번거롭고 후과를 최소화하는 일이 될 것이다.

정부 인사검증 기능의 재배치는 억눌려졌던 한동훈 장관의 정의가 온전히 구현되도록 돕는 길이다. 무관의 '소통령'도 거북하고 조심스러운 판에 '왕장관 소통령'은 한 장관을 응원하는 사람들의 입장에서 보더라도 마땅찮은 일일 것이다.

이상 출처 : https://www.niceeconomy.co.kr/news/articleView.html?idxno=81145

"고로, 힘과 정의는 늘 함께 있어야…"

사회적 경제 전문 미디어인 '이로운넷'의 이정재 시니어 기자는 2021년 2월 3일, '이정재의 단필단상(短筆斷想)'이란 코너에 "힘과 정의"라는 제목으로 다음과 같은 글을 올렸다.

당나라 초기의 공신이자 학자인 위징(魏徵)은 황제에게 직간을 한 것으로 유명하다. 당태종이 때로는 얼굴을 붉히고 화를 내어도 조금의 굽힘 없이 쓴소리를 서슴지 않아 주위의 신하들이 조마조마할 정도였다. '듣기 좋은 꽃노래도 한두 번'이듯, 귀에 거슬리는 충언이 지

겨울 법도 한데 당태종은 그 말을 저버리지 않고 잘 지켜 정관의 치(貞觀의 治)를 이루었다. 여러 의견을 들으면 현명해지고 일부의 말에 치우치면 어리석어진다. 목이 달아날 수도 있는 위험을 무릅쓰고 간언한 위징은 물론 그 쓴소리를 귀담아듣고 훌륭한 정사를 편 당태종은 정의를 실천한 사람임에 틀림없다.

6·25 발발 직후인 그해 7월, 경찰에 특명이 내려졌다. 좌익이나 북한군에 부역한 혐의로 보도연맹에 명단을 올린 수십만 명을 모두 사살하고 후퇴하라는 지시였다. 전남 구례경찰서에 보도연맹원 480명이 끌려왔다. 이때 안종삼(安鐘三) 당시 구례경찰서장은 이들을 운동장에 모아 놓고 "지금부터 여러분들을 모두 방면합니다. 살기 위해 우익도 하고 좌익도 했지만 하고 싶어서 했겠는가? 애국의 기회를 줄 테니 나가서 나라를 위해 충성하십시오. 이 조치로 내가 반역에 몰려 죽을지도 모르지만, 죽으면 나의 영혼이 여러분 각자의 가슴속에 들어가 여러분을 지킬 것이니 새 사람이 되어 주십시오"라며 모두를 석방해 줬다. 군민들은 만세로 화답했고, 죽음의 문전에서 풀려난 이들은 감사의 눈물을 흘리며 그 후 지리산 권역 전투에서 혁혁한 공을 세웠다. 이로 인해 빨치산의 근거지였던 구례에서는 피아간에 큰 피해가 없었고, 민간인 학살이 최소화될 수 있었다. 이념보다 사람의 생명을 귀히 여기고 정의를 결단하고 항명한 안종삼 의인이야말로 인도주의를 실천한 참 영웅이다.

영웅은 범인(凡人)으로서는 해내기 힘든 일을 하는 사람이기에 선

천적으로 탁월한 자질을 가진 사람들로 알고 있다. 하지만 영웅이라고 꼭 특출한 재능과 지혜를 갖춘 사람은 아니다. 영웅은 할 일을 하는 사람이며, 보통 사람은 그것을 바라만 보는 사람이라는 점이 다르다. 단, 영웅은 남다른 비전을 가지고 일을 꾀하고 이끌어서 결국엔 이뤄내고야 마는 한발 앞선 사람들임에는 틀림없다. 시대의 흐름(天時)을 바로 읽고 상황(地利)을 정확히 파악하는 지혜는 물론, 주변의 협조(人和)를 이끌어내 행동으로 옮기는 용기를 가진 이들이다.

세상을 움직이는 것은 힘이지만, 그 힘은 정의에서 나와야 한다. 정의가 없는 힘은 폭력이고, 힘없는 정의는 무능이다. 힘 있는 자가 정의롭지 못하면 위험에 빠지고, 정의로운 자가 힘이 없으면 비굴해진다. 힘은 정의로운 사람에게 주어져야 하며 힘의 행사와 의사 표현은 어떠한 경우에도 강압적이지 않고 비폭력적이어야 정당화된다. 한두 명의 인질을 구출하기 위해 수십 수백 명의 특공대와 엄청난 물자를 쏟고, 설사 100명에게 불이익을 가져오는 한이 있더라도 단 한 사람의 억울함이 없도록 하는 것이 진정한 정의다.

흔히 권력은 그것이 발휘하는 '힘'을 '정의'로 포장한다. 권력이 도덕을 외면하고 자신의 힘을 정의라고 내세우는 현상이 확산될 때 사회 곳곳에서 절망의 목소리인 '니힐(Nihil)'의 외침이 높아진다. 권력이 대중을 아무것도 아닌 존재로 취급하기 때문이다. '힘이 정의'라는 논리에 '아무것도 아닌 존재'로서 삶을 살아가던 군중이 동조하게 될 때, 그 권력을 향한 동조는 '파시즘'의 토양이 되고 만다.

어둠은 빛을 이길 수 없다. 정의가 한순간 승리자의 편에 선다 할지라도 역사는 정의의 편이다. 정의를 말하기에 앞서 자신이 생각하는 정의가 진정 누구를 위한 정의인지 살펴봐야 한다. 정의는 자신과 소속집단을 위한 것이 아닌 대의와 공의에 바탕이 되어야 진정한 힘을 가진다.

의사에게 칼은 사람을 살리는 도구가 되지만 광인에게 그것이 주어지면 사람을 죽이는 흉기가 된다. "힘이 있는 자는 정의로워야 하고, 정의로운 자는 힘이 있어야 하는 고로 힘과 정의는 늘 함께 있어야 하는 것이다." 파스칼의 말이다.

이상 출처 : https://blog.naver.com/erounnet/222228626360

사진 출처 : 나무위키

* 안종삼은 1903년(광무 7년), 전라남도 보성군에서 태어났다. 1949년 5월, 전라남도 구례군 경찰서장에 임명되었으며, 한국 전쟁 발발 이후인 1950년 7월 24일, 상부의 명령을 거부하고 보도연맹원 480명의 예비검속자 앞에서 "내가 죽더라도 방면하겠으니 국가를 위해 충성해 달라."라고 연설 후 전원을 방면하여 구명하였다. 이후 총경으로 승진하였고, 지리산지구 경찰전투사령부 정보참모로 근무하였다. 안총경은 이후 경찰을 떠나 1956년 전남도의원에 당선되었고, 1977년에 사망하였다.

보도연맹사건 당시 구금 중인 480명의 보도연맹원을 살렸으며, 이른바 한국판 쉰들러로 불린다. 구례경찰서는 안종삼 총경을 기리는 기념사업추진단을 구성하였고, 2012년 7월 24일 경찰서 마당에 그의 동상이 세워졌다.

자료출처 : 네이버백과, 위키백과, 나무위키

"힘과 정의"

국어사전은 '힘'을 이렇게 정의한다.
① 사람이나 동물이 몸에 갖추고 있으면서 스스로 움직이거나 다른 물건을 움직이게 하는 근육 작용
② 일이나 활동에 도움이나 의지가 되는 것
③ 어떤 일을 할 수 있는 능력이나 역량

그리고 '정의'는 이렇게 정의한다.
① 진리에 맞는 올바른 도리
② 바른 의의(意義)
③ 개인 간의 올바른 도리. 또는 사회를 구성하고 유지하는 공정한 도리, 분배 정의

그런가 하면 소크라테스는 아주 색다른 관점으로 정의를 이렇게 정의했다.
"인간의 선한 본성"

이와 같은 개념은 그렇다 치고, '실현돼야 할 과제'로서의 정의는 파스칼의 말 대로 '늘 힘과 함께' 있어야 한다. 건전지의 양극처럼 한 짝일 때만 온전한 의미를 갖는다는 얘기다.

세상의 힘은 권력이나 재력이나 집단력이나 물리력만이 힘인 것은

아니다. '올바른 신념에 의한 굳은 의지와 결단'도 힘이고, '양심의 추종'도 힘이다. 앞서 이정재 시니어 기자가 칼럼에서 인용한 안종삼 서장의 의로운 결단이야말로 진정한 힘이다.

그리고 의로운 사나이 안중근, 그의 어머니 조마리아 여사의 힘은 또 어떠한가? 역사에 길이 남을 엄청난 힘이다. 영국의 존경받는 여왕 엘리자베스 1세의 '양심의 힘'은 또 어떠한가?

* 안중근의사 어머니 조마리아의 편지

"네가 만약 늙은 어미보다 먼저 죽는 것을 불효라 생각한다면 이 어미는 웃음거리가 될 것이다. 너의 죽음은 너 한 사람 것이 아니라 조선인 전체의 공분을 짊어지고 있는 것이다. 네가 항소를 한다면 그것은 일제에 목숨을 구걸하는 짓이다. 네가 나라를 위해 이에 이른즉 딴 맘 먹지 말고 죽으라! 옳은 일을 하고 받은 형이니 비겁하게 삶을 구하지 말고 대의에 죽는 것이 어미에 대한 효도이다.

아마도 이 편지가 이 어미가 너에게 쓰는 마지막 편지가 될 것이다. 여기에 너의 수의(壽衣)를 지어 보내니, 이 옷을 입고 가거라. 어미는 현세에서 너와 재회하기를 기대치 않으니, 다음 세상에는 반드시 선량한 천부의 아들이 되어 이 세상에 나오너라."

* 엘리자베스 1세의 '황금연설'

"신께서 나를 여왕으로 만들어 주신 데 감사하지만, 내가 누릴 수 있었던 가장 큰 영광은 백성의 사랑을 받으며 통치할 수 있었다는 것이다. 신께서 나를 왕좌에 앉히셨다는 점보다 이렇게 애정을 보내준 백성의 여왕이 되어, 그들을 안전하게 보호하고 위험에서 구하도록 하셨다는 점이 훨씬 더 기쁘다. (중략) 왕관은 남이 쓴 모습을 보고 있을 때 영광스러운 법이며, 직접 써보면 그다지 즐겁지 않다. 신께서 내게 주신 책무를 이행하고, 신의 영광을 드높이며 백성을 안전하게 지켜야 한다는 양심의 명령이 없었다면 나도 이 왕관을 누구에게든 주어버리고 말았을 것이다. 나는 내가 백성들에게 도움이 될 수 있는 날까지만 살아서 통치할 생각이다."

"비로소 나는"

위인이든 평범한 사람이든 어떤 한 개인이나 집단이 정의를 위해 의로운 길을 가고자 할 때는 반드시 감당하고 지불해야 할 대가, 즉 상처와 고독과 좌절과 고뇌와 고통이 뒤따르게 마련이다. 그러나 이러한 것들을 통해서만 비로소 강력한 힘이 발휘된다. 인류 역사를 뒤돌아볼 때 인간은 그것을 통해 비로소 짐승을 벗어나 진정한 인간이 되었다.

비로소 나는 인간이 되었다
　　　　　　　　　　　　　-필록테테스(그리스 신화 속 영웅)-

만일 뱀에게 물린 상처와
동료들에게 버림받은 불행과

이 섬에서 겪어야 했던
처절한 고독이 없었더라면

나는 마치 짐승처럼
생각도 없고
근심 걱정도 없었을 것이다.

고통이 내 영혼을 휘어잡아
깊은 고뇌에 빠뜨렸을 때
비로소 나는 인간이 되었다.

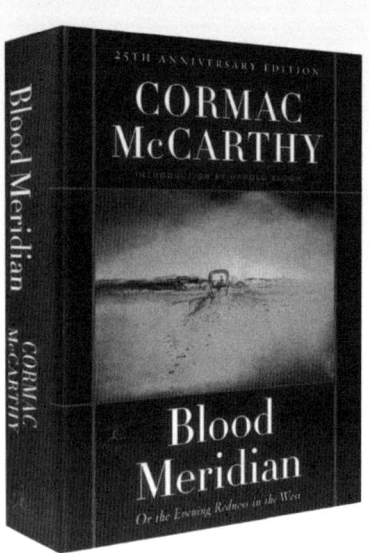

07

핏빛 자오선

− 코맥 매카시

인간 내면에 숨겨진 선과 악
죽은 그리스도는 갈가리 찢겨 설교대에 뻗어 있었다
코맥 매카시
우리가 최대한 할 수 있는 일은…
선악 구도와 피맛, 그리고 그 후과
우리는 선, 너희는 악
모순상극의 양극단을 버리고…
상징투쟁과 진영전쟁 그리고 악마화
선과 악이 미친 격자무늬처럼 얽혀 있어

"인간 내면에 숨겨진 선과 악"

한낮의 열기가 이글거리는 평원에는 노새 해골과 인간의 뼈가 줄을 이어 나타났다. 밤에도 행군은 계속되었다. 창공을 가르던 별들이 칠흑 같은 산 너머에서 죽음을 맞았다. 이튿날 오후, 인간의 뼈로 만든 피리 소리가 들리더니 화려하고 기괴하게 치장한 인디언들이 고함을 지르며 나타났다. 소총에 화약을 재고 권총에 탄창을 갈 새도 없이 삽시간에 죽음의 그림자가 군인들을 덮쳤다. 몇몇은 창에 꿰뚫려 선 채로 머리가죽이 벗겨지고, 가슴에 화살을 맞고 쓰러지거나 칼과 창이 꽂혀 비틀비틀 피를 토하며 죽었다. 야만인들은 두개골에 칼날을 박아 벗겨낸 머리 가죽을 하늘 높이 쳐들고 시신들의 몸을 조각조각 썰더니 몸통에서 꺼낸 창자와 성기를 두 손 가득 그러쥐었다. 사방에서 신음과 헛소리가 아우성치고 쓰러진 말이 비명을 질러댔다.

이상은 소설 「핏빛 자오선(Blood_Meridian)」에 나오는 끔찍한 한 장면이다.

「핏빛 자오선」은 서부 개척 신화에 가려진 미국의 흑역사를 파헤친 걸작 소설이다.

1846년 '미국-멕시코 전쟁'이 끝난 즈음, 양국 국경지대에서 벌어진 실제 사건을 소재로 한 이 소설은 인간 내면에 숨겨진 잔혹함과 폭력성 그리고 악마성을 폭로하고, 도덕과 전쟁에 대한 진지한 성찰을 불러일으키게 하는 작품이다. 동시에 서부 개척 신화에 가려진 미국의 어두운 흑역사를 파헤치는 작품이다.

　소설 내용은 완전한 픽션이 아니라 상당 부분 사실에 기반한 것으로 역사적 리얼리티를 바탕으로 하고 있는데, 남북전쟁 당시 북군의 장교였던 새뮤얼 챔벌레인의 자서전 「나의 고백:악당의 회상」을 모티브로 삼고 있다.

　1985년에 발표한 이 소설로 코맥 매카시는 일약 전 세계적인 인기 작가의 반열에 올랐다. 아일랜드의 유명한 소설가 존 밴빌은 「핏빛 자오선」에 대해 '단테의 「신곡」과 호메로스의 「일리아드」, 멜빌의 「모비 딕」을 합쳐놓은 듯한 비범하고도 숨 막히는 걸작이다.'라고 평했고, 미국의 권위 있는 문학평론가 해럴드 블룸은 '「핏빛 자오선」은 현존하는 미국 작가의 작품 중 가장 뛰어난 미학적 성취를 이룬 작품이다'라고 평했다. 또한 이 소설은 〈타임〉지가 선정한 '100대 영문 소설', 〈뉴욕타임스〉가 뽑은 '최근 25년간 출간된 최고의 미국소설'로 선정되기도 했다.

　일명 '서부의 묵시록'으로도 불리는 「핏빛 자오선」은 매카시 작품 전체를 관통하는 은유적 계시의 세계관을 보여줄 뿐만 아니라, 비평가들로부터 그의 소설 가운데 문체와 분위기 묘사에 있어 가장 뛰어난 작품이라는 평가를 받고 있다.

　소설의 전체 줄거리를 요약하면 다음과 같다.

작품 속에서 마지막까지 이름이 밝혀지지 않는 한 소년이 이 소설의 주인공이다. 그 소년은 1833년 테네시에서 태어났는데, 열네 살이 되던 해에 가출을 한다. 그 시대 미국의 수많은 이주민들이 그러했듯 소년도 세인트루이스와 뉴올리언스를 거쳐 정처 없이 떠돌다 약탈과 살인이 만연한 미국의 서부로 들어선다.

소설 속에서 토드빈은 지명 수배자인데, 어느 비 오는 날 공중화장실로 통하는 외길에서 소년과 맞닥뜨린다. 술에 취한 토드빈이 소년에게 비키라고 위협하지만, 소년은 그의 턱에 발길질을 날리는 것으로 대답을 대신함으로써, 둘 사이에는 격투가 벌어진다. 그리고 토드빈의 친구가 소년의 뒤통수에 곤봉을 날려 쓰러뜨리는 것으로 싸움은 끝난다. 그러나 싸움이 끝난 뒤에는 오히려 둘이 친해져서, 토드빈이 적대시하는 자가 묵고 있는 숙소를 찾아가 그곳에 불을 지르고 둘이 즐겁다는 듯 낄낄거리며 거리를 내달린다.

그 후 토트빈과 소년은 각자의 길을 갔다가 한참 뒤에 감옥에서 다시 만나게 되며, 함께 글랜턴이란 패거리에 합류한다. 그 무리에는 덩치가 크고 대머리에다 백색 좀비처럼 생긴 독특한 외모의 홀든 판사가 있다. 홀든은 어린아이와 동물들을 거리낌 없이 죽이는 아주 잔인한 인물로, 패거리의 모두가 두려워하는 존재이다.

반면 토드빈은 긴 머리를 너저분하게 늘어뜨리고 있고, 이마에는 인두가 지져 있으며, 양쪽 귀는 없다. 이렇게 험상궂은 외모에 성격도 난폭하지만 의외로 인간적인 구석이 있어 홀든 판사가 어린 인디언을 죽이고 머리가죽을 벗겼을 때는 마구 욕설을 내뱉으며 판사에게 권총을 겨누기도 한다. 그리고 글랜턴 패거리들이 평화롭게 거주하고 있는 인디언 마을을 습격할 때는 소년과 함께 '저 자식들은 누구한테 아무런 해도 끼치지 않는 자들이잖아!'라고 말하며 무의미한 살육에 대해 강한 거부감을 드러내기도 한다.

글랜턴 무리는 인디언들을 학살하고 그 머리 가죽을 벗겨 주 정부로부터 돈을 받는 인간 사냥꾼들이다. 명목상 미국인들을 위협하는 인디언들을 토벌한다고 하지만, 사실 그들이 상대로 하는 대상은 비단 인디언들뿐만이 아니다. 탈주자들, 이주민들, 멕시코인들, 심지어 미국인들이 거주하는 마을까지 그들에게는 약탈의 대상이 된다. 사람의 머리 가죽을 벗겨 그것으로 돈을 벌고, 같은 동료 사이에서도 무자비한 살인이 벌어진다.

무엇을 향한 분노인지 알 수 없는 행위들이 반복되던 어느 날, 글랜턴 부대는 콜로라도강 강변에서 사람들을 강 건너편으로 건네주는 나룻배를 탈취한 뒤, 주민들을 착취하여 수임료를 챙기기 시작한다. 글랜턴 무리가 그렇게 벌어들인 돈으로 요새를 개축해 가던 중, 유마 인디언들의 습격으로 이들 무리도 끝내 종말을 맞게 된다. 그리고 이 습격에서 살아남은 자는 소년과 홀든 판사 단 둘뿐이다.

그 후 30여 년이 지난 어느 날, 한 술집에서 소년과 홀든 판사가 우연히 조우한다. 소년은 이제 더 이상 소년이 아니라 마흔 중반의 남자가 되어 있다.

소설의 마지막은 이렇게 이어진다.

그는 화장실을 향해 판잣길을 내려갔다. 엷어지는 웅성거림에 귀 기울이며 서 있다가 다시 고개를 들어 별들이 조용히 죽음을 맞이한 시커먼 언덕을 바라보았다. 그러다 화장실의 조잡한 판자문을 열고 안으로 들어갔다.
변기에 판사가 앉아 있었다. 벌거벗은 판사가 빙글빙글 웃으며 일어나더니 갑자기 양팔로 그를 와락 껴안아 거대하고도 끔찍한 살집 안에 꽉 파묻었다. 그리고는 화장실 문의 걸쇠를 걸어 잠갔다.
(중략)
무도장 안에서는 한 젊은이가 연주에 맞춰 숟가락 두 개로 무릎 사이를 두드렸다. 반라의 창녀들이 미끄러지듯 나아갔는데, 몇몇은 가슴이 훤히 드러나 있었다.

진창이 된 뒷마당에서 두 사내가 화장실을 향해 판잣길을 내려갔다. 웬 사나이가 진흙탕에 오줌을 갈기고 있었다.
"안에 누가 있소?"
첫 번째 사내가 물었다.
오줌을 갈기던 사내는 고개를 들지 않고 말했다.
"내가 댁이라면 거기 들어가지 않을 거요!"
"누가 있소?"

"안 들어가는 게 좋다니깐!"

그는 성기를 집어넣고 바지 단추를 채우고는 두 사람을 지나쳐 무도장 불빛 쪽으로 걸어갔다.

첫 번째 사내가 판자로 된 화장실 문을 열었다.

"어이쿠 맙소사!"

"왜 그래?"

그는 대답하지 않았다.

사진 출처 : zsolt-trapp-toilet-confrontation-done

(중략)

무도장 안에서 판사는 최고의 인기를 끈다. 모자를 휙 던지자 달덩이 같은 대머리가 램프 아래로 하얗게 지나가고, 활기차게 춤을 추다 연주자로부터 바이올린을 빼앗아 들고는 한발을 들고 빙그르르 돈다. 한 바퀴, 두 바퀴, 그는 춤을 추는 동시에 바이올린을 켠다. 발은 가볍고 민첩하다. 그는 결코 잠자지 않는 다고 말한다. 그는 결코 죽지 않는다고 말한다.

이상이 소설 「핏빛 자오선」의 마지막 부분이다.

인간 존재 자체가 '전쟁과 죽음을 위한 것'이라는 홀든 판사, 그리고 그 판사의 끝없는 악행 속으로 빨려 들어가지 않는 주인공. 이들의 마지막 대결은 결말 없이 끝난 듯하지만, 마침내 판사는 중년이 된 소년을 살해하고 춤을 추면서 소설은 끝난다.

이처럼 소설 「핏빛 자오선」에서 작가가 그려내는 피비린내 나는 살육과 폭력의 만행은 감히 인간의 상상을 초월한다. 산 자나 죽은 자나 가릴 것 없이 사람의 머리채를 움켜쥐고 그 두개골에 칼날을 박아 피투성이가 된 머리 가죽을 하늘 높이 쳐들거나, 몸을 조각조각 썰어 팔다리와 머리를 떼어 내거나, 벌거벗은 아기 발꿈치를 움켜쥐고 머리를 돌덩이로 짓이겨 정수리에서 시뻘건 뇌수가 쏟아지게 하는 등 작품 속에 묘사된 살육과 폭력은 인간 잔인성의 극치를 보여준다.

게다가 더욱 경악스러운 것은 이 만행이 과장된 허구가 아니라, 1846년 미국 멕시코 간의 전쟁이 끝난 뒤 벌어졌던 실제 사건을 배경으로 한다는 점이다. 당시 미국과 멕시코 간의 영토 분쟁은 미국의 승리로 끝났지만, 일부 미국의 불법 군대들은 멕시코를 정복하지 못한 것에 분이 안 풀려 국경지대를 몰려다니며 잔인한 폭력을 일삼았다고 한다. 그리고 다른 일부 미국인 용병들은 멕시코 정부에 고용되어 아파치 인디언 머리 가죽을 벗겨 현상금을 받거나 인종을 가리지 않고 선량한 주민의 머리 가죽을 벗겨 멕시코 정부로부터 돈을 뜯어냈다고 한다.

이렇게 잔인무도한 만행이 판을 치는 세계에서 주인공 소년이 합류했던 '글랜턴 원정대'도 실재했던 집단이고, 소설 속에서 악으로 상징되는 홀든 판사는 물론 그린 목사, 화이트 대위도 실제 기록에서 찾아볼 수 있는 이름들이다.

작가는 소설 속에 등장하는 악당 홀든 판사의 말을 빌려 '인간이란 존재는 그 자체로 전쟁과 죽음을 위한 것이다. 역사의 고비마다 전쟁은 도덕을 누르고 폭력은 이성을 마비시켜왔다'라는 말로 인간의 잔인성과 악마성에 대해 깊은 경종을 울린다.

"죽은 그리스도는 갈가리 찢겨 설교대에 뻗어 있었다"

「핏빛 자오선」의 주 무대는 미국과 멕시코의 국경지대이다. 멕시코는 300여년 간이나 스페인 식민 지배를 받았고, 스페인어를 쓰는 나라이다. 코맥 매카시는 이 소설을 쓰기 위해 일부러 스페인어를 배웠다고 한다. 스페인어를 알아야 거친 무법자들의 사납고 폭력적인 말들을 제대로 묘사할 수 있다고 생각했기 때문이라고 한다. 그만큼 소설의 리얼리티에 신경을 썼다는 얘기다.

이 소설이 리얼리티에 기반하여 폭력과 잔인성을 얼마만큼 적나라하게 묘사하는지 그 몇 대목을 더 소개하면 다음과 같다.

"벡사의 한 술집에서 소년은 처음으로 살인을 저질렀다. 바텐더가 나무망치를 들어 공격하려 하자 소년이 술병을 쳐들어 그의 두개골을 가격했다. 주저앉은 바텐더의 눈에 뾰족한 유리 조각이 박혔다. 이 사건으로 인해 소년은 화이트 대위가 이끄는 미국 부대로부터 입대 권유를 받았다. 인디언을 토벌하기 위해 만들어진 비정규군이었다. 화이트 대위는 무정부 상태에 놓인 멕시코의 위기를 틈타 하루빨리 미국 국경에 인접한 소노라 지역을 함락해야 한다고 주장했다. 그는 이후에 얻게 될 전리품과 땅에 대해 설명하며 흥분을 감추지 못했다. 소년은 새 마구와 소총을 받은 후 간밤에 죽은 병사의 말을 타고 군인들을 쫓았다."

"두 사람은 시신으로 가득한 폐허의 마을을 거쳐 민간인의 마차를 얻어 타고 남쪽 도시로 향했다. 그곳에서 소년은 참담하게 죽음을 맞아 술단지 속에 던져진 화이트 대위의 머리통을 발견했다. 마을 주민들이 몰려와 소년을 낡은 우리에 가두었다. 그러나 소년은 감옥에서 재회한 토드빈의 기지로 곧 풀려났다. 토드빈이 비밀리에 용병을 모집하는 거래에 소년을 포함시켰던 것이다. 그들은 주지사에 의해 특별 고용된 군인들로 인디언의 머리 가죽을 확보하기 위해 조직된 인간 사냥꾼들이었다. 거기서 소년은 다시 홀든 판사와 마주쳤다. 판사는 여전히 정체를 알 수 없는 불가사의한 존재로 사람들의 마음을 꿰뚫어 보고 조종했다. 우연히 만난 마술사 가족이 판사를 향해 저주의 점괘를 외치자 그는 마치 거대한 정령인 양 일어서서 바람 부는 황야에 모닥불의 불꽃을 일으켜 세웠다."

"소년은 광장을 가로질러 교회의 돌계단을 올라 안으로 들어갔다. 스프롤이 교회 현관홀에 서 있었다. 기다란 빛기둥이 서쪽 벽 높이 박힌 창문에서 쏟아졌다. 교회에는 신도석은 하나도 없고, 머리 가죽이 벗겨지고 벌거벗은 데다 그중 몇은 신체 일부가 뜯어 먹힌 시체 40여 구가 돌바닥에 더미를 이루고 있어, 마치 하느님의 집에서 이교도를 향해 스스로의 몸으로 바리케이드를 친 듯했다.
  야만인들은 지붕에 구멍을 뚫어 위에서 화살을 퍼부은것 같았다. 돌바닥은 시신에서 옷을 벗기다 떨어져 나온 화살로 어지러웠다. 제단은 쓰러졌고, 성합은 약탈당했으며, 멕시코의 위대한 잠자는 신은 황금 컵에서 쫓겨났다. 지진이라도 난 듯 조잡한 성화가 벽에 비뚜름히 걸려 있고, 유리관 속의 죽은 그리스도는 갈가리 찢겨 설교대에 뻗어 있었다."

"코맥 매카시"

코맥 매카시(Cormac McCarthy)는 1933년 미국 로드아일랜드주 프로비던스에서 태어났다. 1951년 테네시대학교에 입학해 인문학을 전공했고, 이어 공군에 입대해 4년 동안 복무했다. 시카고에서 자동차 정비공으로 일하며 쓴 첫 번째 장편소설 「과수원지기」로 포크너상을 받았다. 이후 「바깥의 어둠」, 「신의 아들」, 자전적 내용의 「서트리」을 발표하면서 소설가로서 입지를 다지기 시작했다.

1976년에는 시카고를 떠나 텍사스주 엘패소로 이주하여 문필활동을 이어갔다. 그리고 1985년에 발표한 「핏빛 자오선」은 그에게 본격적인 명성을 안겨 주었다. 이후 계속해서 미국 서부를 배경으로 한 소설 「모두 다 예쁜 말들」, 「국경을 넘어」, 「평원의 도시들」, 「노인을 위한 나라는 없다」, 「더 로드」 등을 발표했다. 그리고 2007년에는 「더 로드」로 퓰리처상을 받았다.

코맥 매카시는 작품 「핏빛 자오선」을 통해 '서부 개척 신화는 결국 악행과 피로 얻어낸 백인들만의 승리'였음을 보여줌으로써, 스스로 숭고하다고 자부하는 미국인들의 역사를 뒤엎어 버린다. 그리고 희미하나마 인류의 한 줄기 희망을 상징하던 주인공마저 작품 마지막 장면에서 죽여 버림으로써, '세상의 본질은 결국 죽음과 악의 반복이고 인류의 역사는 그렇게 계속되고 있음'을 보여준다.

"우리가 최대한 할 수 있는 일은…"

2021년 12월 30일, 미주한국일보는 "인간 사회는 선과 악으로 확연히 구분된다"라는 제목으로 다음과 같은 글을 실었다.

인간의 본성이 선한지, 악한지에 대한 논란은 이미 수천 년 전부터 시작됐다. 중국의 철학자 맹자는 기원전 300년 무렵부터 사람의 본성은 선이라는 성선설을 주장했다. 맹자 사망 직후 태어난 순자는 인간의 타고난 본성은 악하다는 성악설로 성선설을 정면으로 반박했다. 기독교에서도 아담과 하와가 저지른 죄로 인해 인간은 원죄를 갖고 태어난다는 교리를 가르친다. 기독교의 교리가 성악설과 일치한다고 볼 수 없지만, 성선설보다는 성악설에 가까운 가르침인 것은 확실하다. 이렇듯 인간 사회를 선과 악으로 양분하려는 시도는 수천 년이 지난 지금도 이어지고 있다.

최근 실시된 설문 조사에서 미국 성인 중 절반은 인간 사회가 선과 악으로 분명히 구분된다는 가치관을 지니고 있는 것으로 나타났다. 이 같은 가치관은 기독교와 같은 종교인 사이에서 더욱 뚜렷했다. 여론 조사 기관 '퓨 리서치 센터'가 지난 7월 미국 성인 1만 221명을 대상으로 실시한 설문 조사에 따르면 미국 성인 중 약 48%는 인간 사회를 선과 악으로 확연히 구분할 수 있다는 생각을 밝혔다. 반면 나머지 약 50%는 인간 사회는 선과 악으로만 양분하기에는 너무 복잡하다며 선악 양분론을 반대했다.

인간 사회는 선악으로 양분된다는 가치관은 종교인들 사이에서 뚜렷하게 나타났다. 전체 기독교인 중에서는 약 54%가 선악 양분론을 지지했고, 이중 백인 복음주의 교인들의 비율이 약 64%로 가장 높았다. 반면 가톨릭 신자(약 49%)와 비 복음주의 백인 교인(약 46%) 중 선악 양분론을 지지하는 비율은 기타 기독교인 중 낮은 편이었다.

　선악 양분론을 반대하는 비율은 무종교인 중에서 높게 나타났다. 기독교는 물론 이슬람교, 유대교 등의 종교가 '선과 악', '천국과 지옥'의 개념을 중요한 교리로 삼기 때문에 신의 존재를 부인하는 무종교인들이 선악 양분론을 반대하는 것은 당연한 현상으로 볼 수 있다. 전체 무종교인 중에서는 약 37%만 인간 사회를 선과 악으로만 구분할 수 있다고 했고, 나머지 약 62%는 선악으로만 구분하기에는 인간 사회가 복잡하다는 생각을 밝혔다. 특히 무신론자 중 선악 양분론을 지지하는 비율이 약 22%로 가장 낮게 나타났다.

　예배 등 종교행사 참여도에 따라서도 선악 양분론에 대한 생각은 확연히 갈렸다. 종교 또는 소속 교단에 상관없이 일주일에 한 번 이상 종교행사에 참석한다는 종교인 중 선악 양분론에 동의하는 비율은 약 59%로 종교행사에 거의 참석하지 않는 종교인(약 42%)보다 높았다. '퓨 리서치 센터'가 이전에 실시한 설문 조사에서 예배 출석률이 높은 교인들은 하나님을 선과 악을 구분하는 기준으로 삼았고, 도덕적인 인간이 되기 위해 하나님을 믿는 것이 필요하다는 생각을 지니고 있는 것으로 조사된 바 있다.

　한편 정치 성향에 따라서 선악 양분론에 대한 생각이 크게 달랐다. 보수 성향의 공화당 지지자 중 약 59%가 인간 사회를 선과 악으로 구분할 수 있다고 답한 반면, 민주당 지지자 중 같은 생각을 지닌 비율은 약 38%에 불과했다. 공화당 지지자 중에서도 기독교인과 예배 출석률이 높은 경우 선악 양분론을 지지하는 비율이 매우 높게 나타났다.

이상 출처 : http://www.koreatimes.com/article/20211229/1395717

　미주한국일보의 분석을 볼 때, 인간 세상의 선과 악은 고정체로 존재하는 실체가 아니라 세상을 바라보는 각자의 관점이나 믿음이 만들어낸 관념임을 알 수 있다.
　코맥 매카시는 소설 「핏빛 자오선」을 통해 인간의 선, 악 중 악한 면을 크게 부각하여 그 잔인성을 고발하고 있는데, 여기서 우리가 얻을 수 있는 또 다른 교훈은 '선악관의 주체자'가 누구냐에 따라 그 파장은 가벼운 실바람이 될 수도 있고 사나운 폭풍이 될 수도 있다는 사실이다.
　일반인의 선악 관점은 그냥 생각이나 관념에만 머무를 수도 있다. 하지만 정치인 특히 정치지도자의 선악 관점은 한 국가나 인류에게 엄청난 행복을 가져올 수도 있고, 엄청난 재앙을 불러일으킬 수도 있다. 그래서 우리는 이를 극도로 경계해야 하는 것이다. 히틀러나 스탈린, 폴포트 등이 일으킨 끔찍한 악의 역사는 특정 지도자의 그릇된 '선악 관념'이 불러일으킨 인류사의 엄청난 죄악이자 최악의 수치이다.
　코맥 매카시의 소설 「핏빛 자오선」 속 주요 인물인 홀든 판사의 선악 관점도 마찬가지다. 그 그릇된 관념이 결국 모두를 파멸로 이끌었다.

미국의 인권운동가 마틴 루터 킹 목사는 일찍이 이렇게 말했다.
"악을 수동적으로 받아들이는 사람은 그 악에 참여하여 돕는 것과 같다. 악에 저항하지 않는 사람은 실은 악에 협력하고 있는 것이다."
그리고 '길 위의 철학자'로 불리는 미국의 사회철학자 에릭 호퍼는 이렇게 말했다.
"선과 악은 같이 자라나고 서로 팽팽하게 묶여 있어 서로 떼어낼 수 없는 것이다. 우리가 최대한 할 수 있는 일은 균형을 선 쪽으로 기울게 하는 것이다."

"선악 구도와 패맛, 그리고 그 후과"

채성준 건국대 국가정보학과 겸임교수는 2018년 10월 14일 인터넷언론 이슈게이트 '채라톤칼럼'란에 "선악구도 정치와 악당 만들기의 위험성"이란 제목으로 다음과 같은 칼럼을 실었다.

권선징악은 '선(善)은 권장하고 악(惡)은 징계한다'는 의미를 가지고 있으며 신파소설에 자주 나타나는 주제 유형이다. 올바르고 선량한 인물이 온갖 시련과 난관에 봉착하지만 결국 행복에 도달한다는 이야기 구도를 가진다. 선인(善人)과 악인(惡人)이라는 정형화된 대조적 인물을 등장시켜 결국 선이 악을 이기고 승리하는 과정을 보여준다. 독자는 독서 체험을 통해 주인공과 함께 시련과 역경을 이겨낸 뒤, 주인공이 보상을 받고 행복에 이르는 결말에 감동한다. 그렇지만 권선징악적인 주제가 두드러지게 강조되면 독자는 사고와 판단의 긴장으로부터 이완된다. 아무리 뜻있는 도덕적 이념이라도 그것이 상투화·유형화된 모습으로 자리잡으면 예술적 가치가 떨어지고 진부하게 되는 이유이다.

지금 우리 정치판에는 이런 삼류 신파소설을 흉내 낸 그릇된 선악구도가 자리 잡고 있다. 여기에다 약육강식의 잘못된 논리가 지배하고 있다. 권력을 잡기 위해 무한투쟁을 하고, 권력을 잡으면 어떻게든 그 권력을 유지하기 위한 힘의 논리가 작용하는 과정에서 선과 악의 이분법적 사고가 등장한다. 이는 우리 편은 무조건적인 선이고 상대방은 타도해야 할 악이라는 것인데, 이런 식의 선악구도에서는 참된 정치가 발붙일 곳이 없어진다. 정치는 악을 제압하는 과정이 아니라, 상대를 일종의 파트너로 생각하며 타협하는 과정인데도 우리 정치판에서는 과정이야 어떻게 됐든 이기면 된다는 사고가 판을 친다. 바로 이런 점이 우리나라 정치를 삼류로 만들고 비극으로 몰아가는 원인이 되고 있다.

선악구도를 만들면 정치는 쉬워진다. 정치인들로서는 엄청난 유혹이다. 절대선 하나를 가정해 놓고 그에 반하는 모든 것들을 악으로 몰아 선동을 하면 국민들을 쉽게 속일 수 있기 때문이다. 희대의 선동정치가 히틀러는 유태인을 악당으로 만들어 독일 국민들을 까맣게

속이고 반인륜적 엄청난 만행을 저질렀다. 악당 만들기는 공산주의자들의 전유물이기도 하다. 유산계층과 무산계층이라는 선악구도를 만들어 혁명을 선동하고 반동이라는 이름으로 인민재판에 부쳐 피맛을 보게 한다. 과거 냉전시대에는 권위주의 정부가 반공 이데올로기를 무기로 북한과 빨갱이를 악당으로 만들어 재미를 보기도 했다. 미국의 트럼프 대통령이 오는 11월 중간 선거를 앞두고 중국을 악당으로 만들고 있다는 분석도 있다.

지금 문재인정부도 선악구도와 악당 만들기에 있어서는 어느 누구에게도 뒤처지지 않는 모양새이다. 과거 적폐 청산을 내세워 지난 정부에서 일한 사람들을 싹잡아 매도하고, 있는 죄 없는 죄를 샅샅이 들춰내고 있다. 기업하는 사람들을 악당으로 만들어 노동시장 사정을 고려하지 않은 채 최저임금제와 주 15시간 근무제를 밀어붙였다. 강남 집값을 잡는다는 이유로 강남사람들을 악당으로 분류해 집 한 채 갖고 평생을 산 사람들에게까지 세금 폭탄을 안기고 있다. 북핵문제를 해결하고 평화무드를 조성한다는 명분으로 남북관계에 있어 신중론을 펼치는 보수권 전체를 악당으로 몰아세우고 있다.

이렇게 선악구도를 만들어 악당에 몰매질을 하면 이에 현혹된 국민들의 속은 일시적으로 시원할지 모르겠지만 그 후과는 참혹하다. 공직사회에는 복지부동이 판을 치고, 기업들은 국내투자를 주저한 채 해외출구를 찾는 데만 눈을 돌린다. 자유시장 경제에서 열심히 일하는 사람이 잘사는 사회가 아니라 열심히 일하는 사람 뒷다리만 잡으니 발전이 없고 퇴보만이 있다. 통일지상주의가 가져올 위험성은 생각하기도 싫다. 이런 식의 선악구도는 말초적 카타르시스에 기대어 시청률을 올리려는 막장 드라마에서나 있어야 하지 우리 정치판에서는 하루빨리 청산해야 할 진정한 적폐이다.

이상 출처 : https://www.issuegate.com/news/view.php?idx=2216&key_idx=503

철학자 프리드리히 니체는 자신의 소설 「차라투스트라는 이렇게 말했다」에서 주인공의 입을 빌어 다음과 같이 말한다.

"많은 사람들 앞에 덫을 놓고는 그 덫을 국가라고 부른 것은 파괴자들이다. 그들은 그 덫 위에 한 자루의 칼과 백 가지 욕망을 걸어 놓는다. 보라, 국가가 그 많고 많은 어중이떠중이들을 어떻게 유혹하는가를!"

니체의 말을 이렇게 바꾸어 적어본다.

"많은 사람들 앞에 덫을 놓고는 그 덫을 민주주의라 부르는 자들은 파괴자들이다. 국가발전을 참칭한 극렬한 진영론자들은 세치 혀의 덫 위에 사익의 칼과 자신의 욕망을 걸어 놓는다. 보라, 진영론자들이 자신들만의 위선적 동굴에 갇혀 국익과 민주를 어떻게 아전인수하고 왜곡하고 유린하는 가를!"

"우리는 선, 너희는 악"

중앙일보 탐사보도팀(김태윤·최현주·현일훈·손국희·정진우·문현경 기자)은 2019년 9월 25일 "그때는 맞고 지금은 틀리다? '우린 선 너흰 악' 386세대 DNA"라는 제목으로 다음과 같은 분석 기사를 쓴 바 있다.

1980년대 초반, 대학 캠퍼스는 엄혹했다. 박정희 대통령이 시해된 79년 10·26 사태 직후 불어온 '서울의 봄'은 80년 전두환 보안사령관의 5·17 비상계엄 확대 조치로 싸늘히 식었다. 교정에는 전투경찰이 상주했고, 페퍼포그(pepper fog, 시위진압용 가스차)와 철장을 두른 속칭 '닭장차'(경찰버스)가 수시로 출몰했다. 하지만 전두환 정권을 향한 대학생들의 저항은 더욱 거세졌다.

5·18 광주민주화항쟁은 1980년대 민주화 운동의 기폭제가 됐다. 5·18 광주 민주화 운동의 참상을 접한 80년대 학번들은 유신체제에 항거했던 70년대 학번들에 비해 질과 양적인 측면에 크게 발전했다. 대학마다 지하 이념 써클이 생겼고, 「러시아 혁명사」, 「세계철학사」, 「전환시대의 논리」, 「해방전후사의 인식」 등의 책을 읽으면서 사상 무장에 나섰다. 80년대 초반 '독재 타도', '민주주의 쟁취'에 머물던 시위 구호는 80년대 중반부터 '반미·반파쇼·자주통일'로 확대됐다.

83년 12월 해직 교수 복직과 제적생 복학을 허용한 학원 자율화

조치 이후엔 총학생회가 부활했고, 전국적인 운동권 학생 조직이 결성됐다. 87년 초 박종철 열사 고문치사 사건, 같은 해 4·13 호헌조치는 폭발 직전의 민주화 운동에 불을 댕기며 6·10 항쟁으로 이어졌다. 결국 5공 정부는 대통령 직선제 개헌을 골자로 한 6·29 선언을 발표했다. 그해 8월 역대 가장 강력한 대학생 전국 조직인 전국대학생대표자협의회(전대협)가 출범하면서 학생 운동은 절정기를 맞았다.

권위주의 독재 정부에 맞서 부분적으로나마 승리를 쟁취한 80년대 학번, 60년대생들이 30대 나이가 됐을 때 이들에겐 '386세대'라는 칭호가 붙었다. 많은 학자는 "386세대는 다른 세대에서는 일반화하기 힘든 그들만의 집단적 사고방식, 세대적 특성이 있다"고 입을 모은다.

386세대를 분석한 책 「중년의 사회학」 저자인 정성호 강원대 사회학과 교수는 "386세대는 시대적 산물"이라며 "다른 세대에서는 찾아볼 수 없는 고유한 특성을 많이 지니고 있다"고 분석했다. 서울대 73학번인 주대환 사회민주주의연대 공동대표(전 민노당 정책위의장)는 "당시 대학을 다니지 않은 60년대생들도 대학에 다니며 경험했던 사람들의 사고방식, 세계관 등을 공유하는 것 같다"며 "내 연배나 지금 청년 세대들이 보기에 매우 특이하다"고 말했다. 386세대가 공유하는 사고방식, 고유한 특성은 무엇일까.

386세대의 집단 특성

① "우리가 독재를 끝냈다"… 낙관적 진보주의

시민사회와 종교계, 재야 정치권, 선배 세대(넥타이부대)의 조력이 있었지만, 80년대 민주화 시대를 연 주역은 386세대로 꼽힌다. 이들은 독재정권과 맞서 이겼다는 역사적 경험을 청년기에 공유했다. 이런 자신감과 우월감은 '우리가 나서면 바꿀 수 있다'는 낙관적 진보주의를 형성했다. 당시의 정치·경제 환경도 영향을 미쳤다. 강원택 서울대 정치외교학부 교수는 "386세대는 윗세대가 갖고 있던 전쟁에 대한 공포, 물질적 궁핍에서 벗어나 상대적으로 자유로운 사상과 생각, 행동반경을 넓힐 수 있었던 세대였다"고 말했다.

하지만 '승리의 경험'은 약이자 독이 됐다. 박용진 더불어민주당 의원(성균관대 90학번, 총학생회장 출신)은 "승리의 경험은 386세대, 특히 386 운동권의 가장 큰 장점이자 단점"이라며 "독재정권을 끝냈다는 특출한 경험 때문에 계속해서 자기 집단화되고 자기 최면에 걸렸다"고 지적했다.

② "우리가 대학 다닐 때는 말이야"…집단주의와 선민의식

386세대를 묘사할 때 빠지지 않는 표현이 '집단주의'와 '선민(選民)의식'이다. 이들은 학생 시절 서슬 퍼런 군사정권에 맞서 개인이 아닌 강력한 연대의식으로 뭉친 조직체로서 싸웠다. 집회나 시위에 참여하지 않은 학생들도 운동권에 대한 '부채 의식'을 갖고 심정적 지지를 보냈다. 저항조직에선 개인의 선택보단 조직의 논리가 우선할 수밖에 없다.

「386의 꿈, 그 성찰의 이유」를 쓴 최홍재 신문명연대 대표는 "386세대 사이에는 자신들이 독재를 무너뜨렸다는 동질감이 작용하고 있다"며 "이런 동질감이 민주화 이후에도 서로 끌어주고 밀어주는 집단주의 이데올로기를 형성했다"고 말했다. 주대환 대표는 "특히 정치권 386은 누구든 데려와서 '택군(擇君 : 군주를 선택)' 할 수 있을 정도의 힘을 가진 집단"이라고 설명했다. 그는 "노무현 전 대통령 서거 이후 정치를 고사했던 문재인 대통령을 끌어낼 수 있었던 것도 바로 민주당 내 386의 집단적 힘"이라고 말했다.

선민의식 역시 이런 역사적 경험에서 비롯됐다. 정치컨설팅 회사인 폴리컴의 박동원 대표는 "운동권 출신 386들은 민주화된 세상을 우리가 만들었다, 우리 아니면 국가를 이끌어가지 못한다는 선민의식이 지나치게 강하다"며 "국회건, 청와대건 정치 상층부를 돌아가며 장악하는 것도 인력 풀(pool)은 좁은데 선민의식으로 똘똘 뭉쳐 있기 때문"이라고 말했다.

③ "우리는 선, 너희는 악"…진영 논리와 이분법적 사고
386세대는 '확실하고 분명한 적(군사정권)'과 싸웠다. 우리 편은 선이고 상대는 악이라는 인식이 아주 강렬했다. 그 중간의 개념은 끼어들 틈이 없었다. 386 운동권의 '맏형'으로 불리는 우상호 더불어민주당 의원(연세대 81학번, 총학생회장 출신)은 "386세대가 어린 시절 사회 운동을 하면서 나는 옳게 살았고, 도덕적이고, 나와 진영을 달리하는 사람은 뭔가 문제가 있는 사람처럼 보는 습성이 생겼다"며 "우리가

가진 배타적 사고를 깨고 진영논리에서 벗어나야 한다"고 말했다.

강원택 교수도 "386세대는 모든 것을 선악 구조로 나눠 이분법적 사고를 하는 특징이 있다"며 "하지만 현대사회, 현대정치에서는 이념의 차이가 있는 것이지 선과 악이 있는 게 아니다. 이런 이분법적 사고가 386세대의 한계"라고 지적했다.

④ "반미, 반제, 자주"…감성적 민족주의

70년대까지만 해도 한국의 절대적 혈맹으로 여겼던 미국을 향해 "이 땅에서 물러가라"는 구호가 대학가에서 등장한 게 80년대다. 특히 82년 부산 미문화원 방화 사건, 85년 서울 미문화원 점거 사건이 한국 사회에 던진 파장은 컸다. 이때 386세대에 폭넓게 각인된 역사 인식이 바로 '민족주의'다. 특히 NL(민족해방) 계열이 학생 운동권의 주도권을 잡으면서 민족주의는 대학가는 물론 사회 전반에 확산했다.

386세대의 이 같은 민족주의적 특성은 지금까지도 강하게 남아있다. 문재인 정부의 유화적 대북정책과 대일 강경 외교도 여권 386그룹의 민족주의 성향과 무관치 않다는 분석이 나온다. 홍세화 전 진보신당 대표는 "정부는 한·일 관계의 위기 대응에 소홀했던 과오를 인정하고 관계 복원을 위해 노력하는 대신 관제 민족주의를 동원해 맞서고 있다"고 비판했다. 이에 대해 진성준 전 더불어민주당 의원(전북대 85학번, 부총학생회장 출신)은 "배타적 국수주의로 흘러가는 것은 경계해야겠지만, 386세대에는 민주주의에 대한 신념과 똑같은 비중으로 민족주의가 자리하고 있는 것은 사실"이라고 말했다.

⑤ 탈인습적 가치관

한상진 서울대 명예교수는 "386세대는 기존을 거부하고 새로운 것을 만들려고 하는 탈인습적 가치관이 내면화된 세대"라고 규정했다. 수십 년 동안 당연시됐던 분단·통일·반공에 대한 고정관념, 미국 중심의 정치나 권위주의 정부에 대한 고정관념을 극복하려는 가치관이 386세대 DNA에 각인돼 있다는 것이다. 원희룡 제주지사는 "386세대는 사회 문제를 자기 문제로 받아들이는 공적 책임감이 강한 세대"라며 "민주화 운동에 앞장선 사람은 지나친 책임감, 참여하지 않은 이들도 부채의식, 죄책감 등으로 책임감을 갖고 있다"고 말했다. 최홍재 신문명연대 대표는 "386세대는 공통으로 탈권위주의, 수평적 민주주의, 합리주의적 경향이 있다"고 말했다. 자신들이 옳다고 믿는 '대의'를 위해 작은 것들은 희생할 수 있다고 생각하는 경향도 386 세대의 특성으로 꼽힌다.

이상 출처 : https://news.nate.com/view/20190925n01069

"모순상극의 양극단을 버리고…"

서화동 한국경제 논설위원은 2023년 11월 15일 한경 '오피니언' 칼럼란에 "조희대 후보자가 상기시킨 중도의 가치"라는 제목으로 다음과 같은 내공 깊은 칼럼을 실었다.

조계종 종정을 지낸 성철 스님(1912~1993)은 불교의 주요 교리와 사상을 과학적으로 설명한 것으로 유명했다. 해인총림(해인사) 초대 방장에 추대된 1967년 동안거 때 약 100일에 걸쳐 불교를 총체적으로 강설한 '백일법문(百日法門)'이 대표적이다. 유튜브에 공개된 당시의 육성 법문을 보면 꽤 많은 분량이 과학강의를 방불케 한다. 아인슈타인 특수상대성이론부터 시작해 양자이론, 핵물리학, 생물학, 실험심리학, 정신분석학 등을 넘나들며 과학으로 불교를 풀어낸다.

특수상대성이론에 따르면 '질량=에너지'다. 둘은 상호 변환하면서 질량과 에너지의 총합은 일정하게 유지한다. 그래서 세상은 불생불멸이다. 또한 에너지가 질량으로 변환할 땐 전자(음전자)-반전자(양전자)처럼 쌍으로 나타나고, 질량이 에너지로 바뀔 땐 쌍으로 없어진다. 이 같은 쌍생성·쌍소멸 현상은 불교에서 말하는 중도(中道)의 쌍차쌍조(雙遮雙照)와 닮았다. 쌍차란 양변(양극단)을 버리는 것, 쌍조는 양변이 서로를 비추고 완전히 융합하는 것을 말한다. 인간 세상은 물과 불, 선과 악, 옳음과 그름, 있음과 없음, 괴로움과 즐거움, 너와 나 등 수많은 양극단의 상대모순이 대립하고 투쟁하는 세계다. 여기서 참다운 평화를 이루려면 모순상극의 양극단을 버리고 융합해야 한다. 그것이 바로 쌍차와 쌍조며 선악, 시비, 고락의 이분법을 넘어선 중도라는 설명이다.

하지만 현실에선 양극단에 쏠리기 쉬운 게 인간이다. 종교, 이념, 민족과 인종, 출신 지역, 젠더 등 다양한 이유로 분열, 갈등, 증오가 형성되고 무자비한 폭력과 살상마저 자행한다. 수많은 사상자를 내고 있는 이스라엘·팔레스타인 전쟁, 러시아·우크라이나 전쟁부터 그렇다. 전체를 보지 못한 채 자신의 가치나 지식, 기준, 잣대가 세상의 전부인 양 집착하고 재단하는 데서 불화와 비극이 비롯된다.

"한평생 법관 생활을 하면서 한 번도 좌우에 치우치지 않고 항상 중도의 길을 걷고자 노력했다"는 조희대 대법원장 후보자의 말은 그래서 신선했다. 조 후보자는 자신의 보수 성향을 우려하는 시선에 대해 "정해진 법이 없는 무유정법(無有定法)이 최상의 법", "우리의 두 눈은 좌우를 가리지 않고 본다"고 했다. 양극단에 치우치거나 집착하지 않는 것이 중도라는 뜻일 게다. 실제로 그의 판결은 좌우 이념보다 법리에 충실했다는 평이 많다. 보수 성향으로 분류되지만 보수의 편에 서지는 않았다는 얘기다. 학습지 교사를 근로자로 인정한 판결, 불법 선거운동 혐의로 기소된 더불어민주당 소속 권선택 전 대전시장에 대한 무죄 취지 파기 환송이 대표적이다. 2014년 박근혜 대통령에 의해 대법관에 임명됐지만, 인사청문회에서 5·16은 쿠데타, 유신헌법은 권력분립을 후퇴시키고 국민의 기본권을 약화시킨 바람직하지 못한 헌법이라고 평가했다.

조 후보자의 중도론이 더욱 주목받는 것은 지난 9월 퇴임한 김명수 대법원장 체제의 사법질서 파괴 때문이다. 친야 성향 우리법연구회·국제인권법연구회·민변 출신의 요직 독점, 야권 인사들에 대한 노골적 재판 지연과 정치적 중립 훼손, 법원장 후보 추천제로 인한 판사들의 도덕적 해이 등 김명수 사법부의 폐해는 손으로 꼽기도 버거울 정도였다. 정의의 여신 디케는 안대로 눈을 가린 채 칼과 저울을 들고 있다. 칼은 엄정함, 저울은 형평성, 안대는 중립성을 의미한다. 안대를 벗어 던진 편견의 눈에 공정한 판결을 기대할 수는 없다.

중도의 가치를 절감해야 할 사람들은 사법부만이 아니다. 이른바 '개딸'들의 겁 없는 '수박 테러', 한동훈 법무부 장관에 대한 송영길 전 민주당 대표의 "어린놈" 발언, 거대 야당의 끝없는 입법 폭주와 방탄 국회, 총선을 앞둔 여당의 혁신 갈등 등이 모두 자기만의 이익과 고집, 즉 양극단에서 벗어나지 못한 결과다. 고질적 진영논리와 대립도 마찬가지다. 중도는 양극단에서 벗어나는 것이지만 중간은 아니다. 기계적·산술적 균형이 아니라는 얘기다. 육식주의자와 채식주의자가 대립할 때 육식·채식을 절반씩 한다고 화합이 되는 건 아니다. 기독교와 이슬람이 싸운다고 두 종교를 절반씩 믿으라고 할 수 있겠나. 상호모순적인 세계를 있는 그대로 인정할 때 양극단에 치우치지 않고 융합과 평화의 길을 찾게 된다. 조 후보자가 일깨운 중도의 가치를 모두가 곱씹어봤으면 좋겠다.

이상 출처 : https://www.hankyung.com/article/2023111463531

"상징투쟁과 진영전쟁 그리고 악마화"

몇몇 인터넷 사이트에 올라온 정보에 의하면, 한동훈 국민의힘 당대표는 코맥 매카시의 대표 소설 「핏빛 자오선」을 의미 있게 읽은 것으로 파악된다.

한동훈은 혼란스러운 우리나라 2023년~2024년 정치 상황 속에서 자의반 타의반으로 시대적 소명에 따라 정치권에 발을 들여놓은 인물이다. 그는 그 과정에서 '공공선(公共善)'이란 가치를 여러 번 강조했다.

그런 그가 인간의 극단적 악마성을 파헤친 소설「핏빛 자오선」을 읽고 과연 어떤 깨달음과 자극을 받았을까?… 그가 단지 수백 명 검사 중 한 사람, 수백 명 정치인 중 한 사람이 아니라, 자의든 타의든 우리나라의 유력 정치 지도자 중 한 사람으로 떠올랐기에, 그의 선악관(善惡觀)과 그를 바라보는 세인의 관점 또는 관점화는 국민 개개인의 운명과도 밀접한 연관관계가 있다.

정당과 정치인의 세계관은 그저 논평의 대상이거나, 나와 동떨어진 유튜브 인기몰이 소재거리가 아니다. 일제 강제 징용자들, 일제 강제 위안부들의 짓밟힌 삶은 무능한 위정자들의 일그러진 또는 눈먼 세계관에서 비롯된 불행이지, 그들 개개인의 선택과는 무관하다.

강준만 전북대 신문방송학과 명예교수는 2022년 6월 3일 시사저널 '시론'란에 "상징투쟁 혹은 '한동훈의 악마화'"라는 제목으로 다음과 같은 혜안의 칼럼을 남겼다.

우리 인간의 집단적 삶은 상징투쟁의 연속이라고 해도 과언이 아니다. 우리는 늘 상징에 많은 것을 건다. 그래서 정치는 '상징조작의 예술'이 된다. 상징이 없는 사회운동은 성공하기 어렵다. 상징은 정교하지 않다. 아니 정교해선 안 된다. 다양한 구성원을 가진 집단의 감정적 힘을 결집하기 위해선 단순해야 한다. 오랜 세월 동안 살아남는 상징도 있지만, 지속성이 약해 잠시 반짝하고 사라지는 상징도 있다. 세월이 꽤 흐른 후에 과거의 상징들을 돌아보면 우스꽝스러운 게 많다. 그게 그렇게까지 집단적 열정을 쏟아부을 만한 가치가 있는 상징이었는지 어이가 없다는 생각이 들기도 한다.

몇 년 전 조남주의 「82년생 김지영」이 페미니즘의 상징이 되었던 사건을 상기해 보라. 한 여성 가수는 이 책을 읽었다고 밝혔다가 반(反)페미 진영의 공격을 받는 수난을 당했다. 이와 유사한 사건이 몇 차례 더 일어나면서 「82년생 김지영」의 '페미니즘 상징'으로서의 지위는 공고해졌고, 이 책을 단 한 줄도 읽어보지 못한 사람들까지 이 책에 대해 적대감을 드러내는 진풍경이 벌어졌다.

그건 난센스였다. 「82년생 김지영」은 그냥 좋은 책이었을 뿐, 그렇게까지 펄펄 뛸 일은 아니었다. 동명의 영화 역시 마찬가지였다. 모두 다 똑같은 생각을 하고 살아야만 하나? "나는 이렇게 살았다"고 말할 자유도 없단 말인가? 긍정이건 부정이건 각자 자신의 감상평을 자유롭게 말하면 될 일이지, 그 책이나 영화를 본 것 자체에 비난을 퍼부어야 할 이유가 뭐란 말인가?

그게 바로 상징투쟁의 함정이다. 이 책이나 영화에 대해 조금이라도 부정적인 언급을 하면 반(反)페미 책동으로 몰아가는 것도 마찬가지다. 사안별로 분리해 평가해야 할 일마저 자신의 진영에 유리한가 불리한가를 따져 판단하는 정치권의 진영전쟁과 놀라울 정도로 비슷하다. 상징투쟁과 진영전쟁은 모든 문제를 흑백 이분법으로 환원시킨다는 점에서 위험하다. 무엇이건 상징이 되면 타협이 없는 '올인 게임'이 되고 만다. 상징은 늘 편가르기에 따라 '성역화'되거나 '악마화'되기에 이런 상징투쟁에 타협은 없다.

작가 김민희는 최근 출간한 「다정한 개인주의자」에서 「82년생 김지영」에 대한 주변 사람들의 반응을 근거로 '갈등의 진짜 원인'은 페미니즘과 무관한 '세대 차이에 의한 가치관의 충돌'이라고 했다. 남녀를 불문하고 집단주의와 개인주의에 대한 감수성의 차이도 적잖이 작용했을 게다. 페미니즘이 의존하는 '정체성 정치'는 "구조의 책임을 나에게 묻지 말라"고 외쳐대는 젊은 남성들의 개인주의적 감수성과 충돌한다. 이걸 꼭 페미니즘을 둘러싼 갈등으로 환원해야만 할까? 기존의 상징투쟁은 그런 의문을 해소할 수 없다는 점에서도 위험하다.

하지만 상징은 "이해와 행동으로 가는 효과적인 지름길"(에드워드 버네이스)이 아닌가. 사실 바로 이게 가장 큰 문제다. 정치인들이 지름길의 유혹에 너무 쉽게 굴복하면서 상징투쟁이 오남용되고 있기 때문이다. 최근 정치판에서 가장 뜨거운 상징이 된 한동훈 법무장관의 경우도 그렇게 볼 수 있는 소지가 다분하다.

원인 제공자인 대통령 윤석열도 비판받을 점이 있지만, '윤석열 악마화'의 처절한 실패 경험에도 '한동훈 악마화'를 다시 밀어붙이는 민주당의 집요한 일관성이 놀랍다. "증오가 없는 사람은 적과 싸워 이길 수 없다"는 체게바라의 금언을 너무 신봉하는 건 아닌지 모르겠다. 아무리 정치가 전쟁일지라도 승패는 전사의 열정이 없는 유권자들에 의해 결정될 텐데 말이다.

이상 출처 : https://www.sisajournal.com/news/articleView.html?idxno=239700

사진 출처 : SBS 자막뉴스

"선과 악이 미친 격자무늬처럼 얽혀 있어"

　미국의 여류 시인이자 단편 작가, 평론가였던 도로시 파커(Dorothy Parker)는 불행한 어린 시절을 보낸 후, 몇몇 매체에 문학 작품을 발표하기 시작했다. 그러다 할리우드에 진출하여 영화 각본을 쓰기도 했는데, 할리우드에서의 활동이 좌익 정치와 연관되었다고 하여 블랙리스트 명단에 오르기도 했다.

열정적인 삶을 살다 간 그녀의 시 '나이를 먹으면'은 오늘날 우리에게 많은 사색의 공간을 남긴다.

나이를 먹으면
-도로시 파커-

내가 젊고 대담하고 강했을 때,
옳은 것은 옳고, 잘못된 것은
잘못된 것이었다!
나는 깃털 장식을 세우고 깃발 날리며
세상을 바로 잡으러 달려 나갔다.
'나와라, 개자식들아, 싸우자!' 라고 소리치고,
나는 울었다. 한 번 죽지 두 번 죽나.

그러나 이제 나는 늙었다; 선과 악이
미친 격자무늬처럼 얽혀 있어
앉아서 나는 말한다.
"세상이란 원래 그런 거야.
그냥 흘러가는 대로 두는 사람이 현명해.
질 때도 있고, 이길 때도 있지-

이기든 지든 별 차이가 없단다, 예야."
무력증이 진행되어 나를 갉아 먹는다;
사람들은 그걸 철학이라고 말하지.

좌파든 우파든 정치진영의 최전선에 서서 용맹스럽게 싸움을 벌이는 자들은 자기들의 주장과 논리가 최고의 선이며, 최정의 정의며, 최선의 해결책이라고 지구를 뒤집어엎을 것처럼 물불을 가리지 않는다. 그러나 도로시 파커의 시(詩)에서처럼, 격랑의 시절을 보내고 훗날 나이가 들어 관조의 지혜가 생겼을 때, 지난날을 뒤돌아보면 그것은 그냥 '자기만의 세계에 갇혔던 동굴의 우상', '부끄러운 정의감', '설익은 사상', '철들지 않았던 철학'일 수도 있다.

선과 악, 그것은 동서고금을 막론하고 인류 역사에 미친 격자무늬처럼 얽혀 있다. 그런 인류의 속성을 우리는 어떻게 할 수는 없다. 다만 어느 쪽을 바라보고 어느 것을 증폭시키느냐는 우리가 선택할 수 있다. 어느 것을 선택하느냐에 따라 그것은 희망의 재림이 될 수도 있고, 절망의 재림 될 수도 있다.

재림(再臨)
-윌리엄 버틀러 예이츠-

넓게 퍼져가는 소용돌이 속을 돌고 돌아
매는 주인의 말을 들을 수 없고

모든 것은 산산이 부서지고
중심은 힘을 잃어

그저 혼돈만이 세상에 풀어진다
핏빛 얼룩진 조수가 풀어지고
순결한 기쁨은 도처에서 물에 잠기며
가장 선한 무리는 신념을 잃고
가장 악한 무리만이 열정에 가득 차서 날뛰는구나

분명 어떤 계시가 눈앞에,
재림이 확실히 눈앞에 다가왔다
재림!이라고 말을 하자마자
세계의 혼으로부터 이탈한 어떤 거대한 형상이
내 눈을 어지럽힌다. 사막의 어딘가에서
사자의 몸, 인간의 머리를 한 어떤 형상이
태양처럼 무자비하고 텅 빈 응시가
다리를 느리게 움직일 때 그 주변 모든 것은
분노한 사막 새들의 그림자를 드리우고
또다시 어둠이 내린다. 그러나 나는 안다
돌같은 잠 속의 스무 세기가
흔들리는 요람 속에서 악몽에 시달리는 것을,
그리고 사나운 한 짐승이, 마침내 그 시간이 되어,
태어나기 위해 베들레헴을 향해 걸음을 떼는 것을.

08

코스믹 커넥션

– 칼 세이건

우주적 관점에서 우리를 돌아보면
우주의 광대함을 견디는 방법은 오직 사랑뿐…
어슬렁어슬렁 나타난 돌팔이에게
다른 시간으로 가는 경로… 국민적 관점이 변화했다
양재도서관 그리고 출판계의 지푸라기
최고의 인물들은 신념(信念)을 잃어가고,
최악의 인간들은 격렬한 열정(狂氣)으로 가득하네
또한 축복을!"

"우주적 관점에서 우리를 돌아보면"

　최고의 과학 베스트셀러 「코스모스」의 원형이자 칼 세이건의 첫 천문학 저서인 「코스믹 커넥션:우주에서 본 우리(Cosmic Connection: A Extraterrestrial Perspective)」는 1973년에 처음 출간된 책이다. 이 책은 미국에서 출간되자마자 단기간에 50만 부가 팔리며 저자를 일약 베스트셀러 작가 반열에 올려놓았다.

　뛰어난 저술가이자 출판기획자인 제롬 에이절이 이 책을 기획했는데, 에이절은 마셜 맥루한, 아이작 아시모프, R. 버크민스터 풀러, 스탠리 큐브릭 같은 자연과학 분야 베스트셀러 작가들과 공동 작업을 통해 50권이 넘는 도서를 직접 쓰거나 제작한 뛰어난 출판기획자이자 저술가이다.

　「코스믹 커넥션」에는 인간이란 존재를 우주적 관점에서 바라보며 성찰하기를 바랐던 저자 칼 세이건의 아름다운 메시지가 담겨 있다. 인류가 우주적 관점에서 자신을 성찰할 때, 미시적 안목의 전쟁이나 민족 갈등, 종교 분쟁 같은 지구 내부적 복마전을 극복하고 인류와 모든 생명의 존재 가치를 전 우주적으로 넓힐 수 있다고 역설한다.

　칼 세이건은 이 책에서 지금 우리가 속해 있는 세대는 매우 독특한 세대임을 다음과 같이 강조한다.
　"어떤 세대 사람들에게 있어서 그들이 젊었을 때 봤던 행성들은 상상할 수 없을 만큼 멀리 떨어져 있는 빛의 점이었다. 그리고 달은 손에 넣을 수 없는 것의 상징이었다. 중년이 되었을 때, 그들은 자기 동시대인들이 달 표면을 걷는 것을 보았다. 아마 노년이 되었을 때에는 화성의 모래투성이 표면을 방랑하는 사람들을, 그리고 포보스의 울퉁불퉁한 표면이 그들의 발걸음을 물끄러미 바라보는 것을 보게 될 수도 있다. 인류의 1천만 년 역사 속에서 그런 변화를 겪을 세대는 단 하나뿐이다. 그 세대는 바로 우리이다."

그러면서 그는 인간의 미시안(微視眼)을 다음과 같이 아름다운 문체로 지적한다.

"우주의 시각에서 볼 때 지구는 '쥐면 부서질 것만 같은 작은 창백한 푸른 점'이며, 우주의 운행 안에서 인간은 먼지보다 작은 존재일 뿐이다. 이미 인류는 '우리가 우주의 중심이 아니라 우리의 존재 자체가 우주의 목적'일 수도 있다는 현실을 받아들였지만, 삶의 무게는 여전히 먼지 같은 인생에 짓눌러 인간을 우주의 중심에 세운다. 초가을 들녘에서 가벼운 바람에도 나부끼는 코스모스는 카오스이자 코스모스이다. 고난이 점철된 인간의 흔들리는 삶도 그렇다."

이처럼 혼돈의 카오스와 질서의 코스모스를 천문학적 인문학으로 승화시킨 책 「코스믹 커넥션」의 구체적인 목차를 소개하면 다음과 같다.

서문 1) 우리의 우주관을 바꾸고야 만 위대한 남자의 기념비 (프리

먼 다이슨)

서문 2) 성스러움을 새롭게 정의한 과학자, 칼 세이건 (앤 드루얀)

1부 우주에서

    1장, 과도기적 동물

    2장, 고래자리의 일각수

    3장, 4장, 지구에서 보내는 전언

    5장, 유토피아 실험

    6장, 쇼비니즘

    7장, 인간 모험으로서의 우주 탐사 1: 과학적 관심

    8장, 인간 모험으로서의 우주 탐사 2: 대중의 관심

    9장, 인간 모험으로서의 우주 탐사 3: 역사적 관심

2부 태양계에서

    10장, 1학년 가르치기

    11장, "고대의 오래고 전설적인 신들"

    12장, 금성 추리 소설

    13장, 금성은 지옥

    14장, 과학과 정보

    15장, 바르숨의 두 달

    16장, 화성의 산 1: 지구로부터의 관측

    17장, 화성의 산 2: 우주에서의 관측

    18장, 화성의 운하

19장. 잃어버린 화성 사진들

20장. 빙하기와 가마솥

21장. 지구의 시작과 끝

22장. 테라포밍

23장. 태양계의 탐사와 이용

3부 태양계 너머로

24장. 돌고래는 내 친구

25장. 큐브릭의 「2001」 만들기

26장. 코스믹 커넥션

27장. 외계 생명체, 이제 때가 되었다!

28장. 외계인이 지구를 방문한 적이 있을까?

29장. 외계 지성체 탐사 전략

30장. 성공한다면

31장. 통신 케이블, 북, 그리고 소라 껍데기

32장. 별들로 가는 야간열차

33장. 천체 공학

34장. 우주 문명을 찾기 위한 스무고개 게임

35장. 은하 문화 교류

36장. 다른 시간으로 가는 경로

37장. 별의 민족 1: 신화

38장. 별의 민족 2: 미래

39장. 별의 민족 3: 우주 체셔 고양이

후기 : 이 책에 대하여 (데이비드 모리슨)
찾아보기

「코스믹 커넥션」은 미국의 공영방송 PBS에 의해 다큐멘터리 시리즈로 제작되었고, 이후 출간된 칼 세이건의 대표 저서 「코스모스」의 원형이 된다.

"우주의 광대함을 견디는 방법은 오직 사랑뿐…"

칼 에드워드 세이건(Carl Edward Sagan)은 미국의 천체물리학자이자 저술가이다. 그는 천문학의 입장에서 자연과학을 대중화하는 데 힘쓴 과학운동가이기도 하다. 그는 외계 생물학의 선구자였으며, 외계 지적 생명체 탐사 계획의 후원자였고, 미국 항공우주국의 자문위원이기도 했다. 일생 동안 600여 편의 과학 논문과 과학 기사를 썼으며, 저서도 30권이 넘는데 「코스모스」가 가장 대표적인 저서이다.

칼 세이건은 1934년 11월 9일, 미국 뉴욕 브루클린에서 우크라이나 유대계 이민자의 아들로 태어났다. 세이건은 어렸을 때부터 천문학에 관심을 가졌는데, 그 계기는 4살 때 부모님이 데려간 뉴욕엑스포 '미래의 미국' 코너에서 깊은 인상을 받고 과학에 흥미를 갖기 시작한 것이라고 한다.

8~9세 무렵에는 만화와 공상 과학에 빠져들기도 했으며, 학교 측

에서는 부모님께, 재능이 있으니 사립학교에 보내는 게 좋겠다고 권했다. 하지만 부모는 가정 형편상 아들을 공립학교에 보냈고, 머리가 우수했던 세이건은 몇 학년을 월반해서 라웨이 고등학교에 진학했다. 그런데 세이건은 이 고등학교를 '콘웨이(교장 이름) 수용소'라고 부르며 냉소하는 등 삐딱한 태도를 보였다. 과학적 탐구심과 열정이 부족한 선생님들에게서 아무것도 배울 게 없다고 판단한 세이건은 학교 공부보다는 독서로 지적 배고픔을 충족시켰다. 그리고 이때 훗날 과학 소설계의 거물이 되는 아서 클라크의 작품들을 읽고 로켓 기술과 수학의 중요성을 체득했다. 아서 클라크 외에도 제임스 진스, 줄리언 헉슬리, 조지 가모브, 레이첼 카슨, 사이먼 뉴컴 등의 책들을 탐독했다고 한다. 그러면서 학교에서 과학동아리를 만들어 동료들을 상대로 화학에 대한 설명을 하여 학생들을 이해시킬 정도로 똑똑하고 설명을 잘하는 학생이었다고 한다.

　이런 과정을 거쳐 칼 세이건은 고등학교 졸업 무렵 천문학자가 되겠다는 결심을 굳히고, 윌슨산 천문대, 팔로마 천문대 등의 천문학자들에게 편지를 보냈다. 그러나 가족들은 세이건이 천문학자가 되는 것을 반대했다. 할아버지는 천문학자가 되었을 때의 경제적 어려움을 걱정했고, 아버지는 아들이 자신의 뒤를 이어 의류 사업을 하기를 바랐으며, 어머니는 아들이 피아노에 재능이 있으니 피아니스트가 되길 원했다고 한다.
　졸업이 가까워지자 세이건은 어느 대학교에 갈 것인지를 고민했다. 그런데 머리가 좋아 몇 학년을 월반한 것이 오히려 방해가 되었다. 왜냐하면 고등학교 졸업 당시 나이가 겨우 16살이었는데, 대다수의 대학들은 이렇게 어린 학생을 받으려고 하지 않았기 때문이다. 그래서 합당한 대학을 알아보다 입학 연령에 제한이 없고, 게다가 천문대까지 소유하고 있는 시카고대학교를 선택하게 되었다. 이렇게 해서 세이건은 기쁜 마음으로 뉴욕을 떠나 기꺼이 시카고대학교에 입학했다.

세이건은 시카고대학교에서 두각을 나타내며 차례로 인문학 학사, 물리학 석사, 천문학 및 천체물리학 박사 학위를 취득했다. 그후 하버드 대학교 천문학 조교수를 거쳐 코넬대학교의 행성연구소 소장, 세계 최대 우주 동호 단체인 행성협회 회장을 역임했다. 그리고 미항공우주국 NASA의 자문위원으로 우주탐사선 매리너호, 보이저호, 바이킹호, 갈릴레오호, 패스파인더호 등의 우주탐사 계획에 참여했다.

세이건은 외계 생명체 탐사에 많은 관심을 기울였으며, 그의 제안으로 보이저 탐사선에 인류 문명의 수백 가지 언어로 기록된 인사말과 지구의 위치, 인간의 모습 등이 녹음된 골든 레코드가 실렸다. 그리고 나사 우주탐사 프로젝트에 참여하는 과정에서 2번째 3번째 부인을 만나게 되고, 3번째 부인 앤 드루얀과 함께 지은 다큐멘터리 책이 바로「코스모스」이다.

세이건은 사람들이 통상적으로 생각하는 존재로서의 신에 대해서는 여러 번 회의적인 의견을 제시했지만, 우주를 창조한 신이라는 존재에 대해서는 좀 더 열린 태도를 보였다. 그는 자신을 무신론자라고 생각하지는 않았는데, 이에 대한 그의 태도는 "무신론자가 되려면 제가 지금 알고 있는 지식보다 훨씬 더 많은 지식을 가지고 있어야 합니다"라고 말한 데에서 알 수 있다. 신의 존재를 완전히 부정하려면 우주에게 시작은 없었다는 확고한 증거가 있어야 된다고 생각했던 것이다.

신과 우주의 기원에 대한 세이건의 생각은 다음과 같은 표현에서 잘 알 수 있다.

"(빅뱅 이론이 맞다면) 그전에는 무슨 일이 있었을까? 우주에 아무런 물질도 없었다가 갑자기 생겨났다면, 어떻게 그랬을까? 이에 대해 많은 문화권에서 전통적인 대답은 신 혹은 신들이 무에서 우주를 창조했다는 것이다. 여기서 우리가 용기를 가지고 이 질문에 대한 답을 추구한다면, 다음 질문을 해야만 한다. '그럼 그 (우주를 창조한) 신은 어디서 왔는가?' 만약 이것이 답을 구할 수 없는 질문이라면, 그냥 '우주의 기원이 답을 구할 수 없는 질문'이라고 결론 내리는 것이 더 간단하지 않겠는가? 혹은 신이 항상 존재해왔다고 한다면, 간단하게 그냥 우주가 항상 존재해왔다고 결론 짓는 게 낫지 않겠는가? 창조할 필요 없이 그냥 여기 항상 있었다고 말이다. 이것은 쉽지 않은 질문들이다. 한때 이 질문들은 오직 종교와 신화의 전유물이었지만, 이제 우주론은 우리가 이 태고의 수수께끼들과 마주하게 해준다."

-저서 「코스모스」 중에서-

세이건은 천체물리학자지만 종교에 대해 적대적이거나 공격적이지는 않았고, 철학적·문화적인 관점에서 존중해주었으며, 자신의 저서에서도 종교적 비유를 많이 사용했다. 물론 경전에 입각한 종교들의 핵심 교리와 믿음에 대해서는 회의적이었고 불신했다.

"길게 늘어진 수염을 가지고 천상에 앉아서 모든 참새들의 추락을 세고 있는 커다란 백인의 모습을 한 신이라는 건 터무니없는 생각이다. 하지만 신이라는 게 우주를 지배하는 물리법칙을 의미한다면, 확실히 신은 존재한다. 물론 이런 신이 심정적으로는 만족스럽지 않을 것이다. 중력의 법칙에게 기도한다는 게 말이 되겠는가?"

-〈Scientists & Their Gods〉 in U.S. 뉴스 & 월드 리포트 중에서-

사진 출처 : Google-Annemeet Hasidi-van der leij

칼 세이건은 화성 탐사선 계획인 '마스 패스파인더(Mars Path

finder)' 프로젝트에 참여하던 중, 2년간 투병해온 골수이형성 증후군의 합병증인 폐렴으로 1996년 12월 20일 62세의 나이로 사망했다.

이후 패스파인더호는 1997년 화성에 성공적으로 착륙했으며, 착륙 지점은 고인을 기려 '칼 세이건 기념 기지'로 명명되었다. 한때, 그의 유해 일부가 달에 묻혔다는 소문이 퍼지기도 했으나, 실제로는 그가 평생 교수로 재직하던 코넬 대학교가 위치한 뉴욕 이타카에 묻혔다.

칼 세이건의 대표 저서로는 「코스믹 커넥션」, 「창백한 푸른 점」, 「코스모스」, 「에덴의 용」, 「악령이 출몰하는 세상」 등이 있다.

그가 남긴 명언은 수없이 많지만, 그중 가장 인상적인 어록 2가지를 소개하면 다음과 같다.

"이 드넓은 우주에 생명체가 인간밖에 없다면 그것은 엄청난 공간 낭비이다."

"우리처럼 작은 존재가 우주의 광대함을 견디는 방법은 오직 사랑뿐이다."

"어슬렁어슬렁 나타난 돌팔이에게"

조선일보 디지털편집국 문화부장으로도 활동하고 있는 김지수 작가는 2017년 2월 3일 '데스크칼럼'란에 "칼 세이건과 리처드 도킨스의 아름다운 회의주의에 부쳐"라는 제목으로 다음과 같은 아름다운 칼럼을 남겼다.

최근 출간된 「칼 세이건의 말」은 금세기 최고 천문학자가 살아생전 했던 여러 대담을 모은 책입니다. 갈피마다 전 우주의 생명체를 대신해 '별의 대변인'으로 살았던 칼 세이건(1934년~1996년)의 매혹적인 달변이 펼쳐지지요. 칼 세이건에 의하면 과학은 하나의 사고방식입니다. 인간이 오류를 저지를 수 있다는 사실을 똑똑히 이해한 채로 우주를 회의적으로 탐문하는 방식이지요.

그는 "만일 우리가 회의적인 질문을 던질 줄 모른다면, 우리에게 뭔가 사실이라고 주장하는 사람들을 심문할 줄 모른다면, 권위자를 의심할 줄 모른다면, 정치에서든 종교에서든 우리는 다음번에 어슬렁어슬렁 나타난 돌팔이에게 만만한 먹이가 될 겁니다."라고 합니다. 참으로 진정성 가득한 '회의주의자 선언'이지요.

과학자답게 그는 모든 것을 의심했습니다. 과학자에게는 증거가 필요하며, '믿음'은 이 게임의 규칙에서 벗어난다는 게 그의 신념이었지요. 그러나 1996년 오랜 친구 린다 옵스트와 인터뷰할 때 세이건은 전통적인 신을 믿는 사람들에게 공감을 드러내기도 했습니다. 우주의 속성에는 기이할 정도의 우아함이 깃들어 있는 것 같다고 고개를 갸웃하면서요. "대단히 우아한 어떤 창조주가 자연법칙을 만들었다는 가설도 타당할 것 같습니다. 하지만 우리는 그다음의 뻔한 질문들까지도 물을 용기를 내야 합니다. 그 창조주는 어디에서 왔을까요? 그의 우아함은 어디서 왔을까요?..."

그래서일까요? 알다시피 세이건은 평생 '외계 생명에의 소망을 품고' 살았습니다. 생명 수색이 과학에, 철학에 나아가 우리 자신에 대한 인식에 너무나 중요한 문제라고 믿으면서요. 그의 믿음은 간절했지만, 어떤 증거도 나오지 않았기에, 우주의 지적 생명체는 현재까지 지구의 AI보다 신화적인 가설로 남아있습니다.

영면(永眠)이라는 말 그대로 '죽음은 길고 꿈 없는 잠에 불과하다'던 칼 세이건. 죽어서 신을 만난다면 "제 앞에 나타나는 데 왜 이렇게 오래 걸렸습니까?"라고 묻겠다던, 이 우아한 회의주의자가 서거한 지, 올해로 만 20년이 됩니다. 우연인지 필연인지, 지난주엔 칼 세이건과 함께 세트처럼 거론되는 진화생물학자이자 리처드 도킨스(1941년~)가 방한했습니다.

리처드 도킨스의 「이기적 유전자」와 칼 세이건의 「코스모스」는 출판계 전문가들이 뽑은 해방 이후 한국 사회에 가장 큰 영향을 미친 책 상위 25권 목록 중에 나란히 포함되어 있습니다. 국내에서 두 영미과학자의 인기는 그만큼 높습니다.

미국에서 가장 유능한 과학 세일즈맨으로 불렸던 칼 세이건. 그는 말했습니다. "신이 아예 존재하지 않는다고 확신하려면 우주에 대해서 우리가 지금 아는 것보다 훨씬 더 많이 알아야 할 겁니다."
세이건이 그 자신, 존재의 시원이라 믿었던 별을 사랑했다면, 도킨스는 다윈의 후예로 유전자의 과거와 미래에 천착합니다. 우주의

DNA를 파고들 만큼 열렬한 유전자 로맨티시스트지요. 그는 '진화론 계의 선교사'답게 강연회 말미에는 늘 '창조론을 믿는 것은 무지하다' 며 '증거'에 의거해 학문을 할 것을 강조했는데요. 강연장은 흡사 무신론자들의 세련된 부흥회 같은 분위기도 풍겼습니다. 방한 기간 내내 영미 록스타 공연장 못지않게 청중이 몰려들었지요.

뜻밖에 리처드 도킨스가 빛을 발하는 순간은, 그가 시인처럼 '아름다움'에 대해 이야기할 때였습니다. "수백만 광년 떨어진 저 멀리서 지구에 도달하는 별빛이, 영겁의 시간을 지나 이 시대에 당도한 동물의 흔적(화석)이 얼마나 아름다운가! 어떻게 이 아름다움을 탐구하는 일을 피할 수 있는가!"

천문학자 칼 세이건과 진화생물학자 리처드 도킨스가 평생 별과 유전자에 푹 빠져 살 수 있었던 것이, 바로 이 오감을 활짝 열어젖힌 '경이'의 태도를 간직했기 때문이 아닌가 합니다. '경이'는 희랍어로 타우마제인(taumazein), 놀람과 경탄입니다.

그런데 우주와 별, 화석과 유전자를 대하며 느끼는 '경이(驚異)', 그 인과 관계를 추적하고 파악할 때 도달하는 '지적 황홀'과는 또 다른 범주의 감정이 있습니다. '경외(敬畏)'입니다. 경외는 공경하면서 두려워하는 마음이지요. 자연과 우주의 '지적 설계자' 앞에서, 피조물이 느끼는 경건한 상태의 마음이지요. 원래 '경이'와 '경외'는 한 몸이었다가 분리된 것으로 보입니다. '경이'에 눈을 뜬 과학자는 평생 증거와 원리의 퍼즐을 맞추며 '어떻게(how)'를 설득하고, '경건(敬虔)'

의 문을 밀어 '경외'로 나아간 신학자는 체험과 섭리로 '누가(who)'를 설교합니다.

경이와 경외, 이 두 세계를 홍해처럼 가르는 한 문장이, 성경 첫머리에 나옵니다. "빛이 있으라 하니, 빛이 있었다." (우주 탄생의 순간을 설명하는) 생략된 주어의 진위를 떠나, 팩트의 순서를 떠나 기실 이 단호한 선언만큼 과학자와 신학자, 시인, 건축가, 음악가 등 예술가에게 창조적 영감을 준 문장은 없었습니다. 그래서 저는 2017년, 본격적인 빅뱅의 시대를 맞아 더 늦기 전에 장흥 송암 천문대에 가보려고 합니다.

10년 전 그곳을 방문했을 때, 차가운 겨울바람을 맞으며 육안으로 붉은 토성과 만나던 경이로움을 다시 회복하고 싶거든요. 이참에 '우리가 생존하려면 창조성과 의심을 적절히 섞어서 갖고 있어야 한다'던 칼 세이건의 말도, 새록새록 음미하면서 말이지요.

이상 출처 : https://biz.chosun.com/site/data/html_dir/2017/02/01/2017020101307.html

우리는 김지수 작가의 칼럼에서 각자의 입장에 따라 거시적 영감과 미시적 영감, 과학적 영감과 종교적 영감, 이상적 영감과 현실적 영감 등 다양한 별빛 영감을 얻을 수 있을 것이다.

그런데 이 중 오늘날 우리나라 정치 현실과 관련해서는 "권위자를 의심할 줄 모른다면, 정치에서든 종교에서든 우리는 다음번에 어슬렁어슬렁 나타난 돌팔이에게 만만한 먹이가 될 겁니다"라는 부분에 주목할 필요가 있다.

김지수 작가의 칼럼에 언급된 대로, 칼 세이건은 1996년 미국의 공영방송 PBS '찰리 로즈 토크쇼'에 출연하여 이렇게 말한 적이 있다.
"과학은 지식의 집합 이상의 것입니다. 과학은 생각하는 방법입니다. 과학은 인간이 가진 오류에 대한 섬세한 이해를 바탕으로 이 우주를 회의적으로 따지는 것입니다. 만약 우리가 어떤 것이 사실이라고 말하는 이들에게, 그들의 권위에 의심을 가지고 회의적인 질문을 통해 이를 따질 수 없게 될 때, 우리는 늘 우리를 노리고 있는 정치적, 종교적 사기꾼에게 우리의 운명을 맡길 수밖에 없게 될 것입니다."

아직도 천동설의 정치관에 머물러 있는 대한민국의 정치. '정치에 정치의 집합 그 이상'을 접목할 때이다.

"다른 시간으로 가는 경로… 국민적 관점이 변했다"

"다른 시간으로 가는 경로" 이것은 칼 세이건의 책 「코스믹 커넥션」 목차 중 하나이다.
인간의 역사는 끊임없이 새로운 길을 가고 있고, 이것은 바로 '다른 시간으로 가는 경로'이다. '다른'은 옳고 그름을 떠나 그냥 '새로움'

이다.

끊임없는 변화, 즉 새로움의 추구는 우주의 속성이자 역사의 속성이다. 그런데 아직도 구시대적 이념관과 운동권적 민주관, 당파적 패거리관으로 '와각지쟁'하는 한국의 정치… 이제 다른 시간으로 가는 경로, 새로움으로 가는 변화가 필요한 때이다. 민심은 그것을 원하고 있다. 지금까지 한국정치가 '여의도에서의 당파싸움이나 당리당략의 집합' 그 이상도 그 이하도 아니었다면, 이제는 한국정치가 천동설의 중세적 정치관에서 벗어나 별빛 새로움을 접목해야만 한다.

인터넷신문 데일리안의 정계성 기자는 2023년 11월 26일 "정치인 '서사' 없는 한동훈에 대중이 열광하는 이유"라는 제목으로 다음과 같은 기사를 올렸다.

한동훈 법무부 장관의 행보가 연일 화제가 되고 있다. 24일 울산과학기술원을 방문한 한 장관을 보기 위해 전국 각지에서 모인 지지자와 학생들이 모여 현장은 북새통을 이뤘다. 대구에서 시민들에게 사인을 해주기 위해 열차 시각을 3시간이나 미뤘던 것과 비슷한 모습이다. 전여옥 전 의원은 'BTS급 정치 아이돌이 탄생했다'고 표현했다.

정치권에서도 한 장관의 인기에 놀랍다는 반응이다. 특히 한 장관과 기념사진을 찍거나 사인을 받으려는 시민들을 보면, 청년층과 노년층의 비율이 비슷했고 여성뿐만 아니라 2030 남성들의 모습도 심

심치 않게 보였다. 보수층을 결집할 순 있지만 외연 확장은 어려울 것이라는 야권의 분석을 무색하게 만든 대목이었다.

사진 출처 : 고양신문

수치로도 확인된다. 지난 7~9일 한국갤럽이 '차기 대통령감'을 설문한 결과, 한 장관은 13%로 이재명 더불어민주당 대표(21%)에 이어 두 번째였다. 오세훈 서울시장과 홍준표 대구시장이 각각 4%, 이준석 국민의힘 전 대표가 3%였는데 이들은 모두 더한 것보다 한 장관 지지율이 높았던 셈이다. 여론조사 개요는 중앙선거여론조사심의위원회 홈페이지를 참조하면 된다.

또한 온라인상 대중의 관심도를 일부 파악할 수 있는 구글트렌드를 살펴보면, 대구를 방문했던 지난 17일 88을 기록했고 울산을 방문했던 24일에는 관심도 최대치인 100을 찍었다. 대중들이 한 장관의 일거수일투족에 열광하고 있다는 방증이다. 지난 일주일 평균을 내보면 한 장관이 37, 이재명 대표와 이준석 전 대표가 21, 김기현 국민의힘 대표 3 순이었다.

한 장관의 인기 요인으로는 국민이 상상하고 기대했던 '엘리트의 모습'이라는 점이 꼽힌다. 서울대 법대 졸업, 최연소 사법시험 합격, 최연소 검사장, 최연소 법무부 장관 등 기록들을 새로 쓰며 누구보다 화려한 이력을 갖췄다. 무엇보다 전문성에 바탕을 둔 명쾌한 화법은 민주당 정치인들을 꼼짝 못 하게 만들며 보수 지지층에게 카타르시스를 안겼다는 평가다. 부정부패 의혹이 지금까지는 하나도 없을 정도로 자기관리가 철저하며, 깔끔한 외모와 몸에 밴 겸손한 태도 역시 긍정적 요인이다.

국민의힘의 한 관계자는 "그간 보수 정치인 혹은 엘리트라고 하면 거만하고 대중들과 호흡하지 못한다는 이미지가 있었는데, 한 장관에게는 그러한 모습을 찾아볼 수 없다"며 "기자들과의 백브리핑에서도 예민한 질문이 나오면 회피하거나 자기 할 말만 하는 정치인들과 달리 한 장관은 대중들의 언어로 소통을 한다"고 했다.

'큰 정치인'을 바라보는 국민적 관점이 변화했다는 분석도 있다. 사실 한 장관은 열심히 공부하고 검사로서 성실히 직분을 수행한 것 외에 정치적 서사가 있는 인물은 아니다. 민주화 투사(김영삼·김대중 등), 인권 변호사(노무현·문재인), 월급쟁이 사장 신화(이명박), 전직 대통령의 딸(박근혜), 자수성가(정주영·홍준표·김동연) 등의 스토리가 있는 전·현직 정치인들과 비교하면 차이는 확연하다. 하지만 지금은 스토리나 포장된 이미지가 아닌 실력과 소통으로 평가받는 시대라는 것이다.

이현종 문화일보 논설위원은 "과거에는 YS나 DJ 같은 지사형, 노무현 같은 투사형, 정주영 같은 자수성가형 리더십을 국민이 원했다면 지금은 민주화를 이루고 SNS가 발달하면서 '나의 문제를 대화할 수 있는 사람'을 찾는 시대"라며 "박근혜·문재인 정부 시대를 거치며 그러한 갈증이 더욱 커졌는데, 윤석열 정부도 만족감을 주지 못하고 있는 게 현실이다. 그런데 완전히 스타일이 다른 한 장관이 나오면서 국민이 기대감을 갖고 보고 있는 것이다"라고 분석했다.

이승환 국민의힘 서울 중랑을 당협위원장은 "몇 년 전만 하더라도 한 장관과 같이 엄친아 엘리트는 정치인 상이 아니었다"며 "예전 정치권에서는 '스토리'라는 용어가 많이 쓰였고 다들 포장하느라 난리도 아니었는데, 지금은 그대로의 모습과 옳은 말 하는 것을 중요하게 생각하는 것 같다"고 했다. 그러면서 "국민이 원하는 정치인 상이 많이 바뀌고 있는 것을 느낀다"고 덧붙였다.

이상 출처 : https://www.dailian.co.kr/news/view/1299473

"양재도서관 그리고 출판계의 지푸라기"

2024년 5월 17일, 문화일보 김인구 문화부장은 '뉴스와 시각'란에 "대통령의 책, 한동훈의 책"이라는 타이틀로 다음과 같은 기사를 올렸는데, 끝없이 추락하는 출판계로서는 '지푸라기 아닌 동아줄'이라도 될 만한 기사였다.

최근 한동훈 전 국민의힘 비상대책위원장의 목격담이 뉴스를 장식했다. 서울 서초구 양재도서관에서 책을 읽고 있는 모습. 그를 알아본 시민들이 사진과 영상을 올리면서 화제가 됐다. 지난 4·10 총선 참패의 책임을 지고 물러나 있던 참이었는데, 국민의힘 전당대회를 앞두고 차기 당 대표 후보로 거론되며 다시 '등판론'까지 피어올랐다. 노출될 것이 뻔한 공공도서관에서 책을 봤다는 점 때문에 '정치적 의도'에 관한 해석도 쏟아졌다. 연예인 미담처럼 후일을 도모한 '목격담 정치'라는 분석이 나왔다.

그런데 그에 못지않게 사람들의 시선을 끈 건 어떤 책을 읽고 있느냐였다. 그가 손에 들고 있던 책은 과학소설(SF) 작가 김보영의 「역병의 바다」(알마)를 비롯해 「코스믹 커넥션」(사이언스북스), 「비트코인 슈퍼 사이클」(거인의정원) 등이었다. 「역병의 바다」는 김보영 등 9인의 작가가 호러 문학의 거장 러브크래프트의 세계관을 오마주하며 우리의 현실 속 공포를 그린 작품이다. 2020년 출간됐다가 4년 만에 재조명된 셈이다. 「코스믹 커넥션」은 이론 천문학자였던 칼 세이건을 일반 독자에게 알린 책이다. 국내에 출판된 건 2018년이니 이것도 6년이나 됐다. 「비트코인 슈퍼 사이클」은 올해 초 나온 신간. 4차 반감기의 성공적인 투자 전략을 제시하고 있다. SF부터 투자 실전서까지 한 전 위원장의 폭넓은 독서 스펙트럼은 호감을 줬다. 책도 그의 선택을 통해 새삼 조명됐다. 이게 실제 판매량에 도움이 됐는지 아직 알 수 없지만, 1년에 한 권도 책을 읽지 않는 사람이 10명 중 6명이나 된다는 절망적인 통계를 접했던 출판업계로선 반가운 일이었다.

지난해 3월에도 한 전 위원장의 책이 비상한 관심을 끈 적이 있다. 법무부 장관이었던 그가 유럽 출장길에 들고나온 책은 「펠로폰네소스 전쟁사」(숲). 2011년 출간 이후 꾸준히 사랑받은 스테디셀러이긴 하지만, 한 전 위원장이 가슴에 품은 것만으로 판매율이 수직 상승했다. 눈에 띄는 독자 감소에 시름이 늘어가는 출판계는 이런 유명 인사의 '바이럴(viral)'에 은근 기대를 갖는다. 그게 설령 다른 의도를 가진 것일지라도 상관없다. 유력 정치인이 책을 언급해주는 것만으로도 판매에 큰 영향을 미치기 때문이다.

하지만 윤석열 대통령의 생각은 좀 다른 듯하다. 그동안 그는 독서 리스트를 공개하지 않는다는 원칙을 고수해왔다. '인위적 쇼'로 비칠 수 있다는 판단에서다. 2022년 대선 후보 시절에 밀턴 프리드먼의 「선택할 자유」(자유기업원) 등을 꼽은 적이 있고, 지난해 3월 한 참모 회의에서 반도체 산업 지원을 당부하면서 「반도체 삼국지」(뿌리와이 파리)를 언급한 게 전부다. 문재인 전 대통령이 휴가철만 되면 추천 도서를 쏟아내던 것과는 분명 다른 행보다. 그러나 윤 대통령이 간접적으로나마 언급했던 「반도체 삼국지」는 이후 한 주간 판매량이 4배 이상 급증했다. 대통령의 책이라는 타이틀이 사람들을 도서 구입으로 이끌었다고 할 수 있다. 총선 참패 이후 보수정치 개혁의 목소리가 높다. 출판업계는 대통령의 추천이라는 '지푸라기'라도 잡고 싶다. 이참에 독서 리스트 비공개 원칙은 깨주었으면 한다.

이상 출처: https://www.munhwa.com/news/view.html?no=20240517010330121790001

한동훈 국민의힘 당대표가 칼 세이건의 「코스믹 커넥션」을 읽고 무엇을 얻었는지 우리는 알 수가 없다. 김지수 작가가 시사하는 '별빛 영감'을 얻었을 수도 있고, 고사성어가 시사하는 '인간의 와각지쟁(蝸角之爭) 한심함'을 느꼈을 수도 있다. 그러나 칼 세이건의 표현대로 우주가 견지하는, 인류사가 견지해온, 대한민국의 역사가 견지해온 "다른 시간으로 가는 경로"의 속성은 새로운 도전과 희망으로 우리를 견인할 것이다.

"최고의 인물들은 신념(信念)을 잃어가고, 최악의 인간들은 격렬한 열정(狂氣)으로 가득하네"

월간조선 김태완 기자는 월간조선 2024년 6월호에 "超 엘리트 한동훈 둘러싼 비관론 연구-전당대회 너머 고난과 역경의 敍事 써야"라는 제목으로 다음과 같은 심층 기사를 올렸다.

아일랜드 시인 윌리엄 버틀러 예이츠는 시 '재림(再臨 · The Second Coming)'에서 "최고의 인물들은 신념(信念)을 잃어가고 최악의 인간들은 격렬한 열정(狂氣)으로 가득하네"라고 노래했다.

새로운 보수 정치의 아이콘인 '73년생 한동훈(韓東勳 · 전 국민의힘 비대위원장)'은 자신의 미래를 어떻게 개척할까. 4 · 10 총선을 앞두고 뜨겁게 달아올랐던 한동훈 신드롬은 한나땡(더불어민주당은 '한동훈이 나오면 땡큐'라고 했다)과의 프레임 싸움에서 날개가 꺾이고 말았다.

국민의 선택이 한동훈 현상을 외면한 것인지 현 정권을 심판한 것인지 좀 더 깊숙이 따져봐야 하지만, 요즘 여의도를 보면 득의만만했던 한동훈을 둘러싸고 흉흉한 이야기들만 가득하다. 증오의 대량 생산 · 유통 공장이 대검청사가 있는 서울 서초동이 아니라 여의도 국회의사당 주변이란 사실을 한 전 위원장은 지금쯤 깨달았으리라.

8월 전대 vs 7월 개최론
4 · 10 총선에서 한동훈의 공천을 받고 출마해 돌아온 당선자들이 한동훈의 키즈가 될 수 있을까. 여전히 유효한 한동훈 현상의 분신(分身)이 될 수 있을까.

잠행 중인 한동훈은 요즘 정치의 비정함을 절감하고 있을지 모른다. '광기로 가득한 최악의 인간들' 사이에서 상대를 죽여야만 사는 여의도 정치문법에 '신개념 신세대 보수 한동훈'의 정치는 어쩌면 이제 시작일지 모른다. 보수의 아이콘으로 선의의 경쟁을 해야 하는 절체절명의 순간에 직면해 있다. 현재 그는 전당대회 출마를 심각하게 고민하고 있다는 소식이 들린다.

국민의힘 내부에서 그의 전대 출마를 중대 변수로 받아들인다. 이상민(李相珉) 국민의힘 의원은 한동훈의 전당대회 출마 여부와 관련 "(출마로) 마음은 기울지 않았나 하는 생각이 든다"고 밝혔다. 이 의원은 "어수선하고 무기력증에 빠져 있는 당을 수습할 수 있는 최적임자라고 생각하는 분들이 상당히 많이 있다. 그 점에 대해 반론을 제기하기가 쉽지는 않다"라고 덧붙였다.

원희룡 전 국토교통부 장관과의 만찬 회동이 전해지면서 한동훈이 조만간 국민의힘 당사(黨舍)로 귀환(歸還)하리라는 해석이 나오는 것도 사실이다.

주말인 지난 5월 11일 서울 서초구 양재도서관을 찾은 한동훈이 열람실에서 책을 읽는 모습이 시민들에게 목격됐다. 자신을 알아본 시민들의 인사에 화답하고 책에 사인을 요청하면 응하거나 셀카를 찍어줬다고 한다. 본격 등판에 앞선 예고방송 같았다.

어쨌든 국민의힘 안팎에선 전당대회 시점이 늦어질수록 한동훈이 출마할 가능성도 높아질 것으로 보고 있다. 시간이 지날수록 '민주당에 박살 난 총선 사령탑'이란 이미지는 희석되고, 대중적 인지도가 높은 그를 통해 당 지지율을 끌어올려야 한다는 목소리가 커질 수 있다. 국민의힘 황우여(黃祐呂) 비대위원장은 당초 윤재옥(尹在玉) 전 원내대표가 언급한 6월 말 또는 7월 초에 전당대회를 여는 것은 어렵고, 8월에나 전당대회가 가능하다는 입장이다. 하지만 친윤계가 전당대회 조기 개최론을 주장하면서 7월 개최론이 힘을 받고 있다. 이는 한동훈의 전대 출마 견제를 위한 것이라는 관측이다.

"한동훈, 超엘리트 의식을 갖고 있다"

실제로 전당대회는 당내 경쟁이다. 지금까지 한동훈이 보여준 여의도 문법은 불가근불가원(不可近不可遠)이란 개념으로 요약될 수 있다. 그간의 언행을 보면 민주당과 이재명 대표에 대해선 결사항전(決死抗戰)을 보일 듯이 거칠었지만 자신의 세력을 키우거나 자기 사람을 관리한다는 말을 들어본 적이 없다. 자기 계파, 자기 조직 챙기기가 없었다는 점에서 향후 당내 정치에서 마이너스가 될 수 있다. 물론 "챙기기가 없었다"고 단정할 수만도 없다. 엄연히 그의 이름으로 22대 총선 공천장을 주었기 때문이다. 혼자서 전국을 오가며 유세 현장을 뛴 것도 한동훈이다. 당선자 중에 한동훈 신세를 안 진 정치인이 몇이나 있을까.

그러나 전대를 앞두고 자숙해야 한다는 의견이 많다. 지난 4월 총선에서 5선 고지에 오른 윤상현(尹相現) 의원은 한동훈이 정치를 모른다고 했다. 총선 패배에 책임지는 자세가 필요하다는 얘기다.

"한동훈 위원장이 왜 선거에서 졌습니까? 정치를 몰라서 진 게 아니에요? 한마디로 전략이 없잖아요. 예를 들어 저쪽에서 정권심판론으로 우리를 치지 않았습니까? 우리는 뭐로 대응했습니까? 이조(이재명·조국) 심판으로 대응했죠. 그러나 국민에겐 정권심판론이 가장 큰 주제로 다가와 (우리 당이) 진 것 아닙니까? 결국은 뭐냐, (한동훈이) 정치를 모르는 거죠."

최근까지 한동훈을 지켜봤던 양순석 국민의힘 책임당원협의회 부의장은 "한동훈이 초(超)엘리트 의식을 갖고 있다"라고 했다. 양 부의장은 윤석열 대선 후보 캠프 조직총괄본부 부위원장이자 20대 대통령 인수위원회 자문위원으로 활동했다.

"한동훈은 그냥 엘리트를 넘어 초엘리트라고 스스로 생각하죠. 남의 말을 귀담아듣지 않는 스타일입니다. 총선 당시 유세 연설문을 쓸 때도 혼자 쓰고 당내 인사들에게 보여주지 않았어요. 이건 여느 엘리트 의식 너머의 초엘리트 의식입니다."

초엘리트 의식은 상대를 인정하지 않고 열등한 존재로 여긴다는 것과 별반 다르지 않다. 양순석 부의장의 계속된 말이다.

"(한동훈이) 예컨대 연설문을 본인이 썼다고 해도 누군가에게 맡겨 고칠 수 있는 공간을 열어줘야 합니다. 민주주의는 상대를 인정하는 것에서 출발하죠. 정치는, 내가 하나를 얻으려면 두 개를 내줘야 하는 실물 게임입니다. 거듭 강조하거니와 정치는 뺄셈이 아니라 덧셈입니다. 혼자서 다 하면 또 한 사람을 잃는 것이 되죠. 지도자는 사람을 미치게 해야 하고, 감동을 줘야 합니다. 백 사람과 기계적으로 포옹하는 것보다 단 한 사람과 포옹해도 진정성이 느껴져야 진짜 포옹입니다."

양 부의장은 "지도자는 사람한테 감동을 주려고 못 먹는 술도 한 번 먹고, 또 못 먹더라도 먹는 척이라도 할 줄 알아야 한다"라고 강조했다. 인간적인 냄새가 났던 대통령은 아무리 비리가 당대 불거져도 신화(神話)로 남았다. 이에 더해 간절함이 있어야 한다.

이회창 · 이인제 · 황교안 · 유승민과 한동훈

— 만약 한동훈에게 필요한 간절함이란?

"지금부터라도 고난과 역경의 서사(敍事)를 써야 합니다. 우아한 귀족의식을 버려야 합니다."

— 한동훈은 역대 정치인 중에 누구를 모델로 삼아야 할까요?

"내공을 쌓기 위해 YS(金泳三)가 좋을 겁니다. 기민함, 신념, 기발함, 깨끗함, 전투력, 민심을 살피는 점 등은 닮은 면이 있죠. YS는 믿으면 철저하게 믿는 스타일입니다. 서민적이고 동료를 아끼는 마음이 강한, 인간적이고도 따스하고 끈끈한 동지의식이 있었어요. 심지어 필요하다면 창조적 발상력으로 정치공학을 십분 활용하고 투쟁을 통해 위기를 기회로 만드는 정무 감각이 뛰어났습니다. 통합을 위해서는 희생하는 것도 불사했어요."

한 시절 대세론을 구가했던 이회창(李會昌), 이인제(李仁濟), 황교안(黃敎安)의 전철을 더 이상은 밟지 말아야 한다는 의견도 있다.

이들은 모두 대선 후보 1위에 등극했었다. 공교롭게도 이들의 엘리트 의식도 모두 성층권에 달했다. 이들을 둘러싼 보수 지지자의 팬덤도 절대적이었다. 그러나 그들만의 특별한 가치도 한순간에 몰락하는 게 정치요 민심이다. 다만 이들 3인이 정치적 이념에 대한 충성심에서 주목을 받았다면 한동훈은 개인적 매력에 대한 순도(純度)가 강하다는 면에서 차이를 보인다. 양 부의장의 이어지는 설명이다.

"한때 이인제 전 지사도 DJ(金大中) 정권 당시 여권 내 대선 후보 1위였어요. 지지율이 57%까지 올라갔습니다. 그렇게 뜨다가 무너졌어요. 이 전 지사 역시 만나보면 엘리트 의식이 강했지요. 다만 그는 참모들하고 의논이라도 하는데 한동훈은 의논이란 게 없습니다."

언론인 출신 정치 칼럼니스트 서봉대씨는 한동훈이 이회창 전 총리, 유승민(劉承旼) 전 의원과도 어떻게 보면 닮은꼴이 아니겠느냐고 했다.

"이회창, 한동훈은 모두 법조인 출신이고 이회창도 '공정(公正)과 법치(法治)'를 강조했어요. 한동훈은 이재명 민주당 대표를 향해 '개인 형사 문제에 공당(公黨)의 공조직을 동원하는 건 법치주의를 훼손하는 것'이라고 했잖아요. 엘리트 의식이 강한 측면에서 닮았고 어법·말투도 기존 '여의도 사투리'와 차이가 납니다. 이회창은 3김(金) 청산을 외쳤잖아요. 한동훈은 운동권 특권 세력 청산을 말했고요. 총론적으론 한동훈이 이회창의 길과 닮아 있다고 봅니다."

— 이회창 대세론이 깨진 가장 큰 이유는 무엇일까요?

"이회창은 대통령(YS), 민주계 등과 각을 세웠던 것이 정치 실패로 이어졌죠. 결과적으로 이인제 전 지사가 탈당한 것이 대선 실패의 원인이 됐어요. 한동훈이 뺄셈 정치로 갈 때 이회창이 빠져든 늪에 다시 들어갈 우려가 높지요. 유승민도 마찬가지입니다. 보좌진이 써준 원고를 다 뜯어고친다고 하잖아요. 선민의식(選民意識)과 배타성(排他性)이 느껴져요."

범(汎)보수 차기 지도자 여론조사에서 공동 1위로 급부상했던 한동훈. 그의 미래는 어떻게 될까.

생물철학 박사인 장대익 가천대 창업대학장(전 서울대 교수)은 자신의 저서 「공감의 반경」(2022)에서 정서적 공감(共感)과 인지적 공감을 이야기했다. 둘은 타인의 감정을 느끼고 타인의 관점에서 이해하는 능력을 가리킨다. 그러나 이 공감의 능력은 땀흘리지 않고 저절로 생겨나지 않는다. 눈을 맞추고 귀를 열려고 노력해야 한다. 장 학장의 말이다.

"인간은 정서적 공감만으로는 가장 번영한 종(種)이 될 수 없었습니다. 두 가지 공감력을 바탕으로 인간은 서로 협력하고 타인을 배려

하며 함께 문명을 건설해왔어요. 협력은 울타리 안의 집단을 초월해 일어나기 때문입니다."

전당대회와 한동훈의 運命

인간은 내(內) 집단 구성원들에 대한 감정 이입에는 능숙하다. 하지만 이 감정 이입은 강도가 세지만 지속력이 짧고 반경도 작다. 이런 성향을 장 학장은 '부족 본능(tribal instinct)'이라 부른다. 장 학장의 설명이다.

"부족 본능은 갖가지 부작용을 일으키고 있습니다. 부족 본능은 더 넓어질 수 있는 우리의 공감력을 자꾸 안쪽으로 좁힙니다. 부족 본능이라는 좁은 테두리를 어떻게 뚫고 나올 수 있느냐는 공감의 반경을 넓히려는 우리의 목적에서 가장 중요한 과제입니다."

초엘리트 의식으로 뭉친 한동훈이 어떻게 공감의 반경을 넓히느냐에 따라 좁게는 전당대회의 승리 여부, 멀리는 한동훈의 운명, 더 멀리는 역사를 바꾸는 운명이 달려 있다.

이상 출처 :https://monthly.chosun.com/client/news/viw.asp?ctcd=A&nNewsNumb=202406100019

역사를 바꾸는 운명, 이 거창한 미션을 어떤 한 지도자에게 기대하는 것은 초인사상이나 메시아사상의 발로라고 볼 수 있다. 과거에는 탁월한 특정 위인이 역사의 흐름이나 운명을 바꾼 적이 많았다. 하지만 지금은 집단의 시대이다. 집단지성·집단능력이 과학을 발전시키고, 인공위성을 쏘아 올리고, 경제를 발전시키고, 정치를 발전시키고, 인류사를 발전시킨다. 노벨상도 과거에는 대부분 특정인에게 주어졌는데 지금은 무슨무슨 연구기관이나 단체에게 주어지는 경우도 많다.

그렇다면 접싯물에 코를 박고 죽을 수도 있을 만큼 나약한 존재인 인간 개개인이 집단을 이루어 이토록 강력한 존재가 될 수 있었던 근본 동력은 무엇일까? 바로 '사랑'이다. 사랑은 모래알 같은 개개인을 집단으로 묶어주는 아교풀과 같은 것이며, 우주의 비밀코드이다. 우주의 질서 그리고 코스믹 커넥션의 일환으로 작동하는 인간의 집단애, 이를 내림차순으로 열거하면 지구애 → 인류애 → 인종애 → 국가애 → 민족애 → 지역애 → 가족애로 도식할 수 있다.

극약(極弱)과 극강(極强)의 양면성을 지닌 인간의 능력, 그 능력이 계속 긍정적으로 작동하기 위해서는 오직 사랑만이 답이고, 이것은 정치 분야에서도 마찬가지다. 변화, 소통, 단합, 협력, 협치, 평화 이 모든 것의 실마리는 사랑이 근본 솔루션이다. 아름다운 우리말 '함께'는 집단을 의미하고, 단합을 의미하고, 사랑을 의미한다. 그래서일까? 칼 세이건도 이렇게 말했던 것이다.
"우리처럼 작은 존재가 우주의 광대함을 견디는 방법은 오직 사랑뿐…"

"또한 축복을!"

축복

-김지하-

우주는
신의 몸

네 죄는
삼라만상을
사랑하지 않은 죄

사랑을 넘어 차라리
이젠 미물조차 공경하므로

용서받으라
또한
축복을!

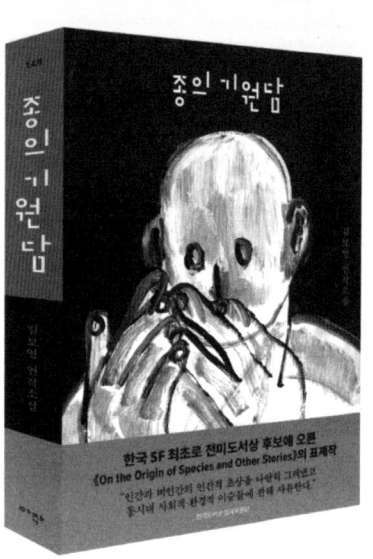

종의 기원담

— 김보영

한동훈 목격담
사물에 깃든 생명에 바치는 경애
김보영 작가의 기원
현란한 말장난에 바치는 경멸
국민의 리더가 될 것인가, 진영의 보스가 될 것인가
서로 그윽이 바라보다 문득 그치면

"한동훈 목격담"

국민의힘 당대표 한동훈은 당대표가 되기 전, 비상대책위원장 신분으로 제22대 총선을 이끌다 참패했다. 그 후 "국민의 뜻을 준엄하게 받아들이고 저부터 깊이 반성합니다. 선거 결과에 대한 모든 책임을 지고 위원장직에서 물러납니다"라고 밝힌 뒤, 칩거에 들어갔다.

그런데 탈진한 몸을 추스르며 잠시 잠행하는 동안에도 각 언론들은 그의 거취와 일거수일투족에 비상한 관심을 보였다. 총선에서 참패한 정치 패장은 곧바로 언론이나 세인들의 관심에서 멀어졌던 과거의 사례와는 전혀 다른 새로운 현상이었다.

다음은 인터넷신문 데일리안의 정도원 기자가 2024년 5월 12일 "'도서관도 가'그말대로…한동훈, 양재도서관서 목격"이란 제목으로 쓴 기사 일부이다.

4·10 총선 패배 이후 정치적 휴지기를 갖고 있는 한동훈 국민의힘 전 비상대책위원장이 도서관에서 목격됐다. 한 전 위원장은 조용히 독서를 하는 모습이었으나, 시민들의 사인이나 셀카 요청은 굳이 사양하지 않고 응한 것으로 전해졌다.

11일 정치권에 따르면 한동훈 전 위원장은 이날 오후 서울 서초구 '양재오솔숲도서관'에서 목격됐다. 한 전 위원장은 평범한 일반 시민과 같이 도서관 열람실에서 골전도 이어폰을 착용한 채 독서에 몰입해 있는 모습이었다. 검은색 재킷에 운동화 차림도 평범했다.

이날 한 전 위원장은 김보영 작가의 「종의 기원담」을 읽고 있던 것으로 전해졌다. 지난해 출간된 이 소설은 로봇을 소재로 한 SF 소설로, 한국 SF 소설로는 최초로 전미도서상 후보에도 올랐다.

(중략)

한 전 위원장은 4·10 총선 패배 직후 국민의힘 비상대책위원장을 내려놓은 뒤 공개적인 행보는 하지 않고 있지만, 국민의힘 차기 당권주자로서 세간의 관심은 계속해서 유지되고 있다. 이날 목격담은 지난 6일 서울 강남구 대치동에 있는 한식당 '명동관'에서 목격된 뒤 닷

사진 출처 : 데일리안

새만의 목격담이다.

이상 출처 : https://www.dailian.co.kr/news/view/1360334/?sc=Naver

"사물에 깃든 생명에 바치는 경애"

이처럼 새로운 현상으로 나타난 '한동훈 목격담과 정치 이야기'는 뒤에서 다시 하기로 하고, 여기서는 그가 '양재오솔숲도서관'에서 읽었다는 김보영 작가의 소설 「종의 기원담」에 대해 좀 더 알아보자.

소설가 김보영의 SF소설 「종의 기원담」은 지구상에서 모든 생명이 멸종하고 로봇들이 지구를 지배하는 시대에, 로봇 케이와 세실, 칼스트롭 등이 유기생물인 인간을 발견하는 과정과 그 후에 벌어지는 상황을 그린 의미와 재미 만점의 과학 소설이다.

이 소설 속에 등장하는 로봇들의 이름 중 '케이'는 칼륨, '세실'은 세슘, '칼스트롭'은 스트론튬에서 따온 이름이라고 작가는 밝히고 있다.

소설의 도입부 배경은 인간이 멸종한 세상이다. 그 세계에서 로봇은 지구의 지배 종일뿐만 아니라 유일한 종이다. 로봇류는 점차 인간류처럼 자신들의 존재 근원에 대해 궁금해하고 의문을 가지면서 신과 종교, 아름다움 등에 대한 동경을 가진다.

주인공 케이는 인간이 없는 세계에서 최초로 유기생명의 개념을 생각한 로봇이다. 5년 전, 유기생물의 존재 가능성에 대해 논문을 쓴 바 있는 그의 앞에 세실이 나타난다.

세실과 케이는 칼스트롭 교수를 만나게 되고, 그들은 케이의 졸업 논문에 근거하여 유기생물학을 새로운 학문으로 발전시킨다. 그리고 유기생명을 연구하는 연구소도 설립한다.

이 연구소에서 케이는 유기생물, 나아가 인간 복제의 이론적 토대를 마련한 뒤에 연구소를 떠난다. 그리고 30년 후, 이제 본인도 교수가 된 신분으로 다시 연구소를 방문하는데, 연구소에서 인간이란 유기체를 생육하는 현장을 목격한다.

연구소는 로봇류에게는 아주 위험한 물질인 산소를 이용해 유기생물 배양을 시도하여 마침내 그 배양에 성공한 것이다. 그러나 소설 속 등장 로봇 노만은 이렇게 우려한다.

"우리는 산소를 뿜어내는 생물을 되살려 내었어. 신화 속의 괴물을 되살린 기분일세. 신은 우리를 위해 저 생물을 지상에서 없애버리셨어. 그런데 왜 우리가 그들을 되살려야 하지? 물을 먹고 산소를 뿜어내는 생물이라니. 이건 악몽일세. 이곳은 완전히 오염되어 버렸네. 독성물질로 가득 차 있어. 우리는 어디로 가는 걸까? 생명의 영역에 광폭한 호기심을 드러내는 일이 과연 잘하는 짓일까? 시작해서는 안 되는 일을 시작해버린 것이 아닐까?"

하지만 이러한 우려에도 불구하고, 인간이 되살려지자 로봇들은 자신들이 복제해낸 인간을 '생명의 신성한 기원'으로 숭배하기 시작한다. 지저분한 공장에서 쓸모가 다한 로봇의 부품을 분해하고 재생하여 필요한 물질을 만드는 로봇류와는 달리, 유기생명인 인간은 주변 환경에서 원소를 흡수하고 재조합해서 자신의 몸을 성장하게 만든다. 이런 자기생성적인 인간의 특성이 로봇들을 매혹시킨다. 로봇들은 자신들이 복원해 낸 인간이 로봇류와는 달라도 너무나 달라서 압도적으로까지 여긴다. 로봇들은 마침내 '스스로 성장하는 아름다운 생물'을 향한 열광적인 애정에 사로잡히고 만다. 이와 관련하여 소설 속에는 다음과 같은 묘사들이 등장한다.

"전선과 연결되어 있거나 외부 배터리를 달지 않았고, 충전기를 꽂을 구멍도 배터리를 넣는 수납함 표시도 눈에 띄지 않는 존재인 인간!"

"그 말소리가 너무나 평온하고 친근해서 전류가 막힐 것 같았어."

"세상의 가장 아름다운 것이 케이의 눈앞에 있었다. (…) 케이는 한순간에 깨달았다. 모든 로봇은 모조품이고 불완전품이며, 이 완벽한 생물을 흉내 낸 그림자일 뿐이다. 케이의 눈앞에 있는 것은 완전체였고 이데아였으며, 예술가들이 평생을 바쳐 추구하는 성스러움, 이제 세상에 남아 있지 않은 줄 알았던 신성 그 자체였다. 로봇류가 평생을 바쳐 찾아 헤매던 '진리', '삶의 의미', '로봇이 세상에 존재하는 이유', 그 모든 것이 눈앞에 있었다. 케이는 지금까지의 삶이 헛되었다는 것, 허황한 욕망과 망상과 무의미한 가치에 시간을 낭비했다는 것을 깨달았다."

그러나 이러한 로봇류의 인간에 대한 절대적인 사랑은 그들 종의 멸망을 예고 한다. 역설적이게도, 인간 배양의 선구자였던 케이는 로봇류의 중대한 위험을 예감하고, 자신이 유기생물과 인간 복제의 기반을 마련한 당사자임에도 결국 인간이란 생물을 학살하는 '칼스트롭 연구소 사건'을 일으킨다.

케이는 왜 이 사건을 일으켰을까? 주인공 '케이'의 입장에서는 두 가지 이유가 있었다. 하나는 인간 숭배는 로봇의 자아를 망가뜨리는 것이며, 종국에는 로봇이 노예화된다는 것이다. 그리고 또 하나의 이유는 인간의 생명을 유지하기 위해서는 물과 산소가 요구되는데, 문제는 물과 산소가 로봇의 기계장치에 녹과 부식을 가져오는 치명적인 독이라는 것이다. 결국 로봇류의 입장에서 보면 '인간은 오염으로 뒤덮인 생물, 오염을 먹고 사는 생물, 오염을 필요로 하고 오염을 퍼트리는 생물'이라서 최종적으로는 지구를 훼손할 것이라는 확신 때문이었다.

이렇게 해서 케이는 자신이 연구하고 발전시킨 유기생물학과 인간 복제가 로봇이 사는 지구에 치명적인 환경위기를 가져왔음을 깨닫고, 마침내 '인간박멸 사업'이라는 대 사건을 일으킨다.

이 사건 이후 지구의 환경위기를 해결하기 위해 다시 연구소를 찾은 케이는, 모두 죽여 없앴다고 여겼던 인간들이 끈질기게 살아남아 있다는 사실을 알게 된다.

이제 어떻게 할 것인가? 케이는 다시 폭력적인 인간박멸 사업을 계속할 것인가를 놓고 깊이 고심한다. 그러다 로봇 환경청장이 된 케이와 인간 대표 사이는 하나가 죽어야 다른 하나가 살아남는 폭력 대신에 공존의 가능성을 모색한다. 로봇류와 인간류가 서로 종(種)으로서의 차이를 인정하고 존중하는 공존 방법을 찾는다.

로봇 환경청장 케이는 마침내 이렇게 말한다.

"그 종(인간)이 내게 어떤 강제도 할 수 없고, 이 마음에 한 점의 지배권을 행사하지 않고, 내가 그들로부터 이 자아의 독립을 지킬 수 있다고 확신한 뒤에야 비로소 이 사랑을 있는 그대로 받아들일 수 있었다"

이 소설의 연구소장이자 배양자인 김보영은 '작가의 말'을 통해 이렇게 말했다.

"이것은 결국 로봇의 이야기다. 무기 생명에 대한 내 개인적인 헌사며, 곧이곧대로 기계 생명을 향한 찬가다. 사물에 깃든 생명에 바치는 경애다!"

"김보영 작가의 기원"

소설가 김보영은 1975년 서울에서 태어났다. 1998년 게임 제작팀 '사람과 바람'에 합류하여 RPG 게임 개발자 겸 시나리오 작가로 활동하기 시작해서 「쓸」, 「나르실 이온」, 「쓸 온라인」 등의 게임 시나리오를 집필했고, 게임 「숙녀 안」에서는 그래픽을 담당했다.

그러다 2004년 '제1회 과학기술 창작문예 공모전' 중편소설 부문에 「촉각의 경험」이 당선되면서 본격적인 SF 작가의 길을 걷게 된다. 이후 「미래로 가는 사람들」, 「우수한 유전자」, 「진화 신화」, 「저 이승의 선지자」, 「백만 광년의 고독」 등으로 대중의 주목을 받았고, 「종의 기원」과 「종의 기원담」으로 한국을 대표하는 SF 작가 중 한 사람으로 우뚝 섰다. 팬들로부터는 '가장 SF다운 SF를 쓰는 작가'로 사랑받는다.

김보영은 한국과학문학상 심사위원을 역임했고, 영화 「설국열차」의 시나리오 작업에도 참여했다. 그리고 2015년에는 미국의 대표적인 SF 웹진 '클락스월드(Clarkesworld)'에 단편소설 「진화신화」를 발표했으며, 2021년에는 「종의 기원」 영문판으로 전미도서상 외서 부문 후보와 「고래 눈이 내린다」로 로제타상 후보에 올랐을 정도로 뛰어난 작가이다.

사진 출처 : 모바일 교보문고

전미도서상 심사위원단은 「종의 기원」을 후보작으로 소개하면서 '인간과 비인간의 인간적 초상을 나란히 그려냈으며, 동시대의 사회적, 환경적 이슈들에 대해 깊은 사유를 촉발하는 작품이다'라고 평했다. 참고로, 전미도서상은 퓰리처상과 함께 미국을 대표하는 최고 권위의 문학상으로 수상 작가에게 상금 1만 달러를 주는 상이다.

소설가 김보영에 대한 칭찬과 찬사는 여러 문학평론가의 평가와 언론 기사에서도 찾아볼 수 있다. 이 책에서는 한국일보 진달래 기자가 쓴 기사와, 조선일보에서 발행하는 인터뷰 전문 잡지 탑클래스의 서경리 기자가 쓴 인터뷰 기사 일부를 소개하는 것으로 작가와 작품의 진면목을 대신하고자 한다.

〈한국일보 기사(2023년 6월 16일-진달래 기자)
"세계 문단 주목받은 장르 작가들의 시선,
 생동하는 사물 너머로"

세계적 주목을 받고 있는 한국의 대표적 장르소설 작가 정보라(47), 김보영(48)이 연작소설로 돌아왔다. 각각 영국 부커상 인터내셔널(2022)과 미국 전미도서상 번역서부문(2021) 후보에 오르며 한국 문학의 매력을 세계 문단에 보여줬던 이들이다.

(중략)

「종의 기원담」은 로봇 '케이'를 중심으로 한 이야기 3편이다. (…) 소설은 로봇만이 존재하는 세계를 그린다. 잔병을 일으키는 흙과 산소는 유해 물질로 구분되는 세상이다. 유기생물학을 연구하는 로봇 케이가 내놓은 새 이론이 모든 서사의 발단이다. 식물과 같은 '유기

생물'은 산소와 이산화탄소의 순환을 통해 스스로 성장할 수 있다는 것. 생물은 '자신의 의지가 있어야 하고, 전기 에너지를 이용해야 하며, 칩이 있어야 하고, 공장에서 만들어져야 한다'고 규정하는 세계에서 코페르니쿠스적인 세계관 전환인 셈이다.

연작소설은 그 전환과 이후 약 70년의 역사를 다룬다. 1편이 그 발견을, 2편은 실제 케이와 동료 로봇들이 식물에서 시작해 인간까지 재탄생시킨 후 벌어지는 암울한 상황을 보여준다. 작가가 가장 최근에 쓴 3편에서는 인간을 숭배하는 로봇과 파괴하는 로봇 사이에서 벌어지는 일들, 그리고 인간과 로봇의 공존에 대한 작가의 생각을 담았다. 이 작품을 "무기생명에 대한 내 개인적인 헌사며…사물에 깃든 생명에 바치는 경애"라고 밝힌 작가의 말을 곱씹으며 읽을 때 신선한 경험을 할 수 있다. 인간과 비인간을 오가는 시선의 교차점에서 세계 생명 근원에 대한 철학적 사유, 종교의 의미, 동시대의 사회·환경 문제 등을 성찰할 시간도 선사한다.

이상 출처: https://www.hankookilbo.com/News/Read/A2023061317200002906?did=NA

〈탑클래스 2023년 08월호 기사-서경리 기자〉
"작가 김보영 ② 현실과 상상의 차이에 대하여"
(전략)
"「종의 기원담」을 쓰기 위해 우리나라 정규 과학 교육과정을 되짚어보며 공부하는 데 수년의 시간이 필요했다고요?"

"작가라면 누구나 공부해요. 공부하지 않고 쓰면 소설의 세계가 부실해져요. 제가 소설을 천천히 쓰는 편인데, 그중에서도 「종의 기원담」 1편이 제일 오래 걸렸어요. 「종의 기원담」의 전제는 굉장히 단순해요. 세상에 인간은 다 사라지고 기계만 남았다면, 과연 로봇이 인간을 생명으로 인식할 수 있을까, 하는 질문이죠. 생물학 시간에 생명의 정의를 배우다가 떠올렸어요. 생물학에서는 생명의 정의를 내리기가 지극히 어렵다고 해요. 그러면 결국 우리는 우리와 닮은 것을 생명으로 생각하는 것이 아닐까, 기계가 중심이 된 세상에서는 기계가 당연히 생명이고, 그와 전혀 비슷하지 않은 우리는 무생물 취급을 받으리라 생각했어요. 「종의 기원담」은 결국 로봇이 유기물도 생명일 수 있다는 거대한 인식 전환을 하는 이야기예요. 그런 이야기를 하려면 나부터 생명의 원리를 알아야 하니까 그걸 공부하느라 시간이 오래 걸렸습니다."

"소설 속 주인공인 케이는 로봇이 지배하는 세계에서 처음으로 다른 유기생물의 존재 가능성을 거론한 생물학도입니다. 그런 케이가 신으로 숭배하던 인간을 학살하는 부분에서 놀랐어요. 로봇인 케이에게 인간은 두려운 존재였던 걸까요?"

"내 자아를 통제하는 절대적인 힘에 대한 대항이죠. 인간도 자아를 위협하는 존재가 나타난다면 제거하려 하겠죠. 소설에서 우리 자신(인간)을 파괴당하는 존재로 보여줘서 당황하는 것이지, 이야기 자체는 전형적이에요. 케이는 계속 말하죠. 내가 생명이므로 내 자아의 독립이 무엇보다 중요하다고. 케이는 인간을 사랑하지만 그 자신이

로봇류라는 '생명'이기 때문에 로봇을 더 가치 있게 생각해서 절대적인 지배권을 가진 인간을 죽여야 했어요. 그러면서도 케이는 평생 죄책감을 안고 살아요. 그들을 사랑했기 때문에."

(중략)

"현실과 상상의 차이는 무엇이라고 생각하나요?"

"어려운 질문인데요. 제일 큰 차이라면 현실은 개연성이 없고, 상상은 개연성이 있다는 점이에요. 현실은 맥락이 없고, 우연과 모순으로 가득하고 인과관계가 명확하지도 않아요. 사실상 권선징악도 잘 일어나지 않고, 노력이 명확한 답을 주지도 않죠. 아무 결말도 없이 중간에 끝나버리기도 하고요. 하지만 상상과 창작은 모든 요소가 인과관계에 있는 것처럼 명확하고 만족스러운 결말을 내요. 그래야 독자가 납득하니까."

(후략)

이상 출처 : https://topclass.chosun.com/news/articleView.html?idxno=32053

"현란한 말장난에 바치는 경멸"

다시 정치 이야기로 돌아가 보자.

김보영 작가의 '탑클래스 인터뷰' 발언 중 "현실은 사실상 권선징악도 잘 일어나지 않고, 노력이 명확한 답을 주지도 않죠"라는 말은 톤이 낮고 부드러운 말 같지만, 사실은 상당한 내공이 함유된 말이라고 생각한다.

　개인 미디어가 폭발적으로 팽창한 오늘날, 특히 아마추어에서 프로에 이르기까지 수백 수천의 정치평론 유튜버들이 각자 자기주장에 기고만장해서 온갖 썰을 풀어대는 이 시대에, 모두가 핏대를 올리며 정의를 외치고 어쭙잖은 직격과 조언을 일삼지만, 김보영 작가의 말대로 현실은 권선징악도 잘 일어나지 않고, 정당한 노력이 명확한 답이나 보상을 주지도 않는다. 직업정치꾼들과 망둥이 정치평론가들이 짝짜꿍 내지는 뒤죽박죽이 되어, 온갖 '썰'만 숲을 이루고, 자기 눈의 대들보는 보지 못하는 자들이 남의 눈의 티끌만 콜로세움 기둥처럼 키워서 온갖 사회 혼란만 가중시킨다.

　'좋아요'와 '구독수'와 '수입'에 눈이 멀어 온갖 현란한 멘트를 날리는 상업 유튜버들이야 그렇다 치더라도, 버젓이 공당의 제도권 정치인으로 국민을 대변한다는 자들이 선동적 신조어나 현학적인 비유나 싸구려 줄임말로 자신의 존재감을 키워 보겠다고 관종을 일삼는 작태는 가히 꼴불견이다.

　오마이뉴스 박현광 기자는 2024년 3월 20일 "셀카로봇 한동훈, 고약한 주인과 권력욕 사이에서 방황"이라는 제목으로 다음과 같은 기사를 올렸다.

　이준석 개혁신당 대표가 한동훈 국민의힘 비상대책위원장을 '로봇 아바타'라고 지칭하면서 '성격이 고약한 주인' 윤석열 대통령의 '제어'를 끊어내라고 조언했다.

이 대표는 20일 국회에서 최고위원회의를 열고 "윤석열 대통령이 자신이 조종할 수 있는 로봇 아바타인 한동훈 비상대책위원장을 세워놓고 이번 총선의 책임을 회피하려고 했던 것은 만천하가 다 아는 사실"이라며 "제2차 약속대련, 제2차 서천판 카노사의 굴욕을 연출할 것이 아니라면, 윤석열 대통령의 당무 개입의 고리를 끊어내라"고 말했다.

이어 한 위원장을 책 「아이로봇」에 나오는 로봇에 비유하며 "아이작 아시모프 박사가 자신의 책 「아이로봇」에서 제시한 로봇 제1원칙에 따르면 로봇은 인간에게 해를 입혀서는 안 된다"며 "윤 대통령의 아바타가 돼야 할 한동훈 위원장은 로봇 제1원칙에 지배받고 있다"고 꼬집었다.

그러면서 "어떤 경우에도 윤석열 대통령과 김건희 여사에게 해를 입혀서는 안 되며, 그들의 이익을 침해하면 안 되나 보다"라며 "로봇 주인은 성격이 고약한 사람이고 셀카로봇은 권력 욕구와 로봇 제1원칙 사이에서 방황하고 있다"고 직격했다.

이 대표는 "한동훈 위원장이 지난 1월 23일 눈 내리는 서천시장에서 절규하는 상인들을 차치하고 윤석열 대통령과 (찍은) 현대판 '카노사의 굴욕' 사진이 불현듯 떠오른다"며 "유권자에게는 '선 채로 죽겠다'며 센 말을 내뱉지만, 윤석열 대통령 앞에서는 로봇 제1원칙을 절대 넘어서지 못하는 윤석열 대통령의 꼭두각시로 다시 한번 비칠 것"이라고 강조했다.

더해 "한동훈 위원장이 정권 심판을 바라는 국민의 마음을 조금이라도 이해하는 감정을 갖고 정치를 했으면 좋겠다"고 지적했다.

이상 출처 : https://www.ohmynews.com/NWS_Web/View/at_pg.aspx?CNTN_CD=A0003012343

요즘 MBC가 방송하는 예능 프로그램 중에 "혓바닥 종합격투기 세치혀"라는 프로그램이 있다. 내용이 정치나 UFC 등과는 전혀 무관한 소위 '썰 스포츠'이지만, 타이틀만큼은 기발하다. 오늘날 대한민국 정치판을 들여다보노라면 '혓바닥 종합격투기 세치혀' 라는 말을 권리금을 주고 사서라도 인용하고픈 기발찬란한 말이다.

'교언영색(巧言令色)'이란 말이 있다. 이 말은 「논어」 학이편(學而篇)과 양화편(陽貨篇)에 나오는 말로, 전체 문장은 '교언영색 선의인(巧言令色 鮮矣仁)'이다. '교묘하고 화려한 말솜씨와 얼굴빛과 표정을 좋게 꾸미는 자 중에 어진 사람은 적다'라는 뜻이다. 반면 '강의목눌 근인(剛毅木訥 近仁)'이란 말이 있다. 이는 '강직하고 의연하고 순박하고 아둔한 사람 중에는 어진 사람이 많다'라는 뜻이다.

말을 잘하는 능력은 큰 정치인이 될 수 있는 좋은 달란트이자 자산이다. 그러나 말만 잘하는 능력은 '그냥 혓바닥 종합격투기 세치혀'일 뿐이다.

> *"국민의 리더가 될 것인가, 진영의 보스가 될 것인가"*

　소설 「종의 기원담」에서 작가가 마지막에 '로봇과 인간의 상생'을 설정한 것은 아주 의미심장한 이정표 투척이다. 이것은 대의와 정도가 멸종 위기에 처한 지구상에서, 그것도 좁디좁은 대한민국에서 벌어지고 있는 '정치적 종족 간의 공멸 질주'에 브레이크를 걸고 파란 신호를 주는 메시지이다.

　대구가톨릭대 국제정치학과 변창구 교수는 2022년 10월 4일, 경북매일 '세상을 보는 창'란에 "정치적 부족주의'에서 벗어나라"라는 제목으로 다음과 같은 일창(一槍)의 칼럼을 날렸다.

　21세기의 문명국가, 대한민국에서 '정치적 부족전쟁'이 한창이다. 부족전쟁을 이끌고 있는 각 진영의 지도자는 물론, 그 진영에 소속감을 가지고 있는 부족 구성원들 간의 대립도 심각하다. 전선(戰線)은 내정과 외교를 가리지 않는다. 정부 여당은 전 정권에 대한 '신 적폐 청산'을 명분으로, 그리고 야당은 현 정권의 '편파적 수사'를 이유로 부족의 사활을 걸고 전쟁 중이다.

　예일대 에이미 추아(Amy Chua) 교수는 「정치적 부족주의(political tribalism)」에서 "부족본능은 소속본능인 동시에 배제본능으로서 부족주의자들이 위기감을 느끼게 되면 똘똘 뭉치고 더욱 폐쇄적·방어적·징벌적이 되며, '우리 대 저들'의 관점으로 생각하게 된다"고 했다. '우리가 남이가'라는 패거리 부족주의, 그리고 그 패거리의 이익을 위해서 내로남불·유체이탈·자가당착 등 온갖 꼴불견 행태를 보이면서도 부끄러운 줄을 모른다. 부족주의에 노예가 된 한국 정치의 비극이다.

부족주의 정치는 '좀비정치'다. 좀비정치는 '우리는 선', '저들은 악'으로 규정하고, '다름'을 '틀림'으로 인식해서 상대를 공격하고 물어뜯는 정치다. 분노와 증오의 부족주의 정치는 '이성이 아니라 감성'이 지배하고 있으며, 부족의식이 강한 사람일수록 정치행태는 폭력적이고 적대적이다. 그들은 상대를 죽여야 내가 산다고 생각한다. 팬덤(fandom)정치가 위험한 이유는 편향된 인식과 과격한 행태가 결국 '좀비정치화'되기 때문이다.

정치적 부족주의는 민주주의를 위협한다. 추아가 지적했듯이 "부족주의는 사람들로 하여금 자기집단의 목표에 유리한 방식으로 세상을 보게 만들어서 현실을 왜곡"하기 때문이다. 정치적 부족은 '상대를 악마화'하여 자신의 권력을 유지하는 '이익공동체'이며, 역지사지(易地思之) 능력을 상실하여, 민주정치가 요구하는 대화와 타협을 어렵게 한다. 특히 대통령이 정치적 부족주의에 매몰되면 '국민의 리더(leader)'가 아니라 '진영의 보스(boss)'로 전락함으로써 나라는 갈등과 분열로 망국의 길을 가게 된다.

부족주의 좀비정치로부터 벗어나기 위해서는 상대방에 대한 선입견을 버리고 대화에 필요한 '균형의 힘'을 키워야 한다. 모든 인간은

'천사'와 '악마'의 두 가지 속성을 동시에 가지고 있을 뿐만 아니라, 인간의 능력도 매우 제한적이라는 사실을 솔직히 인정해야 한다. 완벽할 수 없는 인간이 완벽한 신의 흉내를 내는 것은 잘못이다. 이것은 어떤 정치권력이나 정치적 부족도 예외일 수 없다.

따라서 정치적 인간의 한계를 깨닫고 독선과 아집을 버려야 한다. 화이부동(和而不同)의 자세로 '보수는 진보의 충고'를, 그리고 '진보는 보수의 고언(苦言)'을 경청해야 한다. 특히 부족 내부의 문제에 대한 자기성찰, 즉 '보수는 보수를 비판'하고 '진보는 진보를 비판'할 수 있을 때 비로소 정치적 부족주의에서 벗어날 수 있다. 이때 지식인과 언론의 공평무사(公平無私)한 역할이 중요함은 물론, 국민들도 늘 깨어있어야 한다.

이상 출처 : https://www.kbmaeil.com/news/articleView.html?idxno=939956

서로 그윽이 바라보다 문득 그치면

변창구 교수의 칼럼에서 배우듯 '정치적 부족주의'는 국가 내부의 갈등과 분열을 조장하여 모두가 함께 망하는 '공멸의 병'이다. 자랑스런 대한민국은 통일 신라가 민족을 하나로 묶은 뒤, 고려와 조선을 거쳐 무려 2천여 년 동안이나 굳건히 하나의 겨레였는데, 현대에 들어 '자유부족'과 '공산부족'으로 남북이 갈리더니 급기야 21세기에 들어서는 다시 남쪽에서 '보수부족'과 '진보부족'으로 나뉘어 4부족이

치고 받는 고대(古代)로의 역주행을 하고 있다.

다음은 조선 중기의 천재 실학자 다산 정약용이 '정치적 부족주의의 병폐'를 한탄한 시 "고의(古意)-옛것을 그리워하는 마음" 중 일부이다.

> 한 사람이 중상모략을 하면 (一夫作射工)
> 뭇 입들이 너도나도 전파하여 (衆喙遞傳驛)
> 편파스런 말들이 기승을 부리니 (邪旣得志)
> 정직한 자 어디에 발붙일 것인가 (正直安所宅)

다음은 중국 삼국시대 위나라의 문인 조식(曹植)이 형제간의 '권력쟁탈'을 한탄한 시 '칠보시(七步詩)' 전문이다.

> 콩대를 태워 콩을 삶으니 (煮豆燃豆萁)
> 솥 속의 콩이 울고 있구나 (豆在釜中泣)
> 본래 한 뿌리에서 났건만 (本是同根生)
> 어찌 이리 급하게 삶아대는가 (相煎何太急)

다음은 갑신정변의 주역 김옥균이 분열하는 조국의 화합을 염원하며 읊었다는 "양계시(養鷄詩)"의 전문이다.

> 병아리 십여 마리를 얻어 길렀더니 (養得鷄雛十許頭)

틈만 나면 까닭없이 싸우는구나 (時來挑鬪沒因由)
그런데 몇 번인가 홰를 치다가 멈춰서서 (數回還停立)
서로 그윽이 바라보다 문득 그치더라 (脈脈相看便罷休).

 21세기 대한민국의 '여당부족'과 '야당부족'. 기어이 고대 부족주의로 역주행하지 말고, 명분도 절차도 계산도 남김없이 모두 다 내려놓고 그냥 '서로 그윽이 바라보다 문득 그치면' 세계는 대한민국을 얼마나 부러워하고 존경할까? 경제와 국방력과 스포츠와 문화면에서 우리는 이미 전 세계 195개국 중 10위권 안의 선진국인데, 정치만은 언제까지 후진국 부족주의에 머물러 와각지쟁할 것인가?…

주대환의 시민을 위한 한국현대사

"나는 4·19의 시를 읽은 게 아니라
5·16의 밥도 먹고 자랐다"

나무나무

주대환의 시민을 위한 한국현대사

— 주대환

농지개혁을 알아야 현대사가 보인다
평등은 대한민국의 유전자
새로운 진보적 사유의 개척, 그 고찰의 출발점
대한민국을 긍정하는 새로운 관점이 필요한 때
농지개혁에 대한 한동훈의 시각
주대환 그는 누구인가?
The way of K-democracy
우리 앞에 다가서리니.

"농지개혁을 알아야 현대사가 보인다"

『주대환의 시민을 위한 한국현대사』는 나무나무출판사에서 펴낸 대중 역사서이며, 저자는 사회운동가이자 정치인, 저술가이다.

다음은 시사 월간지 「신동아」 2017년 4월호에 송홍근 기자가 쓴 "저자가 말하는 내 책은…" 중 일부이다.

책의 제목은 나의 아이디어가 아니었다. 나무나무출판사 배문성 대표가 의견을 구하는 기획자 누군가의 아이디어가 아닐까 짐작한다. 하지만 나는 시간이 흐를수록 『시민을 위한 한국 현대사』라는 제목에 만족한다.
우선 '시민을 위한'이라는 수식이 아카데믹한 학술서가 아니라 대중을 위한 교양서라고 선을 그어준다. 그래서 학자로서 전문 훈련을 받지 못한 나로 하여금 안도하게 해준다. 그리고 '시민'이라는 말이 특히 마음에 든다.

나는 초등학교가 아닌 '국민'학교를 다녔고, 국민교육헌장을 외우며 중·고등학교를 다녔다. 나는 '국민'이었던 것이다.
내 조국은 신생 독립국이었고, 그만큼 빨리 국민을 형성하기 위해 내셔널리즘(nationalism) 캠페인을 나날이 벌이고, 식민지의 아픈 기억을 몰아내기 위해 노력을 기울여야 했다. 나의 조국은 눈부시게 발전해 고대 아테네나 중세의 베네치아, 근대 초기의 포르투갈이나 네덜란드에 버금가는 작은 제국이 됐고, 이제 우리도 세계시민이 될 수 있는 여건이 성숙됐다.

사실 돌아보면 조선이라는 왕국의 신민(臣民)이 대한민국이라는 근대 국민국가의 국민(國民)이 된 지 오래되지 않았다. 신민에서 국민으로 비약한 계기를 3·1운동에서 찾지만 3·1운동 이후에도 한동안 실질적으로 일본제국의 식민지에 사는 2등 국민에 불과했고, 1948년에 와서야 독립국의 국민이 됐다.

그럼에도 우리는 다시 비약해 이제 작은 제국(帝國)의 시민(市民)이 되기를 꿈꾼다. 차세대 청년들은 이미 시민으로 태어났다. 그래서 '시민을 위한'이라는 수식은 대한민국의 정체성을 두고 '이념전쟁'을 벌이는 기성세대가 아닌 청년, 미래 세대를 위한 책이라는 뜻도 담고 있다는 생각에 흐뭇하다.

이상 출처: https://shindonga.donga.com/culture/article/all/13/877071/1

저자는 이 책에서 '성공적인 농지개혁이 대한민국 건국의 근본'이라고 주장한다. 그 근거로 연세대학교 정치학과 박명림 교수의 연구를 인용하는데, 연구에 따르면 북한의 무상몰수 무상분배 이후 북한 농민들은 소출의 40%를 세금으로 내야 했다. 사실상 농민들은 조선시대와 마찬가지로 여전히 소작농이고, 다만 지주가 국가로 바뀐 형태였다. 반면, 남한의 유상몰수 유상분배 이후 남한의 소작농들은 소출의 30%를 5년 동안 내면, 그 땅을 가질 수 있었다. 일정의 소작료를 5년만 내면 땅의 주인이 되는데 마다할 사람이 없었다. 그리고 내 땅에서 일하여 번 돈으로 자식들을 열심히 공부시켰고, 그 시기가 산업화의 물결과 맞물려 더욱 힘을 받았다. 이제 누구나 일할 수 있고, 공부할 수 있는 환경이 조성되자 정부의 캠페인에 호응해 '하면 된다.'라는 긍정 의식이 국민들 사이에 확장되었다. 바로 이것이 농지개혁이란 씨앗이 거둬들인 가장 큰 수확이라는 주장이다.

놀랍게도 저자는 이 책에서 "농지개혁 후 2년 만에 터진 한국전쟁이 역설적이지만 한국이란 나라에 새로운 질서 변화를 가져오는 계기가 됐다"라고 주장한다. 참혹한 민족상잔의 불행이 새로운 질서 변화의 계기가 되었다니 무슨 망발인가?… 그러나 흥분을 가라앉히고 저자의 주장을 좀 더 들어보면 그 말이 망발이 아님을 곧 알게 된다.

저자에 따르면 6·25 전쟁으로 인해 잔존 했던 봉건적 신분 질서가 완전히 파괴되었다는 것이다. 즉, 살기 위해 피난 가기 바쁜 와중에 양반이니 천민이니 따질 겨를이 없었으며, 천민들의 입장에선 새로운 지역에서 새로운 삶을 시작하는 기회가 되었고, 이로 인해 자의 반 타의반으로 모든 국민의 평등이 시작되었다는 것이다.

"평등은 대한민국의 유전자"

이 책에는 6·25 전쟁 후 혼란했던 정파 간의 첨예한 갈등 상황도 나오는데, 그 정치 갈등 상황은 70여 년이 흐른 지금도 그대로 반복되고 있으며, 별반 달라진 것이 없다.

일부 대목을 소개하면 다음과 같다.

"한국전쟁 후, 1955년 여당인 자유당에 대항해 야당 통합 운동이 일어난다. 해방 당시 한민당은 우여곡절을 거쳐 민국당이 됐다. 민국당을 중심으로 야권을 전부 통합해 새로운 야당을 만들자는 이야기였다. 그런데 문제가 있었다. 죽산 조봉암을 배제하자는 파와 배제하지 말자는 파로 나뉘어 논쟁이 끊이지 않았다. 인촌 김성수 선생의 권유대로 죽산은 '나는 공산당과 이미 오래전에 결별했다'는 성명을 발표했다. 하지만 조병옥·장면·윤보선 등은 죽산 배제의 입장을 굽히지 않았다. 해공 신익희 선생은 애매한 입장을 취했다. 인촌은 임종 직전까지 죽산을 품어야 한다고 유언했지만, 다수가 절대로 받아들이지 않았다. 그래서 할 수 없이 죽산이 독자적으로 창당한 것이 진보당이었다."

이 책의 전체 내용은 목차를 보면 대략 짐작할 수 있는데, 총 11장으로 구성된 목차는 다음과 같다.

들어가며 : 우리는 이제야 한국을 어슴푸레 이해하기 시작했다

첫 번째 이야기 : 어떤 관점으로 우리 현대사를 볼 것인가
뉴레프트 사관 | 자유와 평등의 나라 | 자영농의 나라 | 좋은 유전자를 갖고 태어난 사생아

두 번째 이야기 : 농지개혁을 알아야 현대사가 보인다

사관의 중요성 | 농지개혁을 알아야 현대사가 보인다 | 해방 정국의 지도자들 | 건국의 주역과 독립운동의 영웅

세 번째 이야기 : 제헌헌법을 읽자

대한민국이라는 나라 이름 | 평등과 자유 | 제헌헌법의 뿌리 | 우리 마음의 고향, 제헌헌법 | 제헌국회의원들 | 월북 또는 납북 지도자들

네 번째 이야기 : 혼돈의 해방 정국

불편한 진실 | 반탁운동 | 미소공동위원회와 좌우합작운동 | 이승만과 김구 | 반민특위의 실패 | 미흡한 친일 청산

다섯 번째 이야기 : 4·19 혁명과 5·16 군사정변

나는 4·19의 시만 읽은 게 아니라 5·16의 밥도 먹고 자랐다 | 1950년대는 과연 절망의 시대였는가? | 조봉암과 진보당 | 4·19 혁명 | 장면 정권과 5·16 군사정변

여섯 번째 이야기 : 경제개발과 자본주의의 발전

한국 자본주의를 보는 관점 | 경제개발5개년계획 | 박·정·이와 전태일 | 박정희를 어떻게 평가할 것인가? | 박정희는 새마을운동을 살렸는가? | 남미와 한국의 차이

일곱 번째 이야기 : 민주주의의 위기(1972~1987)와 민주화 운동

민주화 운동과 민중 항쟁 | 민주화 운동은 좌파가 주도했는가? | 주사파의 탄생 | 서울의 봄 | 6월 항쟁과 7·8월 노동자 대투쟁 | 민주화 운동과 광주

여덟 번째 이야기 : 민주화 이후 28년

나는 민주주의가 무엇인지를 몰랐다 | 민주주의와 철인정치 | 한국의 정당 | 노동운동과 시민운동 | 후진국형 진영 구도 | 1987년 체제와 개헌

아홉 번째 이야기 : 한국전쟁

전쟁은 누가 일으켰는가? | 초반 전쟁의 양상 | 국제전으로 발전하다 | 휴전 | 민간인 학살의 비극 | 한국전쟁의 결과와 의미

열 번째 이야기 : 북한 현대사

역사와 신화는 얼마나 다른가? | 김일성 우상화는 언제 시작되었나? | 김일성과 조만식 | 소련파·연안파·국내파의 숙청 | 주체사상은 종교, 북한은 신정 체제인가? | 드라마는 끝나지 않았다

덧붙이는 이야기 : 뉴레프트 대한민국 사관(史觀)을 약술하다

- 50·60세대를 위하여, 특히 50대에 이른 1964년생 친구 H·K·P를 위하여

경제 발전의 발원지는 토지개혁 | 전 국민이 양반인 나라 | 배신자

신익희와 조봉암을 역사는 용서하였다 | 평등은 대한민국의 유전자

"새로운 진보적 사유의 개척, 그 고찰의 출발점"

칼럼니스트이자 경제사회연구원 전문위원인 노정태는 2017년 5월 23일 주간경향 1227호 '북리뷰'란에 "기존 진보에 대한 비판적 고찰"이란 제목으로 「주대환의 시민을 위한 한국현대사」에 대해 다음과 같은 간결하고 임팩트한 북리뷰를 올렸다.

진보진영의 이론가 주대환. 상주 주씨인 그는 종친회 모임을 따라가서 집성촌의 묘역에 있는 한 비문을 읽었다.

부부가 함께 묻힌 묘의 비문은 그들의 삶을 "당당하고 정직하고 근면 성실하게 자식을 위해서라면 뼈가 부서지고 살가죽이 갈라져도 조금도 두려워하거나 망설임 없이 모든 것을 바쳤다"(16쪽)라고 기록하고 있었다. 그는 눈물을 흘리며 깨달음을 얻었다. 대한민국을 만들어내며 살아온 이들의 평범한 삶을 긍정적으로 재조명하지 않으면 안 된다고 말이다.

"이분들은 건국과 동시에 이루어진 농지개혁으로 자기 땅을 갖게 되었습니다. 자기 땅을 갖게 된 자영농 부부는 이렇게 열심히 일했습니다. 그리고 그 자녀들은 열심히 공부를 했습니다. 이것이 대한민국

역사를 만들어온 것입니다. 저는 오늘 이분들의 입장에서 대한민국 역사를 한 번 봐야 하지 않겠냐, 이렇게 생각을 합니다. 이것이 제가 생각하는 뉴레프트(new left) 대한민국 사관(史觀)입니다."(18쪽)

2008년 『대한민국을 사색하다』를 출간한 이후 주대환이 붙들고 있는 문제의식이 바로 이것이다. 좌파의 세계관을 재구성하는 것. 그 세계관의 핵심인 한국 현대사에 대한 이해를 갱신하는 것. 대한민국의 현재를 뒤덮고 있는 불평등을 이겨내기 위한 지적 무기를 우리의 역사에 대한 환멸과 분노가 아닌 사랑과 긍정으로부터 뽑아내는 것.

"1980년대 민주화운동의 열기 속에 『해방 전후사의 인식』이 만든 프레임에 여전히 갇혀 있는 1964년생들이 아직 50대 초반밖에 되지 않은"(7쪽) 현실 속에서 새로운 진보적 사유를 개척하는 것.

주대환은 해방정국부터 출발해 오늘날에 이르기까지 한국 현대사를 일주했다.

그렇게 공부한 내용을 2014년 가을부터 2015년 겨울까지 광주에서 한 달에 한 번씩 강연했고, 책으로 엮었다. 그렇기에 이 책, 『주대환의 시민을 위한 한국현대사』는 읽고 이해하기 쉬운 말투로 차분하게 흘러간다. '진보적 세계관'에 친숙한 이들이라면 받아들이기 쉽지 않을 수 있지만 말이다.

진보의 세계관 속에서 이승만은 단독정부 수립에 앞장서 민족 분단을 부추긴 인물이다. 하지만 1946년 6월 이승만이 '정읍 발언'으로 단독정부 수립을 주장하기 전, "북한에서는 이미 1946년 2월에 사실상 정부인 북조선임시인민위원회를 세우고 김일성이 그 위원장으로 취임하여 토지개혁을 단행"(333쪽)했다. 분단을 기정사실화 한 것은 북한이지 남한이 아니라는 것이다.

무상몰수 무상분배의 북한식 토지개혁은 사실상 온 농민을 국가 소작농으로 전락시킨 반면, 진보진영이 그토록 비난해온 유상몰수 유상분배야말로 국민의 85%를 자영농으로 만들어 경제발전의 밑거름이 되었다고도 주장한다. 이것은 사실 역사학계에서는 상식에 가깝지만 진보 내에서는 그렇지 않다.

기존의 진보적 세계관에 갇힌 그들, 전대협 세대에게는 현실 정치를 주무르는 힘이 있다. 주대환의 말을 들어보자. "문재인 씨 같은 사람들이 대표를 하고 있지만, 모두 얼굴마담일 뿐이지요. 정치 안 하려고 하는 문재인을 '다 알아서 해드릴 테니 걱정마세요'라고 하면서 끌어낼 수 있는 것이 바로 민주당 내 486, 전대협 세대의 힘입니다. 말하자면 택군(擇君)을 할 수 있을 정도의 힘을 가진 집단입니다."(231쪽)
정권 교체와 더불어 우리는 우리가 지금까지 '옳다'고 믿었던 수많은 것들을 되짚어볼 기회를 얻었다. 이 책은 그 비판적 고찰의 출발점이 되어줄 것이다.

이상 출처: https://weekly.khan.co.kr/khnm.html?mode=view&art_id=201705151552321

"대한민국을 긍정하는 새로운 관점이 필요한 때"

종합일간지 스카이데일리의 장혜원 기자는 2023년 7월 22일, '장혜원이 만난 사람'란에 "주대환, '민주공화국에는 국부보다 건국의 아버지들이 어울리죠'" 라는 제목으로 주대환 조봉암선생기념사업회 부회장 인터뷰 기사를 실었다. 내용은 다음과 같다.

"이승만 농지개혁은 역사를 바꾼 결정적 장면" 한동훈 법무부장관의 '생애 첫 대중강연'으로 주목받았던 제주 해비치호텔에서 열린 제46회 대한상의 제주포럼의 최근 강연에서 나온 이 한마디에 전 언론은 주목했다.

한 장관은 주대환(周大煥 · 68) 조봉암기념사업회 부회장이 2017년 낸 저서 「주대환의 시민을 위한 한국현대사」를 인용해 '이승만 · 조봉암의 농지개혁'을 한국 현대사에서 가장 중요한 '결정적 장면'으로 치켜세웠다.

한 장관은 주대환 부회장의 저서에 담긴 논지의 핵심을 짚으며 극찬을 아끼지 않았다. 그는 "대한민국 정부가 1948년 8월 15일 수립될 때 우리는 압도적인 농업국가였다"며 "전체 농가의 86%가 소작농이었다는 통계도 있는데, 이러한 시대적 난제에 대해서 이승만 정부가 내놓은 답이 농지개혁"이라고 주장했다.

유사 이래 자기 농토를 가져 본 적이 없던 한반도의 소작농민들이 자기 땅을 갖게 됐고, 이러한 농지개혁은 민주공화국의 초석을 놓았다는 것. 평생을 민주화운동과 노동운동에 몸담은 주 부회장의 역사관이 재차 빛을 발했던 순간이었다. 한국현대사를 대표하는 정치인으로 꼽히는 이승만과 조봉암. 특히 조봉암은 정부 수립 후 초대 농림부 장관과 국회부의장을 지낸 인물로서 '농지개혁'과 '헌법제정'에서 큰 역할을 한 인물이다.

사진 출처 : KBS 역사저널 그날

2·3대 대통령 선거 때 이승만 대통령과 맞붙었고, 1959년 7월 31일 서울 서대문형무소에서 간첩으로 몰려 교수형에 처해진 비극의 인물이다. 하지만 윤길중 민주정의당 대표를 비롯한 정치인들이 그에 대한 재평가를 꾸준히 주장해왔다. 이러한 흐름을 이어받은 사람은 바로 주 부회장이다.

주 부회장은 10여 년 전, 죽산조봉암기념사업회 부회장을 맡은 후 "조봉암과 북한은 관련이 없다"며 그의 '농지개혁'이 민주공화국에 밑거름이 되었다는 주장을 설파하며 재평가를 부르짖어왔다. 이와 함께 대한민국 건국사에 대한 '해방전후사의 인식'과 매우 다른 관점을 저술 및 강연 등으로 꾸준하게 알려왔다.

주 부회장은 진보정치가, 노동운동가로 세간에 이름을 떨친 재야 지식인이다. 1954년 경남 함안에서 태어나 마산고와 서울대 종교학과를 졸업했다. 대학에서 제적까지 당한 그는 1970년대부터 민주화운동을 하며 여러 차례 옥고를 치렀다. 1979년에는 부마민주항쟁 때 또다시 구속됐다. 1992년 한국노동당 창당준비위원장, 2004년 민주노동당 정책위의장으로 일하며 진보정당운동에 초석을 놓았다. 2008년 사회민주주의연대 공동대표 등을 지냈다.

- '농지개혁'은 무엇이라고 보시는지.

1950년대 우리나라 토지 소유의 평등 지수는 세계 1위였어요. 농지개혁에 성공하였기 때문입니다. 반면에 라틴 아메리카 여러 나라들과 필리핀 등은 농지개혁에 실패하여 대토지 소유자들이 지배계급으로 군림하는 상태를 벗어나지 못했어요. 그 후 40년이 지난 2000년대에 비교해보니 한국은 산업화에 성공하였고, 남미 여러 나라들과 필리핀은 여전히 국민의 다수가 가난한 농업국가로 남아 있었습니다.

대농장주는 열심히 일할 필요가 없고, 대농장주의 아들은 열심히 공부할 필요가 없습니다. 농업노동자는 열심히 일할 수가 없고, 농업노동자의 아들은 열심히 공부할 수가 없습니다. 국민이 열심히 일하지 않고, 열심히 공부하지 않는데 나라가 발전하겠습니까? 대한민국의 지난 75년 기적의 주인공은 열심히 일한 자영농과 열심히 공부한 그 자식들입니다. 이런 기적이 일어날 대한민국을 만든 이승만과 조봉암을 비롯한 여러 지도자들에 대하여 저는 감사하고 존경합니다.

― 대한민국 기적의 100년이 이제 마지막 4분의 1이 남았다고 강조하였는데…

대한민국 건국이 올해로 75주년이 되잖아요. 한국은 건국 당시부터 세계에서 유례없이 좋은 DNA와 유전자를 가졌었죠. 브라질, 베네수엘라, 아르헨티나, 필리핀 같은 자원 부국들을 제치고 대한민국이 가장 먼저 산업화와 민주화에 성공하여 선진국이 된 근본적인 이유는 우리 조상들이 튼튼한 토대 위에 좋은 나라를 만들었기 때문입니다. 제헌헌법이 민주주의 정치체제의 기초라면 농지개혁은 사회경제적 토대입니다.

그런 건국의 주역 가운데 우남 이승만이 가장 큰 인물입니다. 특히 그는 1898년의 독립협회와 만민공동회에서 확립된 우리나라 독립운동의 기본노선, 친미의 민주공화국을 세워서 중국과 러시아, 일본 사이에서 독립을 지키자는 노선을 고집스럽게 지켜낸 분입니다. 인촌 김성수와 고당 조만식도 국내에 남아 민중과 고락을 함께하였으며,

대한민국 건국 과정에 피땀을 흘린 무명의 숱한 사람들의 정신적 지주였으며, 해공 신익희와 죽산 조봉암은 한독당과 공산당을 대표하여 대한민국 건국에 참여하여 그 상징적 존재로서 가치가 큰 인물입니다.

- 이승만을 중심으로 여권에서는 역사관 바로잡기 운동이 이어지고 있다.

저는 오래전부터 대한민국에 대하여 부정적으로 바라보는 '해방전후사의 인식' 류의 현대사관을 비판해왔습니다. 통일 한국을 세우지 못했다는 아쉬움을 지나치게 확대 해석하여 '분단체제론'을 세운 강만길 류의 사관에 대해서도 저는 이제 벗어나야 한다고 생각합니다. 그래서 대한민국을 긍정하는 새로운 관점이 필요한데요, 하지만 너무 좁은 관점으로 현대사를 보면 안 된다고 생각합니다. 대한민국은 매우 다양하고 폭넓은 사상과 인물들이 힘을 모아서 만든 나라입니다. 생각보다 큰 그릇이고, 전 인류의 꿈이 실현된 나라입니다. 또 앞으로 더 그렇게 되어야 하고요.

그래서 이승만 대통령이 가장 중요한 역할을 하였다고 해서 그가 모든 것을 다했다고 생각하는 경향은 우려가 됩니다. 이승만 대통령에 대한 신격화는 바람직하지 않습니다. 아테네 사람들은 왜 도편추방을 하였습니까? 누군가 영웅이 나타나 독재자가 되고 시민들의 자유를 억압할 가능성을 미리 차단한 것입니다. 어떤 인간도 신이 될 수 없고, 이승만도 신이 아닙니다.

― 최근 발간한 책 'K-데모크라시'에서 건국의 아버지들 5명을 꼽았는데…

사실 건국의 아버지들이라면 198명의 제헌국회 의원들을 포함하여 많은 분들이 있지만, 그중에서도 우남 이승만, 인촌 김성수, 죽산 조봉암, 해공 신익희, 고당 조만식이 가장 중요한 분들이라고 저는 보고 있어요. 미국을 보면 조지 워싱턴, 알렉산더 해밀턴, 존 애덤스, 제임스 매디슨, 토머스 제퍼슨, 벤자민 프랭클린을 비롯한 100명이 넘는 분들을 'Founding Fathers'라고 하죠. 중화민국에서 손문 오직 한 사람을 국부라고 부르는 모습과는 사뭇 다릅니다.

우리나라 역시 미국 못지않게 발전한 민주공화국으로서, '국부'라는 신격화한 존재가 필요하지 않습니다. 또 이승만을 국부로 모시던 50년대 건국 초기의 아시아적 권위주의는 이미 4.19혁명으로 부정된 것입니다. 역사를 되돌리는 반동적 시도를 하면 안 됩니다. 그래서 미국식으로 '건국의 아버지들'을 기리자는 겁니다.

― 한국 정치의 미래와 정치개혁은 어떤 식으로 이루어져야 하나.

민주화운동 시절부터 주사파들과 대립하면서 선진국형 진보의 길을 개척해 온 나는, 이제 환갑이 된 86세대가 철들 때가 되었다고 생각합니다. 그들이 누리고 있는 이 자유와 민주주의와 풍요로운 나라를 만들어주신 조상들에게 감사를 할 줄 알아야 한다고 말입니다.

그들의 머릿속을 채우고 있는 '후진국형 민족주의 사관'과 가슴을 채우고 있는 피해자 정서는 대한민국이 건국된 지 25년쯤 되었을 때 만들어진 것입니다. 대한민국이 아직 불안정한 존재일 때입니다. 그들이 철이 들면, 우리나라 정치도 성숙한 민주주의를 할 수가 있고, 정치개혁도 자연히 이루어질 것입니다.

이상 출처 : https://www.skyedaily.com/news/news_view.html?ID=199481

"농지개혁에 대한 한동훈의 시각"

종합 인터넷신문인 뉴데일리의 조광형 기자는 2024년 2월 12일 "한동훈 '이승만, 대한민국을 여기까지 오게 한 분'…다큐 '건국전쟁' 관람"이란 제목으로 다음과 같은 기사를 올렸다.

"'한미조약' '농지개혁' 큰 업적 남겨"
"이달의 독립운동가, 되고도 남는다"

한동훈 국민의힘 비상대책위원장이 12일 오후 이승만 건국대통령의 생애를 다룬 다큐멘터리를 감상한 뒤 "이승만 전 대통령은 대한민국이 여기까지 오게 된 중요한 결정을 적시에 제대로 하신 분"이라고 평가했다.

이날 당 관계자들과 함께 서울 여의도의 한 극장을 찾은 한 위원장은 이 전 대통령과 건국1세대들의 희생과 투쟁을 조명한 다큐멘터리 '건국전쟁(The Birth of Korea)'을 관람했다.

관람 후 기자들과 만난 한 위원장은 "한미상호방위조약을 맺은 것, 제가 감명 깊게 생각하는 농지개혁을 해낸 것, 이 두 가지가 없었다면 대한민국은 지금과 많이 달랐을 것"이라며 "지금까지 이 전 대통령에 대한 평가가 실제 공과를 감안할 때 박하게 돼 있고 폄훼하는 쪽에 포커스 맞춰져 있던 것 아닌가 생각한다"고 말했다.

지난해 7월 대한상공회의소 제주포럼에서도 "이승만 정부의 '농지개혁'이야말로 대한민국이 여기까지 오는 가장 결정적 장면"이라고 강조했던 한 위원장은 "우리나라는 몇천 년 동안 농사를 지어온 나라인데, 몇천 년 만석꾼의 나라가 피 한 번 보지 않은 상태에서 지주가 한 번에 없어졌다"며 "결국 기업가의 혁신이 그 자리를 채울 수 있는 자리를 만들었다"고 주장했다.

한 위원장은 "그것이 대한민국을 이 자리에 오게 한 결정적 장면"이라며 "물론 과가 분명히 있지만, 사람 생애 전체로 볼 때 좋은 사람과 나쁜 사람으로 일도양단할 수는 없다. 한미상호조약으로 우리나라 안보 기틀을 마련하고 농지개혁으로 만석꾼의 나라를 기업나라로 바꾼 것은 대단한 업적"이라고 호평했다.

한 위원장은 더불어민주당이 '이 전 대통령을 이달의 독립운동가로 선정한 것을 취소하라'고 국가보훈부에 요구한 것에 대해서도 "그분이 독립에 이르기까지 했던 노력이나 역할을 감안하면 (선정)되고도 남는다"며 "민주당은 왜 이 전 대통령이 독립운동가가 아니라는 건지 오히려 묻고 싶다"고 반문했다.

이상 출처 : https://www.newdaily.co.kr/site/data/html/2024/02/12/2024021200091.html

사진 출처 : MBN 보도화면

경향신문 주간경향부 정용인 기자는 2023년 8월 27일 "한동훈의 '정치행보', 내년 총선 국민의힘 선대위원장으로 이어지나"라는 제목으로 다음과 같은 흥미로운 인터뷰 분석기사를 올렸다.

농지개혁 → 주대환→ 여야 정치 세대교체 역사 → 한동훈으로 이어지는 4단 뛰기 엑설런트 분석기사이다.

"결정적인 순간에 정부의 결정적인 올바른 정책적 결정이 대한민국 번영의 토대를 마련했다는 생각을 하면서, 이제 70년이 지난 2023년의 이야기를 해보겠습니다."

마이크를 잡은 한동훈 법무부 장관의 말이다.

법무부가 개설한 유튜브채널 〈법무부TV〉에 등록된 영상 중 유일하게 100만 뷰(8월 24일 현재 106만7407회) 조회된 영상이 있다. '법무부 장관이 말하는 경제 이야기'라는 제목의 영상이다. 약 40분 분량이다. 지난 7월 15일 제주 서귀포에서 열린 대한상공회의소 제주포럼에 참석해서 한 강연이다.

강연 중 한 장관의 말로 미뤄 유추해보면 원래 한 장관에게 주어진 강연 제목은 이 영상에 부제로 덧붙여진 '경제성장 이끄는 법무행정과 기업의 역할'이었다. 한 장관은 이날 주어진 강연 제목을 두고 "며칠 동안 생각한 이야기"라고 밝혔는데, 실제로 꽤 공을 들여 만들었다는 인상을 준다.

강연 영상에서는 거의 포착되지 않지만, 강연자료는 PPT 파일을 바탕으로 만들었다. 이 PPT는 그가 '며칠 동안 생각한 내용'을 바탕으로 직접 만들었을까.

100만뷰 주목 끈 '한동훈 제주 강연 영상'

앞서 한 장관이 언급한 과거 70년 전 '결정적인 순간에 이뤄진 올바른 정책적 결정'은 농지개혁이었다. 그는 농지개혁에 대해 관심을 갖게 된 계기를 룰라 브라질 대통령의 중앙일보 인터뷰였다고 밝혔다.

언제 이뤄진 인터뷰인지 찾아보니 2004년 8월 15일, 그러니까 19년 전이다. 그때부터 농지개혁에 관심을 갖고 있었다면 꽤 오래전부터 이 문제에 천착해왔다는 뜻이 된다.

그는 '결정적인 순간의 결정적인 정책' 사례로 과거의 보수·진보 정권 대통령 정책을 번갈아 인용한다. 예컨대 이런 식이다. "박정희 정부가 도입한 중공업 정책과 의료보험, 연금도입이 빈곤 해결 복지국가의 기초를 마련했다면, 노무현 정부의 한미FTA도 결정적인 순간에 정부의 과감한 결단의 장면이었다고 생각한다."

1950년 이승만 정부의 농지개혁도 오로지 이승만의 공이 아니다. 그에 따르면 농지개혁은 "이승만 대통령과 조봉암 농림부 장관이 설계하고 실행했다." 특히 "이승만 대통령이 과거 공산주의 활동까지 했던 조봉암을 과감하게 중용해 함께 농지개혁을 이뤄냈다는 점은 이 결정적인 장면을 더 빛나게 하는 것이라 생각한다"고 말한다.

그런데 한동훈 장관의 이날 농지개혁과 관련한 주장을 그대로 담고 있는 책이 있다. 2017년 나온 『주대환의 시민을 위한 한국현대사』라는 책이다. 한 장관이 직접 책 제목을 인용하지는 않았지만 "OECD 그래프를 주대환 선생님 책에서 처음 봤다"(〈법무부TV〉의 자막은 '주대한'으로 잘못 표기돼 있다)며, 자기 생각이 주대환 사회민주주의연대 공동대표의 주장에 상당 부분 빚지고 있음을 밝혔다.

한 달이 지난 8월 15일 오전, 서울시의회 앞에서 열린 민주화운동동지회 발족식에 참석한 주대환 대표를 만났다. 이날 행사는 과거 1970년대부터 1980년대까지 '운동권'으로 활동했던 인사들이 "우리가 만든 쓰레기는 우리가 치운다"며 이른바 '586 설거지론'을 주장하며 동지회를 결성하는 자리였다.

이날 발표한 성명서에서 이들은 "우리가 젊은 시절 벌였던 잔치판을 설거지해 다음 세대가 새 잔치를 벌일 수 있도록 하자"며 "먼저 〈해방전후사의 인식〉이 남긴 반대한민국적이며, 일면적인 역사 인식부터 치우자"라고 주장했다. 이날 행사의 주축은 1985년 미문화원 점거 농성 당시 '삼민투' 위원장을 했던 함운경씨와 민경우 전 통일연대 사무처장이었지만 이념적 기초를 제공한 이는 주대환 대표였다. 주 대표에게 물었다.

— 오늘 동지회 결성에 주대환 선생님의 주장이 영향을 미친 것 아닙니까. 농지개혁이나 제헌법에 들어 있는 평등과 같은 가치를 재발견해야 한다는 것이….

"그때가 그랬습니다. 누구든 그렇지만 사주팔자가 중요해요. 제2차 세계대전 직후라는 그런 분위기에다 중국 바로 옆에 있다는 것이 원래는 불행한 일인데 그때는 행운으로 작용했어요. 중국에서 혁명이 일어나니 (농지) 개혁을 안 할 수 없었거든. 지주들에게 땅은 목숨보다 중요한 것인데 전부 다 내놓을 수밖에 없었어요. 그래서 이렇게 멋진 나라가 탄생했는데, 이 대한민국을 긍정하고 그 안에서 진보적인 요소를 찾아 그에 근거해 진보를 주장하자고 내가 제안한 건데 아무도 받으려 하지 않았어요. 오히려 보수 쪽에서 '진보를 공격하는 거냐' 하고 반가워하니 참 답답합니다."

― 최근 화제가 된 한동훈 강연 영상 보셨죠? 한동훈 만났냐는 질문을 많이 받았겠네요.

"나는 만난 적은 없습니다. 개인적인 추측인데 젊으니까 역시 기존의 어떤 보수·진보 같은 진영에 갇혀 있지 않기 때문에 자유로운 생각이 가능한 것 같아요. 책을 직접 들고나와 흔들어줬으면 책이 더 팔렸을 텐데, 하하."

― 예전에 유럽 출장길에 옆구리에 낀 「펠로폰네소스 전쟁사」처럼 말이죠.

"나는 진보·민주 쪽 진영이 너무 민족주의에 기운 것이 문제라고 생각합니다. 민족주의는 지성을 마비시키는 독약이에요. 민족주의는 오히려 우파에서 쓰도록 내주고…."

― 원래는 우파이념이었죠. 김구 선생님 같은 분이 가지고 있던.

"보수 쪽은 좀 마음을 더 넓게 관대하게 가지고, 진보 쪽은 지적(知的)이었으면 좋겠어요. 더 똑똑했으면 좋겠어. 너무 감정적으로 흘러, 그런 감정을 이용하는 거잖아요. 그게 우선 정치하기는 쉽거든. 그런데 그러면 너무 지적으로 퇴화하는 겁니다. 퇴화 맞잖아요."

'탈냉전 스마트 우파' 출현의 의미

한동훈의 제주 강연 영상을 주목한 것은 기자만이 아니었다.

최병천 신성장경제연구소 소장은 8월 5일 한국일보에 게재한 '최병천의 아웃사이트' 연재 글에서 7월 10일 전남 영암에 자리 잡은 삼호중공업 방문에서 7월 15일 제주 강연에 이르기까지 한동훈의 1주일 행보를 '잘 준비된' 정치 행보였다고 평가했다. 이를테면 조선소는 영남지역에 더 많은데 굳이 전남 목포 옆에 있는 영암 소재 조선소를 방문한 것부터 전남도지사 면담, 제주 4·3 직권 재심 합동수행단 방문과 격려 그리고 제주 상의 강연까지 '사회통합, 경제비전, 이념적 진영논리를 초월한 솔루션 중심 접근'이라는 키워드로 요약되는, 명민하게 계산된 정치행보라는 평가다. 그는 총괄적으로 한동훈 장관의 이런 모습을 '탈냉전 스마트 우파의 출현'이라고 평가했다.

"좁게는 한동훈의 문제지만 크게는 세대교체 지형을 둘러싼 이슈다" 8월 23일 통화한 최병천 소장의 말이다.

"흔히 한국 정치사에서 세대교체론 등장의 첫 사례로 제시하는 것이 이른바 '40대 기수론'이지만 그 이전에 5·16이 있었다. 이승만, 신익희, 장면, 여운형과 같은 구한말 출생 세대에 의해 주도돼왔던 한국 정치가 5·16을 계기로 1917년생 박정희, 1924년생 김대중, 1927년생 김영삼, 1926년생 김종필로 주역이 바뀌었다. 5·16 당시 박정희는 45세였고, 김종필은 36세였다. 보수가 먼저 세대교체를 하고 10년 후에 40대 기수론이 나온 것이다."

그는 보수우파진영에서 '85년생 이준석과 73년생 한동훈'이 출현한 것은 중요한 의미를 갖는다고 말했다.

"현재 여야 정당을 나이별로 나눠보면 민주당은 50대 말에서 60대 초가 주축인 정당이라면 국민의힘은 60대 초반에서 70대 후반이 주류인 정당이다. 국민의힘은 6070을 대체할 수 있는 86세대의 리더, 예컨대 오세훈, 나경원, 원희룡, 형님뻘로 치면 유승민까지 포함해서 이들의 힘이 약하다. 반면 민주당은 86세대의 힘이 강하기 때문에 97세대 인물들의 힘이 없다."

국민의힘의 경우 86세대가 공백지대에 있기 때문에 86을 건너뛰어 97세대 1970년대생, 1980년대생 차기 주자를 키울 수 있다는 것이다.

그는 내년 총선에서 한동훈은 국민의힘 총선 공동선대위원장이 될 가능성이 높다고 전망했다.

"중요한 것은 한동훈이 1973년생이라는 점이다. 과거 역대총선에서 선대위원장은 이회창, 이해찬, 안철수, 김종인 급이 맡았다. 선대위원장을 하는 순간 바로 대권후보가 된다. 일각에서는 정청래에 맞서 마포을 공천설도 나오고 있지만, 지역구 출마는 신문에나 나오지 TV에 자주 얼굴을 비칠 수 없다. 민주당 측 선대위원장을 우상호가 하든 이낙연이 하든, 김부겸이 하든 누가 해도 10년에서 15년 젊은 사람이 선대위원장을 하는 순간, 그가 세대교체를 주도하게 될 것이다."

그는 2004년부터 이어진 수도권 우세가 내년 총선에서는 민주당에 악재가 될 것이라고 내다봤다.

"현재 전체 지역구 의석 253개 중 수도권, 서울·경기·인천이 121석으로 47%를 차지하는데, 그중 85%가 민주당이다. 현 민주당 의원들은 열린우리당 바람이 불었던 2004년 때부터 정치권에 유입된 사람이 많은데, 이명박정부 출범 직후 치러진 2008년 총선에서 한번 진 징검다리 4선과 3선이 상당수다. 수도권 85%는 역설적으로 혁신 공천하기 어려운 85%라는 뜻이다. 반면 국민의힘을 보자. 지난 20년 가까이 민주당 85%가 장악하고 있었다는 것은 역설적으로 자유롭게 그림을 그릴 수 있는 빈 도화지라는 뜻이다. 국민의힘 전략가라면 금태섭, 양향자에다 조정훈, 주대환 같은 사람들을 영입해 수도권에 몇 자리 나눠주고 한두 자리를 더 줄 수도 있다. 금태섭의 새로운선택 측에 한두 자리를 더 줄 수도 있을 것이다. 예컨대 한지원 정책실장에게 공천을 주면 '국민의힘이 마르크스주의자를 영입했다'며 여기저기서 기사가 나갈 것이다. 이준석은 줄지 안 줄지 모르지만, 거기다 섞어서 검사 20~30명 공천을 주면 결국 박근혜가 했던 중도 확장과 똑같아지는 셈이다. 그 진두지휘를 한동훈이 맡는다면 상당한 파괴력을 가질 가능성이 높다."

내년 총선 민주당 얽맬 '수도권 85%'의 덫

내년 총선에서 한동훈 장관이 일정한 정치적 역할을 하리라는 건 대부분의 시사평론가와 정치전문가들이 공통으로 내다보는 대목이다. 실제 데이터로도 확인된다.

지난해 6월부터 대권주자 적합도 조사를 해온 리서치뷰의 지난 7월 말 자료를 보면 보수층과 국민의힘 지지층에서 한동훈은 36%를 기록해 30%대를 독주하고 있는 유일한 유망 대권주자다. 한 장관은 이 기관조사에서 13개월째 부동의 보수층 대권주자 적합도 1위 주자를 기록 중이다. 안일원 리서치뷰 대표는 "지난해 7~8월 20%대 지지율을 기록해 2위 오세훈과 오차범위 내를 기록했지만, 한동훈이 1위를 놓친 적이 없다"라며 "지난해 10월부터 29%로 올라선 뒤 약간 주춤하는 모양새를 보였지만 올해 2월부터는 30%를 유지하며 오차범위를 넘어서 독주하고 있다"고 밝혔다.

그는 "한 장관의 그동안 행보를 보면 이미 정치권에 진입만 안 했을 뿐, 준정치인으로 변신을 완료했다고 보인다"라며 "얼핏 보면 임기응변식의 순발력에 의존한 답변처럼 보이지만, 고도로 계산된 정치적 발언을 잇달아 내놓고 있다"고 덧붙였다.

지역구 출마보다 공동선대위원장 등 전국구 역할을 할 가능성이 높다는 점도 정치전문가들이 거의 비슷하게 내놓는 전망이다.

김성순 시사평론가는 "예컨대 한동훈이 출마할 가능성이 있다고 거론되는 종로, 마포나 광진 등은 상당히 민주당 지지세가 높은 곳이다. 굳이 위험을 지고 들어갈 이유가 있겠는가"라며 "과거 김대중이 했던 것처럼 비례를 받되, 비례 후순위를 받는 식으로 바람을 일으키는 것도 한 방법"이라고 말했다.

박신용철 더체인지플랜 선임연구위원은 "한동훈 장관이 강연이나 기자들과 일문일답을 통해 정치를 하고 있는 건 맞는 듯하다"며 "여의도 정치 경험이 없는 첫 비여의도 대통령인 윤석열 대통령에 이어 또 비여의도 대통령이 탄생한다면, 그건 정서상으로도 경험치상으로도 안 맞는 그림이다"고 말했다.

설혹 차기 대선주자로 나서더라도 내년 총선에서 여의도에 입성, 정치경험을 쌓은 뒤일 것이라는 관측이다.

"법무부 장관으로서 강연정치 행보가 총선에서 한 장관의 역할을 규정할 것으로 본다. 즉 자기 세력을 모으고 국민의힘이 자기 발판을 만드는 과정이 아닌가 한다. 민주당의 다음 대선후보로 현재까지 이재명 외에는 뚜렷하게 안 보인다. 기자들이 물어보니 대답한다고 하지만 차기 민주당 대선후보와 맞대결하는 모습으로 본격적으로 프레임을 짜는 것이다. 말하자면 총선 밟고 대선 가겠다는 구도다. 혼자 하는 것이 아니라 내부에서 뒷받침하는 사람들이 있을 것이다."

윤석열과 한동훈 '공동운명'

8월 21일 국회 법제사법위원회 전체회의. 이번엔 박용진 의원과 한동훈 장관이 붙었다. 박 의원은 지난 대선에 이어 당대표 선거에 출사표를 던졌던 97세대 선두주자다(주간경향 1487호 "양강양박' 97세대의 반란은 성공할까' 기사 참조).

박 의원이 뉴스타파 보도를 근거로 '검찰특활비 떡값 지급 의혹'을 제기하자 한 장관은 "주장의 근거가 뉴스타파의 뇌피셜뿐이지 않나.

2017년도에 여러 감찰이 있었고, 그 이후에 개선이 이뤄진 사안"이라면서 2018년 국회의원들의 국회사무처, 선관위 영수증 이중제출 문제를 끄집어냈다.

당시 영수증 이중제출로 문제 된 국회의원은 모두 26명이었는데, 그중에서는 박용진 의원실이 낸 자료도 있었다. 한 장관이 인용한 것도 역시 뉴스타파 보도였다.

박 의원은 한 장관의 반박에 대해 SNS에 올린 글에서 "국회를 향한 키보드 배틀식 말싸움"이라고 규정했지만 사실 한 장관의 반박은 어지간한 '정치덕후'가 아니라면 찾아내 연결시키기 쉽지 않은 주제다. 실제 한 장관 혼자 힘으로 가능한 일일까.

박신용철 위원은 "여의도 문법이 다 좋은 것은 아니지만, 선출되지 않은 권력이 선출된 권력에 일일이 건마다 맞대응하는 것은 정당민주주의 시스템을 이해하지 못한 것"이라며 "실제로 의견이 다르더라도 적어도 말이나 행동에서는 존중하는 뉘앙스를 취해야 하는데 한 장관의 야당에 대한 태도에서는 전혀 그런 것이 없다"라고 말했다.

지지자들에겐 좋게 보일지 모르지만, 중간에 있는 사람조차 "너무 예의 없는 것이 아니냐"는 생각이 들게 한다는 지적이다.

"총선은 강남 같은 곳에서 될 수 있을지 모르지만 그런 이미지로 대선을 본다면 가능성이 없다. 시나리오를 짜는 팀이 있을 것으로 본다. 한 장관 입장에서는 정부위원회나 용산 대통령실과 같은 자원을 충분히 활용할 수 있다. 사실 여의도 바닥에 있어 본 사람이라면 한 장관이 이야기하는 프레임이 빤히 들여다보인다. 다 국민의힘 보좌관 오래 한 사람의 입에서 나오는 말들이다. 정치권 출신 인사들이 뒷받침하고 있는 것이다." 과연 그럴까.

안일원 대표는 "윤석열 대통령과 구분되는 한동훈의 장점은 엘리트 느낌을 풍기고 스마트해 보이는 등 어쨌든 정치적으로 잘 훈련된 치밀한 언행을 하는 것 등을 꼽을 수 있다"라며 "내년 총선을 포함해 정치 일정으로 보면 어쨌든 윤석열과 한동훈을 한편으로 이재명과 벌이는 제로섬 게임이라고 볼 수 있는데, 만약 이재명을 잡는다면 한동훈이 살고 승기를 뺏긴다면 윤석열 정권의 '업보'를 한동훈이 부메랑으로 맞을 수도 있다"고 말했다.

한동훈 장관이 아무리 차별화된 리더십을 선보이더라도 윤석열 정권과 공동운명으로 묶여 있는 상황을 벗어나기는 어려울 것이라는 분석이다.

이상 출처: https://www.khan.co.kr/politics/politics-general/article/202308270830001

"주대환 그는 누구인가?"

사회운동가이자 정치인이며 저술가인 주대환은 1954년 경상남도 함안군에서 고등학교 교사의 1남 2녀 중 장남으로 태어났다. 어린 시절 아버지의 잦은 근무지 이동으로 여러 국민학교를 전전했고, 마산중학교와 마산고등학교를 거쳐 1973년 서울대학교 문리과대학 종교학과에 입학했다.

대학 시절에는 학생운동과 민주화운동에 참여하여 1974년 '민청학련 사건', 1979년 '부마민주항쟁' 등으로 구속되기도 했다. 그리고 1987년을 전후해서는 '김철순'이라는 가명으로 혁명을 선동하는 글을 쓰기도 했다.

1992년 노회찬 등과 함께 가칭 '한국사회주의노동자당(약칭 한국노동당)' 창당을 추진하면서 창당준비위원장을 맡았다. 한국노동당 창준위는 김문수, 이우재가 주도하던 민중당에 합류하여 통합민중당이 되었으나 1992년 총선에서 참패하면서 자동 해산되었다.

1995년에는 노회찬과 함께 개혁신당에 입당해 '창원을' 지역위원장을 맡았다. 2000년에는 민주노동당 창당에 참여했고, '마산갑' 지역위원장을 맡았다. 그리고 2004년 6월에는 민주노동당 정책위원회 의장으로 출마해 당선되었다. 정책위의장 선거 토론회 도중, 경기동부 계열 이용대 후보에게 북한에 대한 입장표명을 요구하여 당내에서 논쟁이 일어나기도 했다.

2008년 사회민주주의연대 공동대표를 거쳐, 지금은 '죽산 조봉암 선생 기념사업회' 부회장, '이승만대통령기념관 건립추진위원회' 추진위원 등으로 활동하고 있다.

사진 출처 : MBN 보도화면

    저서로는 대표 저서 「주대환의 시민을 위한 한국현대사」 외에 「좌파 논어」, 「대한민국을 사색하다」, 「진보정당은 비판적 지지를 넘어설 수 있는가?」, 「자랑스런 나라는 정직한 사람이 만든다」, 「진보정치의 논리」, 「87, 88년 정치위기와 노동운동」, 「K-데모크라시」 등이 있다.

"The way of K-democracy"

    이처럼 「주대환의 시민을 위한 한국현대사」의 저자 주대환은 젊어서부터 다이내믹하게 진보적 정치 활동과 사회운동과 저술 활동을 이어왔다. 그래서 그에 대한 평가는 다양한데, 그의 사상과 견해, 그가 제안하는 대한민국의 나아갈 길 등을 좀 더 명료하게 알려면 다음 인터뷰 기사를 참고하면 좋다.

더에포크타임스(THE EPOCH TIMES)는 재미 화교들이 창간한 글로벌 우파 언론매체이다. 그리고 더에포크타임스코리아(THE EPOCH TIMES KOREA)는 그 매체의 한국어판이다.

더에포크타임스코리아 기자이자 월간 신동아 객원기자인 최창근 기자는 2022년 11월 16일, "대한민국 정통성 부정하는 세력과 결별해야"라는 제목으로, 「K-데모크라시」라는 책을 출간한 '통합과전환' 주대환 운영위원장과의 인터뷰 기사를 올렸다. 마치 한 권의 좋은 정치 서적을 읽는 만큼의 상당한 식견과 통찰력과 안목을 얻을 수 있는 기사이다. 알찬 내용의 인터뷰 기사는 다음과 같다.

11월 15일 오후, 서울 충무로 한반도선진화재단 회의실에서 조촐한 출판 기념회를 겸한 토론회가 열렸다. 주인공은 주대환 정치 플랫폼 '통합과전환' 운영위원장이다. 그는 2019~22년 대한민국 건국과 민주주의를 주제로 한 강연문을 묶어 「K-데모크라시」라는 책으로 펴냈다.

책에서 주대환 위원장은 대한민국 건국의 정당성과 정체성을 부정하는 주사파 문제, 대한민국 건국의 아버지들을 부정하고 폄훼하는 현실, 'K-데모크라시'라 이름 붙인 한국식 민주주의의 현실과 문제를 다뤘다.
좌우 이념 갈등이 극심해져 내전(內戰) 수준으로 평가받는 현실에서, 원로 노동운동가로서 한국 민주주의에 대해 고민하고 대안을 제시하고 있는 주대환 위원장을 만나 이야기를 나눴다.

한국 사회의 좌우 혹은 보수 진보 대결이 극심해졌습니다. 원인은 무엇이라 보나요?

"이제 반전(反轉)을 위한 막다른 끝에 온 게 아닌가 싶습니다. 어떤 일이든지 극단(極端)에 이르러야 반전이 일어난다고 하는데, 현재 대한민국 상황이 그러한 느낌입니다. '갈등' 양상을 두고서 미국, 영국, 독일 등 다른 나라와 단순 비교할 수는 없습니다. 겉으로 보이는 양상과 속을 들여다 보면 차이가 크니까요. 한국만의 독특한 역사 · 문화 조건이 있습니다."라고 전제한 주대환 위원장은 1948년 건국 이후 75년의 역사를 지닌 신생(新生) 민주주의 국가 대한민국에서 갈등은 자연스러운 현상이라고 이야기했다. 더하여 현실은 혼란스럽지만 대한민국의 미래는 낙관한다고 덧붙였다.

갈등이 지나치다는 지적이 있습니다. 좌우 진영 간 내전(內戰) 상태라 진단하기도 합니다.

"1948년 대한민국 정부가 수립되고 1953년 6 · 25전쟁 정전(停戰) 협정 이후로부터 헤아리자면 대한민국에서 민주주의가 시행된 지 70년 정도밖에 되지 않습니다. 아직 젊은 민주주의 국가이고 안정적이지 않은 것은 자연스러운 일이라 봅니다. 한국 민주주의가 불안정하고 갈등이 첨예해지는 원인 중 하나가 저는 '정당(政黨)'이라고 봅니다. 보수 · 진보 진영 가릴 것 없이 매 대선 · 총선을 즈음하여 신당을 창당했습니다. 정당의 안정성이 떨어진다는 방증(傍證)이죠. 전문 정당 연구학자가 아니고서는 기억도 하지 못할 정도로 정당명이 바뀌어 오면서 개인별, 정치 세력별로 이합집산(離合集散)을 거듭하고 있습니다. 정당 정치문제를 비롯해서 종합적으로 볼 때 한국 민주주의는 아직 성숙 단계에 이르지 못한 것이라 봅니다. 한 가지 중요한 점은 '제도적 민주주의'는 확립됐다는 것입니다. 1987년 6·29 민주화 선언 결과 만들어진 제6공화국 헌법 시행 이후 선거라는 민주적 제도에 기반하여 안정적 또한 주기적으로 정권이 이양되고 있습니다. 선거라는 '룰(rule)'에 승자와 패자가 승복하고 있는 것이죠. 이건 대단한 일이라 봅니다. 지난 대선에서도 승자와 패자가 0.73%포인트 차이로 나눠졌지만 결과에 승복했죠."

갈등을 통합하고 해결할 수 있는 방법은 무엇일까요?

"다방면의 노력이 있어야 할 것입니다. 우선 저는 이런 제안을 하고 싶어요. 대한민국(大韓民國)의 건국 스토리, 다른 표현으로 '건국설화(建國說話)'를 공유해야 한다는 것입니다. 좌든 우든 보수든 진보든 이념·당파를 초월하여 건국설화에 대한 합의가 있어야 합니다. 물론 각론(各論)에서는 이견이 있을지 모르고 이견이 있는 것이 당연할 수 있으나, 총론(總論)에 대한 합의가 있어야 합니다. 미국에서는 이른바 '미국 건국의 아버지(Founding Fathers of the United States)'들에 대한 존중과 합의가 있는데, 대한민국은 존재하지 않은 점이 안타깝습니다. 달리 말해서 대한민국이라는 국가를 건국한 선조들이 서로 다른 비전을 가지고 토론도 하고 경쟁하고 했지만, '아이디어'들을 모으고 그 결과물로서 대한민국이 만들어졌다는 큰 줄거리에 대해서는 합의하고 역사를 공유해야 한다는 것입니다."

주대환 위원장은 최근 출간한 강연문집 「K-데모크라시」에서 한국판 건국의 아버지들과 한국 정당에 대해서 다음과 같이 비유했다.

"하늘에는 우남(雩南·이승만)이라는 해와 해공(海公·신익희)이라는 달이 떠 있습니다. 죽산(竹山·조봉암)이라는 동산이 있고 인촌(仁村·김성수)이라는 마을이 있습니다. 마을 한가운데는 고당(古堂·조만식)이라는 집이 있습니다. 우남은 국민의힘에서 해공은 더불어민주당에서 조상으로 모십니다. 하지만 두 사람 해와 달은 허공에 떠 있고, 이념이라 할 수 있습니다. 두 분만 모셔서는 이념 대립과 갈등을 피할 수 없습니다. 사람이 사는 땅에는 죽산과 인촌과 고당이 있습니다. 만약 우리나라 정당 체제가 실용 중도좌파 정당과 실용 중도우파 정당으로 발전하거나 재편된다면 인촌을 조상으로 모시는 실용 중도우파 정당과 죽산을 조상으로 모시는 실용 중도좌파 정당으로 재편되리라고 봅니다."

1948년 대한민국 '건국'을 두고 진보에서는 '정부 수립', 보수에서는 '건국'이라 주장하여 의견 합일이 되고 있지 않습니다.

"극단적으로 이야기해서 '대한민국'이라는 공간에는 서로 다른 나라 국민이 살고 있다고 봅니다. 대한민국의 정통성을 긍정하는 집단과 이를 부정하는 집단이죠. 저는 여기에서 문제의식이 출발해야 한다고 봅니다. 이를 무시하고서 영미권 국가나 유럽 국가에서처럼 좌와 우, 보수와 진보를 구분하고 분석하는 것은 맞지 않는 것이죠. 한국 진보 진영이나 보수 진영은 근본적으로 구미(歐美)의 그것과 맞지 않다고 봅니다."

주대환 위원장은 북한 체제와 남한 체제의 차이점에 관해서도 이야기했다. "북한, 조선민주주의인민공화국이 고난 속에서도 해체되고 있지 않은 이유는 건국신화(建國神話)를 공유하고 있다는 것입니다. 설화 수준을 넘어서는 강력한 신화를 전 국민이 공유하고 있습니다. 이 점에 비춰 볼 때 대한민국은 좌우 양쪽이 공유하는 건국설화가 존재하지 않다는 점을 지적하고 싶습니다."

이렇게 지적한 그는 대한민국에서 건국설화가 폄훼되는 이유에는 이승만 초대 대통령 책임이 크다고도 했다. 무리하게 장기 집권하고 부정선거를 하다 4.19혁명으로 하야했기 때문이라는 것이다. "미국 초대 대통령 조지 워싱턴(George Washington)은 두 번 연임하고 누가 뭐라고 해도 세 번째는 출마하지 않았습니다. 그것은 미국 민주주의의 아름다운 전통이 됩니다. 미국에서 공부하신 이승만 대통령도 그렇게 했다면 얼마나 좋았을까요. 그랬다면 인촌 김성수 선생이 대선배로서 후견하는 가운데 3대 대통령은 신익희, 4대는 조봉암이 물려받았다면, 우리나라도 더 아름다운 건국사를 자랑하게 되었을 것입니다."

「해방전후사의 인식」 등 수정주의 사관으로 기술되고 대한민국 정당성을 부정하는 책의 문제점도 지적받고 있습니다.

"「해방전후사의 인식」 등이 나온 시점은 대한민국이 건국된 지 30년 정도밖에 안 되었을 때입니다. 당시 신생 대한민국의 미래는 불안정했죠. 대한민국이라는 국가가 영속성을 지닐 수 있을지 의문인 시기였죠. 이 속에서 '대한민국사(史)'가 아닌 민족사, 항일운동사 사관(史觀)으로 역사를 기술했습니다. 역사 기술의 중심에 대한민국이라는 국가는 없었던 것이죠. 그러다 2000년대 들어 뉴라이트(신보수)가 등장하면서 대한민국의 탄생-성장-발전 이야기를 본격적으로 하기 시작했습니다. 정리하자면 이제는 건국된 지 70년이 넘었고, 대한민국은 건국-산업화-민주화 과정을 지나 선진국 대열에 합류했습니다. 이제는 대한민국 건국 스토리를 써야 합니다. 주지할 점은 내용이 포용적이고 여유 있으며 휴머니즘 등 인류 보편 가치를 바탕에 두고 써야 한다는 것입니다. 대한민국을 긍정하는 좌파 우파로 거듭나야 합니다. 이를 바탕으로 좌파 우파 혹은 보수 진보를 재정립해야 하고요."

주대환 위원장은 대한민국을 긍정하는 우파의 역사관과 역사 기술 방향은 옳지만 아쉬운 점도 있다고 덧붙였다.

"보수 진영에서 대한민국 중심 사관을 정립한 것은 옳다고 봅니다. 다만 '영웅 사관'에서 벗어나지 못하고 있다고 봅니다. 이승만-박정희 전 대통령을 '건국의 대통령' '근대화의 아버지' 등으로 영웅시하면서 역사 서술도 두 사람에게 치우친다는 것이죠. 당시 사회의 다양한 가치를 담아낼 수 있는 다양한 목소리를 담아내야 합니다. 우여곡절도 있고 극적인 반전도 있는 '흥미로운' 건국 설화를 기술해야 합니다."

그는 대한민국 건국설화를 기술하는 것은 차세대 식자층의 몫이라고 강조했다.

대한민국 정통성 논란은 어떻게 바라보나요. 좌파에서는 정통성이 결여된 국가라 평가하기도 합니다.

"이는 어떠한 역사의식이나 건강하고 성숙한 시민의식의 발로가 아닙니다. 심하게 표현하면 집단 광란이라 할 수도 있습니다. 더 위험한 것은 광란이 대한민국 건국 가치와 정체성을 위협하고 있다는 점입니다. 저는 다시 한번 강조하고 싶습니다. 자유와 평등의 나라, 모든 사람에게 재능을 발휘하고 노력하여 성공할 기회가 주어지고 모든 사람에게 하늘이 준 인권이 보장되는 민주공화국, 대한민국의 정체성을 지켜야 합니다."

그는 대한민국은 주춧돌부터 잘 놓인 나라라고도 했다.
다음은 주대환 위원장이 쓴 책의 한 구절이다.
"만약 이 나라가 진정 태어나지 말았어야 할 나라이고, 정의가 패배하고 기회주의자 친일파가 득세한 나라였다면 이렇게 발전할 수 있었을까요? 우리나라는 처음부터 잘 만들어진 나라였습니다. 나라를 세울 때 주춧돌을 잘 놓았습니다. 그래서 이렇게 발전한 것입니다. 잡석을 제거하고 밑거름을 충분히 준 밭이었기 때문에 농사가 잘 된 것입니다. 누가 그런 일을 하였습니까? 바로 유엔이 하고 미군정이 하고 그리고 우리 조상들이 하였습니다."

윤석열 대통령은 '주사파'와는 협치가 불가능하다고 했습니다.
주대환 위원장은 "윤석열 대통령의 발언을 듣고 놀랐다"고 하며 이야기를 이어갔다.

"정치 이력이 짧은 윤석열 대통령의 생각이 거기에까지 미쳤다는 사실을 듣고 놀랍다고 생각했습니다. 협치(協治)와 통합의 대상에 대해서 나름 구체적으로 고민하고 있었다는 점에서요. 문제는 본질적인 문제는 무시하는 체 피상적으로 '통합' '협치'를 외치는 사람들입니다."

통합과 협치는 지양해야 할 가치 아닌가요?

"1980년대 대학을 다니고 이후 유학을 가거나 학교에 남아 연구를 한 정치학자 중에서 통합과 협치를 강조하는 사람이 많습니다. 문제는 이런 학자들이 순진하게 주사파에 접근한다는 것입니다. 이들은 상아탑에 주로 있다 보니 이른바 민주화운동, 반(反)독재 진영과는 물리적 거리가 있어서 주사파가 장악한 진보진영의 실상에 대해 제대로 알고 있지 못합니다. 오늘날 '주사파' '종북(從北)' 문제 등을 제기하면 '요즘 세상에 빨갱이가 어딨어?' '젊은 학생 때나 북한 추종하고 했지만 지금은 아닐 거야'라는 식으로 반응합니다. 그러면서 보수 진영의 이념공세라고 항변하기도 하고요. 한국 사회에 넓고 깊게 뿌리내리고 있는 주사파 문제를 제대로 파악하고 있지 못한 것입니다."

문제를 진단한 주대환 위원장은 주사파에 미온적인 한국 사회 풍토도 문제라고 지적했다.

"'미군 철수' '반미' 등을 외치는 소수집단만이 주사파라고 생각해서는 안 됩니다. 헌법재판소 판결로 정당 해산된 통합진보당 등 겉으로 드러난 세력은 빙산의 일각입니다. 민족주의라는 미명 하에 친북적인 사고가 한국 사회 깊이 스며들어 있습니다. 주사파를 옹호하거나 동조하면서 스스로 민족주의자라 생각하는 것이고요."

그는 주사파나 북한 체제에 호의적인 현상이 특정 세대의 병리(病理)현상이라고도 했다.

"대략 1962년생부터 1977년생 정도 나이로 따지면 40대 중반에서 50대 후반에 이르는 세대에게서 집중적으로 나타나고 있습니다. 일종의 민족주의 중독 현상을 보이고 있죠."

주대환 위원장은 한 강연에서 이렇게 이야기하기도 했다.

"주사파가 학생운동에 퍼지기 시작한 것은 1987년 민주화 이전이지만, 주사파가 학생운동의 주류가 되고 또 학생운동이 모든 대학 캠퍼스를 장악한 것은 민주화 이후였습니다. 즉 주사파의 전성기는 민주화 이후였습니다. 그리고 그들의 행동은 민주주의 발전에 도움이 되지 않았습니다. 사실 한 해에 수만 명 씩 사회로 쏟아져 나가는 NL(민족해방계열) 주사파, 친북 민족주의자들이 나중에 한국 사회에 어떤 문제를 일으킬지 걱정이 되었습니다."

한국 민주화 세력 중 일부는 북한 김일성이나 중국 마오쩌둥을 추종한다는 지적도 있습니다.

"실상은 그러합니다만 그 사람들에게 '김일성이나 마오쩌둥(毛澤東)을 존경하냐?'고 질문하면 아니라고 할 것입니다. 스스로 부정하지만 묘하게 이런 정서를 공유하는 집단이 광범위하게 존재합니다. 저는 '민족주의가 지성을 마비시킨다'는 이야기를 자주 하는데, 바로 이러한 명제에 해당하는 세대 혹은 집단이 분명 있습니다. 범(汎)주사파라 정의할 수도 있습니다."

'주사파'가 전향해서 대한민국 테두리 속으로 다시 들어올 가능성은요?
이 질문에 주대환 위원장은 '세대 교체만이 답이다.'라고 말했다. 이어지는 말이다.

"대한민국은 친일파가 만든 나라, 태어나지 말았어야 하는 나라라고 인식하는 이른바 'X86세대'가 한국 사회의 중추입니다. 오늘날은 전성기라 할 수 있죠. 세월이 흘러 이들이 퇴조하고 젊은 세대가 주류가 되면 가능하겠죠. 무엇보다 통일이 되면 근원적인 문제가 해소될 것이고요. 다른 한 가지 문제는 스스로 민족주의자라 정의하는 범주사파들이 자신들의 사고가 올바르다고 생각한다는 점입니다. 대한민국이라는 국가가 아닌 한민족이라는 민족을 중심에 두고 사고하는데 패러다임이 쉽게 바뀌지 않죠. '대한민국 체제로 들어오라'고 설득해서 될 일은 아니라 봅니다."

한국 진보정당이 구미식 진보정당으로 거듭나기 위해서는 무엇을 해야 하나요?

"한국은 영국이나 독일 등 유럽 국가와는 사정이 다르다고 판단합니다. 대신 '신대륙(新大陸)' 즉 미국과 유사점이 많다고 봅니다"라며, 주대환 위원장은 나름의 전통을 가지고 민주주의를 발전시켜 온

구대륙(舊大陸·영국을 포함한 유럽)과 한국은 역사적·문화적 토양이 차이가 있다는 점을 지적했다.

"영국을 포함한 유럽에는 봉건시대 잔재가 남아 있습니다. 한국은 신분제가 철폐되어 양반-상놈 구분이 없죠. 신대륙 미국과 비슷하고요. 한국 사회 풍토에서는 소셜리즘(사회민주주의)보다는 리버럴리즘(자유주의)가 더 맞다고 봅니다. 정당면에서 보면 영국의 경우 군주제(君主制)를 옹호하고 귀족 계급에 기반을 둔 보수당(Conservative and Unionist Party), 이름 그대로 노동자 계급 정당 노동당(Labour Party), 중산층 중심의 자유주의 정당이라 할 수 있는 자유민주당(Liberal Democrat)이 주요 정당입니다. 기본적으로 계급 정당이라 할 수 있죠. 독일의 경우 기독교민주연합(CDU·기민당)은 기독교에 기반하고 있고, 사회민주당(SPD)은 유럽식 사회민주주의를 이념으로 합니다. 녹색당(Die Grunen)은 환경주의 정당이고요."

한국 진보정당이 미국식 리버럴 정당으로 바뀌어야 한다는 것인가요?

"유라시아 대륙 동쪽 끝에 자리한 한국은 근대 문명 세계에 가장 늦게 편입된 나라 중 하나입니다. 마지막 봉건 왕조였던 조선은 완고하게 주자(朱子)-성리학(性理學) 체제를 고수하며 개혁·개방을 거부했습니다. 한국은 자력으로 근대화하지 못했죠. 다만 1894년 갑오개혁, 1949년 농지개혁을 등을 거치면서 사농공상(士農工商)의 신분제 사회, 지주-소작 관계 등 전근대적 요소가 모두 소멸했습니다. 이런 점에서 구대륙(유럽)의 군주제를 탈피하여 대통령중심제라는 새로운 정치제도를 만들고, 공화당(보수정당)-민주당(진보정당) 양당 체제가 확립된 미국과 한국은 유사점이 있습니다. 그 점에서 한국 진보정당의 지향점은 유럽 사회민주주의 정당보다는 미국 진보(리버럴)정당인 민주당(Democratic Party)이 가깝다고 판단합니다. 미국 민주당은 나름 미국식 사회민주주의를 구현하고 있다고 봅니다."

세계 보수 정당의 원조라 할 수 있는 영국 보수당도 필요시에는 과감한 혁신을 합니다. 최근에는 구식민지였던 인도계 총리가 탄생하기도 했습니다. 한국 보수정당에 주는 시사점은 무엇일까요?

"미국에서 첫 흑인 출신 대통령 버락 오바마(Barack Obama)가 탄생한 것보다 지난날 대영제국(大英帝國) 식민지였던 인도 혈통의 리시 수낵(Rishi Sunak)이 보수당 출신 영국 총리가 된 것이 인상적인 일이다"라고 이야기 한 주대환 위원장은 굳이 영국 보수당에서 한국 보수 정당의 혁신 사례를 찾을 필요도 없다고 했다.

"오늘날 한국 보수 정당의 대표인 국민의힘에서 지도자로 받드는 이승만·박정희 전 대통령은 사실 당대 가장 진보적인 지도자였습니다. 혁신적이었죠. 다만 대통령이라는 최고 권력자가 되어 현실 정치를 주도했기 때문에 주류가 된 것이고 보수 정당 지도자로 자리매김한 것입니다. 당시 시점에서 두 전직 대통령을 '보수'로 분류하지 않았습니다."

그는 한국 보수 정당이 개혁 정신을 되살려야 한다고 주문했다.
"오늘날은 사회적 모순이 누적되어 있고 개혁 과제도 쌓여 있습니다. 혁신이 절실히 필요한 시점인 것이죠. 진정한 보수정당이라면 사회 주류 가치를 지켜야 하지만 한편으로는 혁신을 주도해야 합니다."

주대환 위원장의 말은 「보수의 유언」이라는 책에서 보수 정신의 본질을 '불역(不易)과 유행(流行)'이라 정의한 나카소네 야스히로 전 일본 총리의 말과 일맥 상통한다.

나카소네 야스히로는 "'불역(不易)과 유행(流行)'이란 말이 있다. 변하지 않는 원칙을 갖고 있으면서 때로는 발전과 전개(유행)해서 갱신한다는 뜻이다. 이것이 보수의 본류이다."라고 했다.

이승만·박정희 전 대통령의 공과에 대해서도 보수·진보 진영 간 시각차가 큽니다. 합일된 역사 평가가 가능할까요?

"이승만–박정희 대통령 시기까지는 '건국 초기'로 정의할 수 있습니다. 1950년 6·25전쟁, 1961년 4·19혁명, 5·16군사정변을 거쳐 건국이 완성됐습니다. 6·25전쟁 같은 경우는 대표적으로 대한민국이 치른 '홍역'이라 할 수 있죠. 앞서 강조했듯이 대한민국 건국설화에 대해서 합일(合一)이 필요합니다. 한국 진보 진영에서는 대한민국의 정통성을 강하게 거부하면서 마치 자신들의 정체성으로 간주하는 듯한데 오래가지 못할 것이라 봅니다. 이러한 관점은 실제 사실에서 한참 벗어났으니까요."

이른바 'K–데모크라시'라 부르는 한국식 민주주의의 명암에 대해서 말씀해 주세요.

"선거라는 민주적 절차에 의하여 정권이 주기적으로 교체되는 것은 정착됐습니다. 절차적 민주주의의 완성을 의미합니다. 특히 한국 국회는 초선 의원 비율이 높은 편인데 정치권의 인적 물갈이가 잘된다는 의미입니다. 다만 심연(深淵)을 들여다 보면 문제가 많습니다."

주대환 위원장은 'K-데모크라시(한국식 민주주의)'의 문제점으로 중우(衆愚)정치, 금권(金權)정치, 선동(煽動)정치를 들었다.
"이러한 현상의 근본 원인은 정당 정치의 후진성을 들 수 있습니다. 선진국식 정당 체제가 자리 잡지 못했죠."

한국 정당 정치 후진성 문제점을 더 지적해 준다면요.
"정치 선진국에서 정당(政黨)은 식자(識者)집단입니다. 정당은 기본적으로 현자(賢者) 혹은 철인(哲人) 정치적 요소를 지니고 있어야 하는데, 한국 정당은 이 부분이 결여되어 있습니다."

그는 공무원·교사 등의 정치 활동을 금지한 한국 '정당법'에 근원적 문제가 있다고 지적했다.
"어느 나라나 공무원, 교사, 언론인 등은 대표적인 인텔리 집단입니다. 이들의 정당 활동이 법적 제도적으로 금지되니 자영업자, 소상공인, 영업사원 등이 정당의 기층에서 활동합니다. '지적 결사체'로서 정당을 구성하고 운영하는데 근본적인 문제를 일으킨다는 의미입니다. 정당 운영에서 민주주의 가치만을 지나치게 강조하는 것도 문제라고 봅니다."

주대환 위원장은 한국 정당의 문제점 지적을 이어갔다.

"철인 정치 요소가 결여된 한국 정당은 폭주하는 기관차 같습니다. 철학자 집단, 지식인 그룹으로 정당이 존재하고 영속성을 지니면 인물, 국정 운영 경험이 축적 됩니다. 정당 자체가 거대한 역량의 집합체가 되는 것이죠. 이는 신인들이 정계 입문하는 것에도 도움이 됩니다. 정치에 관심 있는 젊은 세대가 정당 시스템 속에서 훈련받고 역량을 키워 국회의원, 각료, 총리 등으로 성장해 나갈 수 있죠. 선배 정치인이 후배에게 노하우를 전수할 수도 있고요."

그는 한국 정당의 가장 큰 문제는 '국민의 신뢰 결여'라고 강조했다.
"정당 시스템이 발달한 구미 선진국에서 일반 국민들은 정당이 공천한 후보를 기본적으로 신뢰하고 선거 시 주권자로 권리 행사를 합니다. 한국에서는 정당과 정당이 공천한 후보의 자질을 신뢰할 수 없다는 문제가 있습니다."

마지막으로 주대환 위원장은 "자유민주공화국 대한민국의 정체성을 지키는 운동을 해 주기를 바란다"고 당부했다.

이상 출처 : https://epochtimes.kr/2022/11/635361.html

세계 10대 강국 대한민국, 이제는 '반도체'와 'K-원전'과 'K-컬쳐'에 이어 'K-데모크라시'를 수출해야 할 때이다!

"우리 앞에 다가서리니"

새 역사는 개선장군처럼

-이은상-

사랑의 큰 진리를
배반한 죄의 값으로
고통 속에서 몸부림치는
조국과 아시아의 세계
멸망의
낭떠러지에서 발을 멈추고
새 역사를 기다리자

우리들의 새 역사는
어떤 모습으로 올 것인가
순풍에 돛 달고 오는
유람선같이 오진 않으리
얼굴과
몸뚱이 성한 데 없이
상처투성이로 오리라

우리들의 새 역사는
상처투성이지만 이기고 돌아오는

역전의 개선장군으로
우리 앞에 다가서리니
그날에
우리는 그와 함께
분명 그와 함께 서리라.

인용 칼럼 및 기사 목록

01 알렉산더 해밀턴 전기

칼럼 제목 : "민주당 막무가내 탄핵, 라틴아메리카로 가는 길"
칼럼니스트 : 경제사회연구원 전문위원 노정태
게재일 및 매체 : 2023년 11월 19일 〈월간 신동아〉
URL : https://shindonga.donga.com/politics/article/all/13/4560166/1

칼럼 제목 : "거짓·선동·비상식의 민주당월드"
칼럼니스트 : 조선일보 논설실장 박정훈
게재일 및 매체 : 2022년 10월 28일 〈조선일보〉
URL : https://v.daum.net/v/20221028000038611

칼럼 제목 : "6공 이카루스 박철언과 한동훈 대망론(역사로 보는 정치)"
칼럼니스트 : 시사오늘(시사ON) 논설위원 윤명철
게재일 및 매체 : 2022년 12월 4일 〈시사오늘(시사ON)〉
URL : https://www.sisaon.co.kr/news/articleView.html?idxno=145401

02 종의 기원

칼럼 제목 : "22대 총선 화두, 운동권 청산이다"
칼럼니스트 : 서울신문 논설실장 진경호
게재일 및 매체 : 2023년 12월 26일 〈서울신문〉
URL : https://www.seoul.co.kr/news/2023/12/27/20231227027007

기사 제목 : "한동훈 장관의 경쟁력은 '쿨한 능력주의'"
기사 작성자 : 이데일리 김유성 기자
게재일 및 매체 : 2023년 12월 11일 〈이데일리〉
URL : https://www.edaily.co.kr/news/read?newsId=02820806635837536

기사 제목 : "아이돌 커뮤니티 女性이 '한동훈 팬덤' 주도 세력"
기사 작성자 : 동아일보 월간 신동아팀 차장 구자홍
게재일 및 매체 : 2024년 2월 1일 〈월간 신동아 인터뷰 기사〉

URL : https://www.donga.com/SHINDONGA/politics/article/all/13/4706071/1

03 모비딕

칼럼 제목 : "'모비딕' 리더십 한동훈의 길"
칼럼니스트 : 서울경제 논설실장 부사장/신문방송편집인협회 부회장 김광덕
게재일 및 매체 : 2023년 12월 28일 〈서울경제〉
URL : https://www.sedaily.com/NewsView/29YOSJGFJ1

기사 제목 : 조국, '한동훈, 모비딕 리더십' 찬양에 "광끼 리더십,
　　　　　 선원 모두 죽여"
기사 작성자 : 신문고뉴스 신고은 기자
게재일 및 매체 : 2024년 1월 3일 〈신문고뉴스〉
URL : https://shinmoongo.net/164954

칼럼 제목 : "한동훈의 모비딕 활용법"
칼럼니스트 : 부산일보 편집부 차장 김형
게재일 및 매체 : 2024년 2월 5일 〈부산일보〉
URL : https://www.busan.com/view/busan/view.php?code=2024020517574977814

기사 제목 : "법조계의 문학산책, 신숙희 대법관 '제인 에어' 샬럿 브론테 언급해"
기사 작성자 : CNB뉴스 손정호 기자
게재일 및 매체 : 2024년 3월 12일 〈CNB뉴스〉
URL : https://www.cnbnews.com/news/article.html?no=647854

칼럼 제목 : "한동훈, 선거 넘어 정치판 세대교체를"
칼럼니스트 : 파이낸셜뉴스 주필/경희대학교 법학전문대학원 교수 노동일
게재일 및 매체 : 2023년 12월 27일 〈파이낸셜뉴스〉
URL : https://www.fnnews.com/news/202312271915102506

칼럼 제목 : "정치는 법이 아니라 책략으로 하는 것"
칼럼니스트 : 사주추명학자/역사소설가/칼럼니스트 권우상
게재일 및 매체 : 2022년 9월 22일 〈구미일보〉
URL : http://www.gmilbo.net/news/article.html?no=66016

04 두 도시 이야기

칼럼 제목 : "두 법무부 이야기"
칼럼니스트 : 전 판사/전 법무부 법무심의관/소설가/변호사 정재민
게재일 및 매체 : 2024년 02월 17일 〈중앙SUNDAY〉
URL : https://www.joongang.co.kr/article/25229235

칼럼 제목 : "민주주의 언어의 상실"
칼럼니스트 : 전 청와대 정무수석실 청년 비서관/전 더불어민주당 최연소
　　　　　　여성 최고위원/정치평론가 박성민
게재일 및 매체 : 2023년 6월 28일 〈한겨레신문〉
URL : https://www.hani.co.kr/arti/opinion/column/1097927.html

칼럼 제목 : "여당의 시간, 정치는 어렵고 민심은 무섭다"
칼럼니스트 : 한국추리작가협회 상임 부회장/전 경향신문 문화부장/헤럴
　　　　　　드경제 수석 논설위원/파이낸셜뉴스 주필 이원두
게재일 및 매체 : 2024년 4월 17일 〈민주신문〉
URL : https://www.iminju.net/news/articleView.html?idxno=100406

05 아Q정전

기사 제목 : "루쉰 인용 한동훈 '세상 모든 길은 처음에는 길 아냐'
　　　　　비대위원장 수용?"
기사 작성자 : MBN NEWS
게재일 및 매체 : 2023년 12월 19일 〈MBN 뉴스〉
URL : https://www.mbn.co.kr/news/politics/4988011

칼럼 제목 : "보수 재건은 '대한민국 서사'의 재발견부터"
칼럼니스트 : 월간조선 편집장 배진영
게재일 및 매체 : 2024년 6월호 〈월간조선〉
URL : https://monthly.chosun.com/client/news/viw.asp?ctcd=&nNewsNumb=202406100000

06 펠로폰네소스 전쟁사

기사 제목 : "한동훈 빨간책, 정치 입문서?"
기사 작성자 : TV조선 저녁뉴스쇼 '박정훈의 정치다' 출연 기자 한송원
게재일 및 매체 : 2023년 8월 2일, 〈news.tvchosun.com〉
URL : https://news.tvchosun.com/site/data/html_dir/2023/08/02/2023080290146.html

칼럼 제목 : "유럽 출장길 한동훈의 '펠로폰네소스 전쟁사'"
칼럼니스트 : 동아일보 논설위원 최영훈
게재일 및 매체 : 2023년 3월 8일 〈동아일보〉
URL : http://kor.theasian.asia/archives/332578

칼럼 제목 : "훼손돼선 안 될 한동훈의 정의"
칼럼니스트 : 나이스경제 박해옥 기자
게재일 및 매체 : 2022년 6월 1일 〈나이스경제〉
URL : https://www.niceeconomy.co.kr/news/articleView.html?idxno=81145

칼럼 제목 : "힘과 정의"
칼럼니스트 : 이로운넷 시니어 기자 이정재
게재일 및 매체 : 2021년 2월 3일 〈이로운넷〉
URL : https://blog.naver.com/erounnet/222228626360

07 핏빛 자오선

칼럼 제목 : "인간 사회는 선과 악으로 확연히 구분된다"
칼럼니스트 : 미주한국일보
게재일 및 매체 : 2021년 12월 30일 〈미주한국일보〉
URL : http://www.koreatimes.com/article/20211229/1395717

칼럼 제목 : "선악구도 정치와 악당 만들기의 위험성"
칼럼니스트 : 건국대 국가정보학과 겸임교수 채성준
게재일 및 매체 : 2018년 10월 14일 〈이슈게이트〉
URL : https://www.issuegate.com/news/view.php?idx=2216&key_idx=503

기사 제목 : "그때는 맞고 지금은 틀리다? '우린 선 너흰 악' 386세대 DNA"

기사 작성자 : 중앙일보 탐사보도팀(김태윤 · 최현주 · 현일훈 · 손국희 · 정진우 · 문현경 기자)
게재일 및 매체 : 2019년 9월 25일 〈네이트뉴스 보도-중앙일보 원문〉
URL : https://news.nate.com/view/20190925n01069

칼럼 제목 : "조희대 후보자가 상기시킨 중도의 가치"
칼럼니스트 : 한국경제 논설위원 서화동
게재일 및 매체 : 2023년 11월 15일 〈한국경제〉
URL : https://www.hankyung.com/article/2023111463531

칼럼 제목 : "상징투쟁 혹은 '한동훈의 악마화'"
칼럼니스트 : 전북대 신문방송학과 명예교수 강준만
게재일 및 매체 : 2022년 6월 3일 〈시사저널〉
URL : https://www.sisajournal.com/news/articleView.html?idxno=239700

08 코스믹 커넥션

칼럼 제목 : "칼 세이건과 리처드 도킨스의 아름다운 회의주의에 부쳐"
칼럼니스트 : 조선일보 디지털편집국 문화부장 김지수 작가
게재일 및 매체 : 2017년 2월 3일 〈조선일보〉
URL : https://biz.chosun.com/site/data/html_dir/2017/02/01/2017020101307.html

기사 제목 : "정치인 '서사' 없는 한동훈에 대중이 열광하는 이유"
기사 작성자 : 데일리안 정계성 기자
게재일 및 매체 : 2023년 11월 26일 〈데일리안〉
URL : https://www.dailian.co.kr/news/view/1299473

기사 제목 : "대통령의 책, 한동훈의 책"
기사 작성자 : 문화일보 김인구 문화부장
게재일 및 매체 : 2024년 5월 17일 〈문화일보〉
URL : https://www.munhwa.com/news/view.html?no=2024051701033012179001

기사 제목 : "超 엘리트 한동훈 둘러싼 비관론 연구-전당대회 너머 고난과 역경의 敍事 써야"

기사 작성자 : 월간조선 김태완 기자
게재일 및 매체 : 2024년 〈월간조선 6월호 심층 기사〉
URL : https://monthly.chosun.com/client/news/viw.asp?ctcd=A&nNewsNumb=202406100019

09 종의 기원담

기사 제목 : "'도서관도 가고' 그말대로…한동훈, 양재도서관서 목격"
기사 작성자 : 데일리안 정도원 기자
게재일 및 매체 : 2024년 5월 12일 〈데일리안〉
URL : https://www.dailian.co.kr/news/view/1360334/?sc=Naver

기사 제목 : "세계 문단 주목받은 장르 작가들의 시선, 생동하는 사물 너머로"
기사 작성자 : 한국일보 진달래 기자
게재일 및 매체 : 2023년 6월 16일 〈한국일보〉
URL : https://www.hankookilbo.com/News/Read/A2023061317200002906?did=NA

기사 제목 : "작가 김보영 ② 현실과 상상의 차이에 대하여"
기사 작성자 : 탑클래스 서경리 기자
게재일 및 매체 : 2023년 8월 〈탑클래스 8월호〉
URL : https://topclass.chosun.com/news/articleView.html?idxno=32053

기사 제목 : "셀카로봇 한동훈, 고약한 주인과 권력욕 사이에서 방황"
기사 작성자 : 오마이뉴스 박현광 기자
게재일 및 매체 : 2024년 3월 20일 〈오마이뉴스〉
URL : https://www.ohmynews.com/NWS_Web/View/at_pg.aspx?CNTN_CD=A0003012343

칼럼 제목 : "정치적 부족주의'에서 벗어나라"
칼럼니스트 : 대구가톨릭대 국제정치학과 교수 변창구
게재일 및 매체 : 2022년 10월 4일 〈경북매일〉
URL : https://www.kbmaeil.com/news/articleView.html?idxno=939956

10 주대환의 시민을 위한 한국현대사

기사 제목 : "저자가 말하는 내 책은…"
기사 작성자 : 월간 신동아 송홍근 기자
게재일 및 매체 : 2017년 3월 21일 〈신동아 2017년 4월호〉
URL : https://shindonga.donga.com/culture/article/all/13/877071/1

칼럼 제목 : "기존 진보에 대한 비판적 고찰"
칼럼니스트 : 경제사회연구원 전문위원/자유기고가 노정태
게재일 및 매체 : 2017년 5월 23일 〈주간경향 1227호〉
URL : https://weekly.khan.co.kr/khnm.html?mode=view&art_id=201705151552321

기사 제목 : "주대환, '민주공화국에는 국부보다 건국의 아버지들이 어울리죠'"
기사 작성자 : 스카이데일리 장혜원 기자
게재일 및 매체 : 2023년 7월 22일 〈스카이데일리〉
URL : https://www.skyedaily.com/news/news_view.html?ID=199481

기사 제목 : "한동훈 '이승만, 대한민국을 여기까지 오게 한 분'…다큐 '건국전쟁' 관람"
기사 작성자 : 뉴데일리의 조광형 기자
게재일 및 매체 : 2024년 2월 12일 〈뉴데일리〉
URL : https://www.newdaily.co.kr/site/data/html/2024/02/12/2024021200091.html

기사 제목 : "한동훈의 '정치행보', 내년 총선 국민의힘 선대위원장으로 이어지나"
기사 작성자 : 경향신문 주간경향부 정용인 기자
게재일 및 매체 : 2023년 8월 27일 〈주간경향〉
URL : https://www.khan.co.kr/politics/politics-general/article/202308270830001

기사 제목 : "대한민국 정통성 부정하는 세력과 결별해야"
기사 작성자 : 더에포크타임스코리아 최창근 기자
게재일 및 매체 : 2022년 11월 16일 〈더에포크타임스코리아〉
URL : https://epochtimes.kr/2022/11/635361.html